从零开始

前沿文化
编著

淘宝网
开店一本通

科学出版社
北京

内 容 简 介

《从零开始——淘宝网开店一本通》针对准备在网上开店做生意的新手，或已在网上开店但缺少经营技巧与经验的用户，从零开始，系统并全面地讲解了在淘宝网上开店的方法与准备、网店推广与经营的业务流程，以及网店运营思路与操作技巧等内容。

全书共分为14章，内容包括在淘宝网上开店的各种准备事项、货源的寻找途径与经验、物流的选择方法与技巧、售前售后的服务技巧、淘宝网上开店流程与申请方法、店铺的设计与装修、商品照片的拍摄与美化、店铺的管理与营销途径、网店的宣传与推广以及网店的安全保障等知识。同时，本书还提供了14个绝对真实的网店成功案例，揭秘皇冠级大卖家的成功秘笈，旨在让初学开店的读者能从中学习相关方法、经营思路和实际经验。

为了提升读者的学习效率与质量，本书配有一张多媒体语音教学光盘，提供与本书相关技能操作同步的多媒体语音教学视频。另外，针对电脑上网不熟悉而又想开网店的读者，光盘中还加赠了《电脑上网》的教学视频，以方便读者学习。读者可以采用"书盘结合"的方式，在短时间内快速学会网上开店的方法与经营技巧，真正达到"一本通"的目的。

本书内容结构完整，条理清晰，语言讲述通俗易懂，可操作性强，非常适合网店新卖家自学使用，也可作为相关职业院校、电脑培训班的教学用书。

图书在版编目（CIP）数据

淘宝网开店一本通/前沿文化编著. —北京：科学出版社，2013.1

（从零开始）

ISBN 978-7-03-035888-2

Ⅰ. ①淘… Ⅱ. ①前… Ⅲ. ①电子商务—商业经营—基本知识—中国 Ⅳ. ①F724.6

中国版本图书馆CIP数据核字(2012)第254950号

责任编辑：何立兵 胡子平 冉 丹 / 责任校对：王莲莲
责任印刷：华 程　　　　　　 / 封面设计：张世杰

科 学 出 版 社 出版

北京东黄城根北街16号
邮政编码：100717
http://www.sciencep.com

北京天颖印刷有限公司印刷
中国科技出版传媒股份有限公司新世纪书局发行　　各地新华书店经销

*

2013年1月第 一 版　　　　　 开本: 16 开
2015年8月第8次印刷　　　　　 印张 : 19
字数 : 462 000

定价：45.00元(含1CD价格)

（如有印装质量问题，我社负责调换）

致亲爱的读者

网上购物的兴起带来了巨大的网络商机，人们纷纷加入到网上开店的行列中，梦想成为成功的网上淘金客。创业需要理智而不是冲动，需要冷静而不是狂热，所以要想网上开店取得成功，必须充分做好开店前的准备。

想要经营好网店，不仅需要经营者的一腔热情，而且需要熟悉开网店的基本流程，掌握科学的管理方法，懂得有效的营销技巧。只有做好充分的准备，了解开网店的各种知识，才能让自己的网店从众多的网店中脱颖而出，赢得顾客和市场，最终走向成功。为了让想开网店或已开网店的人全面系统地掌握经营网店的必备知识、经营技巧及策略，让读者少碰"钉子"、少走弯路，我们策划并编写了这本《从零开始——淘宝网开店一本通》图书。

本书内容及特色

全书共分为14章，内容包括在淘宝网上开店的各种准备事项、货源的寻找途径与经验、物流的选择方法与技巧、售前售后的服务技巧、淘宝网上开店流程与申请方法、店铺的设计与装修、商品照片的拍摄与美化、店铺的管理与营销途径、网店的宣传与推广以及网店的安全保障等知识。同时，本书还提供了14个绝对真实的网店成功案例，揭秘皇冠级大卖家的成功秘笈，旨在让初学开店的读者能从中学习相关方法、经营思路和实际经验。

为了提升读者的学习效率与质量，本书还配有一张多媒体语音教学光盘，提供与本书相关技能操作同步的多媒体语音教学视频。另外，针对电脑上网不熟悉而又想开网店的读者，光盘中还加赠了《电脑上网》的教学视频，以方便读者学习。读者可以采用"书盘结合"的方式，在短时间内快速学会网上开店的方法与经营技巧，真正达到"一本通"的目的。

本书不仅为那些准备开网店的人提供了基本的知识和经营方法，让其经营之路变得顺畅，迅速实现当老板的梦想；也为那些已经开网店，但由于各种原因经营不善而面临困境的店主提供了扭转局面的思路，让其从中得到灵感，从而改变网店的经营状况，实现赢利。

本书由前沿文化与中国科技出版传媒集团新世纪书局联合策划。本书由经验丰富的网店店主编写，同时也得到了众多网络店主的支持，在此表示衷心的感谢。

最后，真诚感谢读者购买本书。您的支持是我们最大的动力，我们将不断努力，为您奉献更多、更优秀的图书！编者水平有限、时间仓促，错误之处在所难免，敬请广大读者和同行批评指正。

编 者
2012年11月

目　录

第1章

在网上开店前的准备事项

本章导读

　　随着网上购物的盛行，很多经常上网的朋友都计划开设自己的网店。准备开网店之前，首先要从做一个熟练的买家开始，因为作为一个卖家，同时还是一个买家，而且了解了买家的流程，将有助于我们在网上开店以及卖东西。本章将介绍在淘宝网中选择并购买商品的方法。

知识要点

　　通过本章内容的学习，读者能够学习到在网上开店的前期准备工作。学完后需要掌握的相关知识如下。

♛ 网上开店的优势　　　　　　　　♛ 网上开店的必备条件

♛ 选择经营方式　　　　　　　　　♛ 网上开店的基本流程

1.1 网上开店的优势

中国几亿人上网，无论对任何商家而言都是一个不小的诱惑，何况这个数字还在以非常惊人的速度递增。如果说前几年网上开店还是投资家热炒的概念，而如今，网上交易已经变成了实实在在的商业行为。中国的变化速度实在太快，今天网上开店的发展况且如此，那明天后天呢？谁能不对如此大的"蛋糕"心痒眼馋？

1.1.1 网上开店前景广阔

在信息时代，越来越多的人离不开网络，于是在网上开店做"掌柜"成了很多年轻人的创业选择。在网上开个小店不用辞掉现有的工作，也不用花费太多的时间，最重要的就是投资少而且风险小，这对于那些刚刚毕业走上工作岗位的大学生或是有很多闲暇时间的上班族来说不失为一个好的选择。作为一种时髦的创业模式的网店已经逐渐发展起来，其优势明显、前景广阔，更是众多无本创业者的绝佳机会。

网上开店是一种风险很小却大有前途的创业方式。据中国互联网络信息中心统计，我国的网民规模和宽带网民规模增长迅猛，互联网规模稳居世界第一位。CNNIC发布报告称截至2012年6月，总体网民规模达到5.38亿。在这个庞大的群体中，有超过一半的人在最近一年中通过互联网购买过商品或服务。而在欧美和韩国等互联网普及率较高的地区或国家，每3个网民中就有2个人在网上购物。中国网络购物的潜力还远未被释放。可以想象，在这个大背景下投身网上开店，真可谓"赶早不如赶巧"。艾瑞咨询最近的统计数据显示，2011年中国网络购物市场交易规模达7735.6亿元，较2010年增长67.8%。2011年中国网络购物市场交易规模占社会消费品零售总额的比例将从2010年的2.9%增至2011年的4.3%，2012年这一比例将突破5%。网络购物对于传统零售市场的贡献将会日趋加大，右图展示了未来几年网络购物市场的交易规模。

2006-2015年中国网络购物市场交易规模

随着电子商务的普及，给了青年网友更多的工作机会。辞去朝九晚五的枯燥工作，全职在网站开网店，捧杯咖啡，坐在家中个人创业，成为越来越多的年轻人的全新选择。

1.1.2 经营成本低

一项针对中国中小企业的情况调查显示，个人在网下启动销售公司的平均费用至少5万元，而网上开店建店成本非常小。一般来说，筹办一家网上商店的投入很小，不用去办营业执照，不用去租门面，不用囤积货品。许多大型开店平台基本免费提供开店服务，而且网店可以根据顾客的订单再去进货，不会因为积货占用大量资金；基本不需要水、电、管理费等方面的支出；不需要专人时时看守，节省了人力投资，这些都是网店经营成本低的体现。

1.1.3 营业时间比较灵活

全职经营和兼职经营皆可；营业时间比较灵活，不受营业地点、营业面积等因素限制，可以在任意角落开网店，可以在网上橱窗摆上成千上万种商品；不需要像实体店那样必须经过严格的注册登记等手续；甚至不需要或者只需要少量存货，易调转船头，风险相对较小。

网上开店营业时间不受限制，不必专人看守，却可时时刻刻营业。网上商店无限延长了营业时间，一天24小时、一年365天不停运作，无论刮风下雨，无论白天晚上，不需要专人值班看店，也可照常营业。传统店铺的营业时间一般为8~12小时，遇上坏天气或老板、店员有急事还不得不暂时休业。网上商店则节省了人力方面的投资，不用雇用帮手，店主完全可以在享受生活的同时把自家的网上小店打理得井井有条；还避免了因为来不及照看店铺而带来的损失。同时，营业时间不受限制，消费者可以在任何时间登录、购物。

1.1.4 网店的消费群体广泛

传统店铺在店址选择上很受限制，位置好的店铺人流量大，但相应的租金也较高；人流量小的店铺虽然租金较低，但店铺的营业额一般不高。在网店中这些都不是问题，只要开设了网店，潜在客户基数庞大，全国几亿上网用户，都可能成为网店潜在用户，全球更大数量的买家，也可能看中店里的某件商品。如此巨大的客户群体，谁还怀疑没有可能产生交易呢？所以只要网店的商品有特色、宣传得当、价格合理、经营得法，网店就会有不错的访问流量，继而大大增加销售机会，取得良好的销售收入。

总之，无论是商家还是希望自主创业者，网上开店都是一个不错的选择，而且也是主流趋势。未来的世界，必然是网上购物与传统商务相结合的世界，而且网上购物所占的比例将逐渐加大，这一点，只要看一下当下的年轻人对网络的依赖程度即可明白。从网络发展态势来看，现在介入网上开店正是时候，创业机会很大，市场空白点也有许多。如果介入得晚，有些领域已经被别人占领，那时再想进入，则成本会高许多。

1.2 什么样的人适合网上开店

网上开店有赚钱的，也有不赚钱的。其实，并不是每个人都适合开网店，也就是说，不是每个开网店的人都能赚到钱。若想把网上开店当成自己的第一职业，就更加需要根据实际情况而定。那么，究竟什么样的人更适合网上开店呢？

1．企业管理者

对于小型企业，网上开店的是一种必然的选择。过去，那些名不见经传的中小企业，要想把产品送进大百货店的大门简直比登天还难，可如今网络店铺给他们提供了一个更加广阔的天地，解开了中小企业产品"销售难"的死结。不受地理位置、经营规模、项目等因素制约，只要上网就能资源共享，中小企业在网络店铺上与知名大品牌实现了平等，而且还可以开展以前想都不敢想的全球经营。

2．拥有货源的人

无论是网上开店还是实体店，货源都是最主要的。拥有货源的商户可以通过网上商店进行更好的销售推广，一次投资，多方推广，马上就可以得到立竿见影的效果。

3．需要处理手中旧货的人

每个人都会有一些物品像"鸡肋"，食之无味，弃之可惜。对于他们来说，网上商店就像以往的跳蚤市场，只不过是用来交易各种旧东西而已。当然，以前的跳蚤市场是面对面的，而现在科技进步了，跳蚤市场改称网上商店，开始采用网上交易。在所有网上开店的卖家中，这类人群应该占有不少的比例。

4．初次创业者

现代社会中，很多人都梦想自己创业，但面对形形色色的压力和风险，往往又望而却步。对于这类人群而言，通过网上开店开始自己的创业生涯，无疑是个很好的选择。

网上开店资金要求低，风险小，经营十分灵活，如果经营得好不但可以赚得第一桶金，还有可能真正利用网络闯出一番天地。即使无法通过网上开店获得理想的利润，也可以从中获取宝贵的创业经验，为将来的发展奠定基础。而且，经过一段时间的网上开店，会结识很多人，获得很多信息，可能还会对以后有所帮助。

5．全职企业白领

每天有固定工作时间的企业白领，也是可以网上开店的。在晚上或休息时间照顾自己的网店，是一件非常有意义的事情，不仅可以给自己多赚些零花钱，还可以缓解白天紧张的情绪。另外，在这里还可以体会当老板的感觉，结识很多志趣相投的朋友。

6．拥有自己实体店的人

许多有实体店面的经营者会在网上开家分店，把潜在客户拓展到网上，增加一个销售渠道。网上开店为这类人群提供了一个广阔的天地，不受地理位置、经营规模、项目等因素制约，只要上网就能资源共享，实体店在网络上与知名大品牌实现了平等，而且还可以开展以前想都不敢想的全球经营。

7．大学生

一些大学生平时的功课比较轻松，有较多的空余时间，而利用这些时间上网玩游戏的人不在少数，其实，与其将时间浪费在玩游戏上面，还不如在网上尝试一下创业的滋味。由于大学生接受新事物的能力较强，对网络的应用更是得心应手，所以上网开店不失为赚钱的另一种手段。现在很多大学生在做网络销售，而通过网上开店获得人生第一桶金的更是数不胜数。

8．绝对网虫型

假如你是一个绝对的网虫，那也是一种有利的资源，有时间又努力，就一定会有所收获。通过网络可以学到更多先进的技术，可以把自己的网店打理得更好，花大量的时间来推广自己的网店是绝对值得的。

网上购物是未来发展的一个必然趋势，如果你喜欢网络，有精力长时间面对电脑，并希望过着属于自己的IT白领生活，那么开网店就绝对是一个很不错的选择。

9．自由职业者

年轻人越来越追求独立自主的生活方式，不喜欢被束缚，希望通过自身的奋斗，摆脱给他人打工的状况，即所谓的自由职业者。现在不少的自由职业者喜欢上网，他们开设网络店铺并不在意自己的东西能卖多少钱，而是希望那些平时逛街所购买的东西同样会有人欣赏和喜欢，其目的是通过开店来充实生活，寻找一些志趣相投的朋友。通常这类朋友多会将此作为拓宽社交圈子的一种有利方式，为今后的发展打下坚实基础。

1.3 选择经营方式

如果你正在考虑网上开店，应该根据个人的实际情况，选择一种适合自己的经营方式。网上开店的经营方式主要有以下3种。

1.3.1 网店与实体店相结合

如今，越来越多的消费者尤其是年轻人开始选择在网上购买商品。不用出门、不用排队、价格实惠、送货到家。网上购物渐渐成为主流消费方式之一，不少传统商店也开始在网上开店，抢占市场。

一些商家表示，虽然网购在价格上确实要比实体店便宜一些，但因在线购物无法看到真实的商品，它只能展示一些图片或简短的视频影像，让一些消费者不放心商品的质量。因此，通过网上浏览了解商品的人要比真正买的人少一些。

就现在的市场环境来看，开个实体店，最好也同时开个网店，彼此相辅相成，网上和网下的销售渠道同时打通，这样生意才能更快地做大做强。网店与实体店相结合的优势如下。

（1）网店是实体店的很好补充。它让店里的产品没有淡季和夜晚，而且网络带给你的还是一个娱乐心态，让你爱上你的行业。

（2）网店能帮实体店完善客户群。网店结合实体店能更好地服务于本地市场的用户。

（3）网店可以帮助实体店自动统计热销产品，从而方便店主有针对性地进行产品调整。

（4）网店还可以为实体店带来很好的宣传效果。网店能24小时不间断地在互联网展示，吸引更多的潜在顾客。

（5）由于有实体店铺的支持，货源比较稳定，能快速了解市场行情。

业内人士认为，网络销售最大的缺陷是消费者的认可度比较低。因此，实体店与网店结合经营将是未来商家经营的必然趋势。顾客在网上了解到产品之后再到实体店看，这样可以打消疑虑，购买的可能性就会更高。

1.3.2　全职经营网店

全职经营网店是指经营者将全部的精力都投入到网站的经营上，将网上开店作为自己的全部工作，将网店的收入作为个人收入的主要来源。

想做全职无非有两种情形：一种是一开始就打算做全职，有不成功便成仁的雄心壮志；另一种是先兼职，等做到一定程度后转为全职。

触发一开始就决定做全职的原因是多方面的。有的是工作上高不成低不就，有的是不愿受到束缚而喜欢自由，有的是不甘平庸而进行自我挑战，有的是看到别人做得有声有色而心生艳羡。不管什么原因，全职做网店是需要坚强斗志和良好心态的，因为不管最后的结果是赢是输，切断自己退路，一往无前，无论有多少险阻摆在前面，而不顾一切地去尝试、去挑战、去证明自己的全职卖家，是值得大家钦佩和褒扬的。

全职卖家的付出是最大的，一天甚至24小时坐阵，除了上卫生间，吃饭都恨不得也在电脑旁，无所谓周六日、节假日，大多舍不得为自己放一天假。足够的时间让他们比兼职卖家有更多收获的同时，也给他们带去了无法诉说的辛劳和疲惫。

全职店主在经营上的投入大多是全身心和彻底的，因为选择了这条路，所以没有必要左顾右盼，只有勇往直前，目的只有一个，付出全部心血把它做好、做大、做强。全职经营者牵挂着每一次信用的升级、关注着商盟的加入、等待着消保的通过，该做的一个不漏，可以说达到了为小店忧而神伤、乐而开怀的地步。

1.3.3　兼职经营网店

兼职经营网店是指经营者将经营网店作为自己的副业。比如，现在许多在校学生利用课余时间经营网店，也有一些职场人士利用工作的便利开设网店，增加收入来源。

想做兼职无非有两种情形：一种是试探性的兼职，本身工作谈不上好也谈不上坏，钱足以糊口却不足以支撑奢侈生活，想要改变这种不痛不痒的"尴尬状况"，但又不敢一下割舍依靠、切去后路。一种纯粹是业余爱好或者说精神寄托，工作上得心应手，没有内忧外患，既不紧张也不繁忙，只想空余时间有意义地打发，只想尝尝朋友遍天下的感受，只想让自己变得更加自信和充实，不在乎赚钱的多少，惬意享受着进步成长中的每一个细节。

虽然兼职店主的经营心态稍微轻松，但在时间上并不一定比全职卖家的投入少。一部分想要做出成绩的人，除了工作外，会把全部的精力都奉献给网店。

兼职开店会受到一定客观条件的限制，因为还要正常上班、照顾孩子，甚至有的还要兼顾学业等；兼职其实并没有那么轻松和潇洒；在兼职的问题上，经营者以什么目的去看待、去期待，就会有相对的投入；当然淘宝网也有很多兼职开店做得很不错的。

1.4 常见网上开店平台

网上开店需要一个好的平台，一般是通过大型网站注册会员进行售卖，创业者通过注册成为网站会员，然后依靠其网站开设店铺。在人气高的网站上注册建立网店是目前国内最火的开店方式，目前常见的网上开店三大平台分别是淘宝、易趣、拍拍网。

1.4.1 淘宝网

淘宝网是亚洲最大的网络零售商圈，致力于打造全球首选网络零售商圈，由阿里巴巴集团于2003年5月10日投资创办。淘宝网目前业务包括C2C（个人对个人）、B2C（商家对个人）两大部分。

在为淘宝会员打造更安全高效的网络交易平台的同时，淘宝网也全心营造和倡导互帮互助、轻松活泼的家庭式氛围。每位在淘宝网进行交易的人，不但交易更迅速、高效，而且能交到更多朋友。下图所示为淘宝网界面。

淘宝网数据显示，2010年淘宝网注册用户达到3.7亿，在线商品数达到8亿，最多的时候一天6000万人访问淘宝网，平均每分钟出售4.8万件商品。同时，以

淘宝商城为代表的B2C业务交易额在2010年翻了4倍。淘宝网单日交易额峰值达到19.5亿元，超过了北京、上海、广州三地社会消费品零售单日额；2010年其在线交易总额接近4000亿元人民币。

1.4.2 易趣网

1999年8月，易趣在上海创立。2002年，易趣与eBay结盟，更名为eBay易趣。秉承帮助任何人在任何地方都能实现任何交易的宗旨，易趣网不仅为卖家提供了一个网上创业、实现自我价值的平台，而且品种繁多、价廉物美的商品资源，也给广大买家带去了全新的购物体验。下图所示为易趣网界面。

2006年12月，eBay与TOM在线合作，通过整合双方优势，凭借eBay在中国的子公司eBay易趣在电子商务领域的全球经验，以及国内活跃的庞大交易社区与TOM在线对本地市场的深刻了解，2007年两家公司推出了为中国市场定制的在线交易平台。新的交易平台带给了国内买家和卖家更多的在线与移动商机，促进eBay易趣在中国市场的纵深发展。

1.4.3 拍拍网

腾讯拍拍网（www.paipai.com）是腾讯旗下的知名电子商务网站。拍拍网于2005年9月12日上线发布，2006年3月13日宣布正式运营，是目前国内第二大电子商务平台。下图所示为拍拍网界面。

依托于腾讯QQ超过7.417亿的庞大用户群以及3.002亿活跃用户的优势资源，拍拍网具备良好的发展基础。2006年9月12日，拍拍网上线满一周年。通过短短一年的迅速成长，拍拍网已经与易趣、淘宝共同成为中国最有影响力的三大C2C平台。

1.5 网上开店必备条件

网店是一个虚拟商店，不需要支付昂贵的店面租金，不需要自己或雇用营业员站柜台，可以说，只要具备网上开店最基本的条件，任何人都可以在网上开店。

1.5.1 硬件准备

尽管网上开店投资少，操作简单，但也需要具备一些最基本的条件。其中，网上开店需要的硬件主要有以下设备。

1. 电脑与便捷的网络

当今社会，快节奏的生活、工作，需要更方便的移动办公设备。拥有一台电脑是进行网上开店最基本的条件，是必不可少的。网上开店最好能拥有一台方便携带、随时随地都能投入工作的笔记本电脑。用笔记本电脑可以更加快速、方便地与自己的客户和厂家进行沟通，还可以及时查看和回复买家的留言，此外，它还可以起到移动硬盘的作用。当然，也可以配一台台式电脑，只要时间分配恰当，同样可以达到事半功倍的效果。右图所示为一台笔记本电脑。

拥有电脑后，便捷的网络也是非常重要的。网上开店，顾名思义，就是需要选择一个提供个人或企业店铺平台的网站进行开店。同时，还需要利用网络查询一些资料，也需要利用网络与客户或厂家收发电子邮件。所以，便捷的网络也是网上开店的条件之一。

2. 联系电话

有时网上联系并不能解决全部问题，还需要电话来帮忙。电话也是网上开店常用的工具，因为网络联系有时受制于电脑的限制而无法随时进行，而固定电话、手机则可以解决这个问题。

网店应该提供固定电话和手机号码，这样便于客户与店主联系。客户打电话来询问，那就说明客户有一定的购买意向，客户也希望店家能很好地解答自己的问题，所以提供一个方便联系的电话是很重要的。

3. 数码相机

对于很多店铺而言，数码相机也是基本的装备。因为大部分买家都是通过图片和文字叙述来了解商品。有了自己的数码相机，就可以自由地将自己的产品多角度地反映在买家面前，使买家更加直观地感受和了解物品。如果没有货物的实物图片，商品就很难引起买家的注意和购买欲望，而且还会让买家怀疑该物品是否存在。右图所示为数码相机。

因此，好的数码相机和娴熟的拍摄技术就显得尤为重要。当然，在拍摄技术方面，可以多请教一下相关的专业人士，也可以通过网络搜索一些拍摄方面的技巧，帮助自己快速掌握，以免出现高质量的数码相机拍摄出低水准图片的尴尬。

4. 打印机和传真机

当自己的网店进入实际操作阶段，小店发展成为大店时，商家可以通过传真机来接收一些订单或文件。另外，很多资料的收发也离不开传真机，所以传真机是很重要的设备。

在开店前期，打印机可能并不常用，但业务发展到一定程度时，可以选择使用打印机打印发货单，这比手写发货单更为正规和专业。

1.5.2 软件准备

网上开店在初期准备中除了要投入必要的硬件设备外，还需要相应的软件。掌握基本的网上操作技术并学习一些相关的软件操作知识，将更加有利于开展网上销售。

以下是网上开店应该具备的一些软件和相关的操作知识。

1．熟练的网上操作

熟练的网上操作有利于开展网上销售，如果连自己网店的网页都不会打开，那么即使具备了开网店的一切硬件条件也没有能力把生意做好，网上开店也将成为空谈。

2．收发电子邮件

电子邮件是Internet上应用最广泛的服务，是一种通过网络与其他用户联系的简便、迅速、廉价的现代通信方式。它不但可以传送文本，还可以传递多媒体信息，如图像、声音等。通常情况下，一个独立的网络中邮件在几秒钟之内就可以送达对方邮箱。同时，还可以得到大量免费的新闻、专题邮件，轻松地实现信息搜索。

3．聊天软件

如果卖家能够熟练地运用一些网上即时聊天工具，如阿里旺旺、微软MSN、腾讯QQ等，或者其他网站平台自带的聊天工具，将有助于卖家与买家的沟通。左下图所示为阿里旺旺聊天软件，右下图所示为QQ聊天软件。

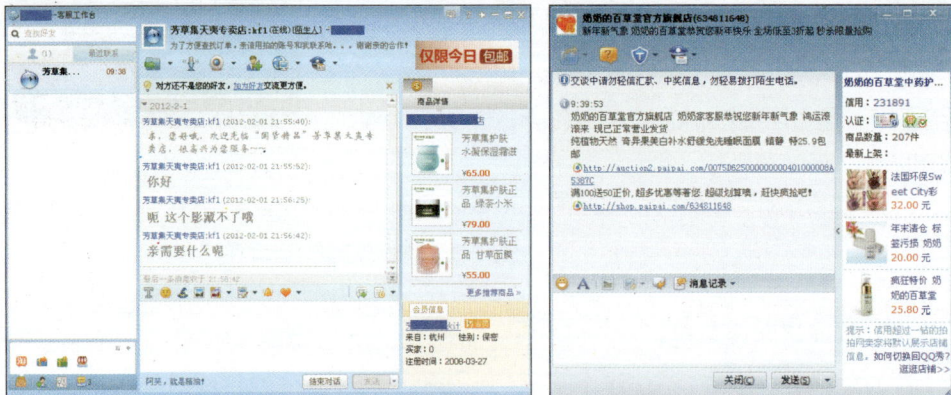

另外，与买家聊天时打字要熟练，否则买家会误会卖家怠慢了他，没有认真地与他交谈。网上开店，有时卖家的生意就是在手指敲击键盘的时候谈成的。

4. 学会网页设计软件

学会网页设计相关软件可以为自己的店铺设计几个漂亮的广告宣传页面。通常，为自己的店铺添加一些人性化的页面，效果会更好。需要学习的网页设计软件主要是Dreamweaver，它是专门的网页设计软件。

5. 图像处理软件

网上开店，客户主要是通过图片来判定产品的，所以精美的商品图片和宣传图片尤其重要。精美的图片往往会吸引客户的眼球，而质量差的图片将会使买家望而却步。通过数码相机拍摄的照片，可能会出现拍摄中的各类问题，如曝光不足、反差过大等情况。因此是否能做出漂亮的商品图片，对网上开店来说也是一个至关重要的因素。现在的作图软件有很多种，而我们所需要学会的也就是最简单的作图方法，所以只要能熟练使用一款作图软件就可以了。这里推荐一款非常有用的图像处理软件——Photoshop。右图所示为使用Photoshop软件处理图像。

1.6 网上开店的基本流程

现在要想在网上开店很简单，只要遵循一定的流程，掌握适当的方法，店铺很快就可以开业了。网上开店的一般流程如下图所示。

1. 前期策划

开店之前需要想好自己要开一家什么样的店铺。在这点上，网店与传统店铺没有什么区别。寻找好的市场，让自己的商品有竞争力才可能取得成功。

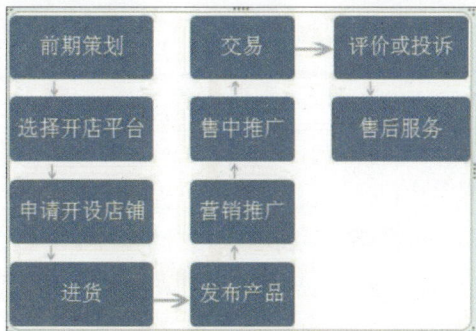

2．选择开店平台

接下来需要选择一个合适的开店平台。大多数开店平台会要求网友用真实姓名和身份证等有效证件进行注册。在选择网站时，人气是否旺盛、是否收费以及如何收费等都是要考虑的因素。现在很多平台提供免费开店服务，这一点可以为你省下不少费用。常见的网上开店平台有淘宝、易趣、拍拍等。右图所示为淘宝开店平台。

3．申请开设店铺

申请店铺时要详细填写自己店铺所提供商品的分类，然后你需要为自己的店铺起个响亮的名字。买家在列表中选择哪个店铺，更多取决于店名是否吸引人。

4．进货

从你熟悉的渠道和平台进货，在这一环节中一定要注意控制成本。选择别人不容易找到的特色商品，是一个好的开始，保证商品的质优价廉才能留住客户。

5．发布产品

把每件商品的名称、产地、性质、外观、数量、交易方式、交易时限等信息填写在网站上，最好搭配商品的图片。名称应尽量全面，特点突出，因为当别人搜索该类商品时，只有名称会显示在列表上。为了增加吸引力，图片的质量应尽量好，说明也应尽量详细；如果需要邮寄，最好注明谁负责邮费。登录商品时还有一项非常重要的事情，就是设定价格。

6．营销推广

为了提升自己店铺的人气，在开店初期，应适当进行营销推广，而且不能只限于网络推广，要网上网下多种渠道一起推广。

7．售中服务

顾客在决定是否购买的时候，很可能需要很多你没有提供的信息，他们随时会在网上提出，应及时并耐心地回复。但是需要注意，很多网站为了防止卖家私下交易以逃避交易费用，会禁止买卖双方在网上提供任何个人的联系方式，如信箱、电话等，否则将予以处罚。

8．交易

成交后，网站会通知双方根据约定的方式进行交易。可以选择见面交易，也可以通过汇款、邮寄的方式交易，但应尽快完成交易，以免对方怀疑你的信用。

至于是否提供其他售后服务，应视双方的事先约定而定。

9．评价或投诉

信用是网上交易中双方非常看重的因素，为了共同建设信用环境，交易完毕，买卖双方应互相给予对方评价。如果交易满意，最好给予对方好评，并且通过良好的服务获取对方的好评。如果交易不满意，则给予差评，或者向网站投诉，以减少损失，并警示他人。如果对方投诉，则应尽快处理，以免给自己的信用留下污点。

10．售后服务

完善周到的售后服务是使生意保持兴隆的重要手段，要随时与客户保持联系，做好客户服务工作，这会给你带来源源不断的生意。

案例：白领兼职开网店赚外快

备齐针线，依样画葫芦，人人都可以完成一幅手工"杰作"。十字绣这种人人都可以动手制作的廉价商品，颇受大众欢迎，在市场上兴起了几年，一直热销。所谓"无心插柳柳成荫"，一幅十字绣版样，经过加工后，可以售到几百元至几百万元，从一件大众闲余的玩物，变成了炙手可热的珍品。

开店半年，有手工工艺品收集爱好的马小姐，在淘宝开了一家十字绣店。短短半年时间，马小姐的小店就在众多竞争者中脱颖而出，在没有任何推广的情况下，小店每月营业额达到两万元，纯利近万元，是她每月工资的5倍。

1　走高端路线，专卖进口货

差异化经营、保证小店的信誉和商品的质量是制胜之道。无论是网上网下，十字绣店在市场上都随处可见，价位一般是几元、十几元，这些商品多是国产的线料，便宜的国产货满足了部分顾客群的需要。而马小姐却专攻进口十字绣，满足中高端消费群体的市场需求。进口线和国产线价格可以相差10倍左右，同样是8米长的线，国产线是7元24支，而进口线1支就要3元。

高端产品并非有价无市，像一幅长达二十几米的清明上河图全卷，用料就要几公斤，4千多支线，光版样的售价就高达5000元，但这个款式的十字绣，却是最畅销的货品之一，每个月都可以卖出几套。

2　做特色经营，"来图定制"

十字绣虽然在市场上已经出现多年，但市场上的十字绣大多图案雷同、缺乏个性，加上受到实体店店面的限制，款式有限、更新慢、店铺租金高，实体店的经营遭遇"瓶颈"。而网店的经营就比较灵活，不但展示的品种数量不受限制，而且可以做一些特色的经营。

除了传统的经营方式，近年来，十字绣还流行起"来图定制"。顾客只要提供自己的照片给商家，如结婚照、孩子的生活照等，便可从商家处得到一张十字绣的图纸和效果图，避免了十字绣图案的千篇一律。据了解，订做这么一幅十字绣效果图图纸，依据大小，收费20~50元。

3 出品很精致，成品叫价高

手工工艺品，因为附加值高售价不菲，十字绣虽然不及刺绣，但一幅具有收藏价值的精致十字绣成品，在市场上也是罕见的。一幅精致的十字绣成品，拍卖价达几百万元，一件简单图案的十字绣成品，至少也要几百元。喜欢十字绣的顾客，往往"无心插柳"绣成了一幅价值不菲的作品，在市场上卖出了高价。卖十字绣的成品，也成为商家经营创收的一部分。

马小姐说，她的一名顾客绣了一幅"四臂观音"，图案不到1米，被开价8万元买下；还有一名顾客绣了一幅名为"花开富贵"的牡丹图，放到市场上以8000元成交。2011年3月，一幅参展的全球最长十字绣《清明上河图》亮相成都，由18名专业的高级绣师经过半年才绣成，这幅精致的绣品以高达200万元的价格被买走。

不过，十字绣制作毕竟花费时间长，要搜罗一批成品难度不小。在马小姐的店里，十字绣成品也只是作为辅助经营，或者以顾客寄卖的形式存在，市场上还鲜见专卖十字绣成品的店铺。

4 主动赔偿，赢取客户口碑

网上开店赚的不只是人气，更要赚客户的口碑。马小姐骄傲地说，她的网店信用指数已拿到了100%的好评率。买家对网店的评论是最好的广告，因此她的生意做得比较旺。

2011年6月份，她在网店评论栏上看到一位外地买家只给自己评了个中等。原来是买家要的商品在邮寄途中受损，买家不是很满意。于是马小姐主动提出赔偿，并当天将赠品寄了过去。最后这位顾客很快将评价改过来了，还是100%。

马小姐称，卖十字绣，一定要脾气好才行，平时即使心情不好，对客人态度也一定要好，别人稍微有一点不满意就会投诉。"上次有个客人，我上面写的是每套材料包配1~2根针，她买了一个不是很大的十字绣，我就给了她一根针，后来她说我少给了一根针，硬要给我一个差评，我打了十几个电话费尽了口舌，才说服她帮我修改了过来，出了一点问题，利润就不用考虑了，能保住信用就好。"

第2章

网上开店卖什么

2.1 国内网民网上消费分析

目前，随着商家对网上销售的重视程度和消费者网上购物的接受程度的不断提高，网上购物市场正逐渐成为国内社会消费品零售市场中不可小视的力量，传统行业企业开始拿出更多的精力经营网上交易，也取得了显著的效果。与此同时，更多的互联网企业也准备开始网上交易市场的征程。

2.1.1 网上顾客群特点

据统计截至2010年6月底，中国网民规模达到了4.2亿，突破了4亿大关，较2009年底增加3600万人，互联网普及率攀升至31.8%。截至2010年6月，网络购物用户规模达到1.42亿，使用率提升至33.8%，上浮了5.7个百分点，半年用户增幅达31.4%。网络购物用户规模较快增长，显示出我国电子商务市场强劲的发展势头。随着中小企业电子商务的应用趋向常态化，网络零售业务日常化，网络购物市场主体日益强大。下面是网上消费者的特点。

1. 网络消费者性别结构

网络消费者主要以女性消费者为主。根据CNNIC 2010年7月份的统计，我国女性网民所占的比例已经占网民总量的45.2%，总数达到18 984万人。喜欢消费和购物是女性的天性，当女性网民所占的比例和数目达到一定量时，网络消费中女性就会占到主要地位。

像淘宝网、拍拍网等大型网站，浏览量和成交量中女性消费品占多数。可见，女性消费者将是未来网络营销的主要对象。

但是，方便快捷作为网络购物的一大优点，越来越多地被男性消费者推崇。男性消费者比较不愿意花更多的时间在购物上，而网上购物恰恰满足了这部分人群对于购物时间的苛刻要求。所以，如何有效地吸引住这部分男性消费者，是日后购物网站营销策划的重点。

2. 网络消费者年龄结构

网络消费者主要以18~35岁的中、青年为主。这部分消费者对网络的依赖性强、在网上停留的时间较长，他们易接受新事物、比较喜欢超前和新奇的商品，也比较容易被新的消费动向和商品所吸引。所以网上购物很容易吸引住这部分人群的眼球。大型购物网站推出的主打商品大多面向年轻人，有的网站甚至还有专售稀奇古怪的玩意儿的店面，专门吸引年轻消费者，据调查，销售业绩还不错。

但是，第26期CNNIC指出：中国网民年龄结构趋向成熟化。30岁以上各年龄段网民比例均有所上升，整体从2009年底的38.6%攀升至2010年年中的41%，这主要是由于互联网的门槛降低，网络渗透的重点从低龄群体逐步转向中高龄群体所致。由此可知，中老年网络消费者也会日趋增多，中国网络消费者的年龄结构也会日渐成熟化。

3．网络消费者学历结构

经常在网上消费的人群学历相对较高。这类人群相对容易接受新事物，购物比较理性，且对网上购物也有一个比较全面的、系统的了解。其中，大学生、自由职业者和白领阶层占了网络消费者的大部分。这类人群接受过更多的关于网络的教育，有更多的时间接触网络，并且网上销售商品的优惠、个性化、品种繁多、省时省力等优点也吸引了他们的注意力。网上购物越来越成为他们的主流购物方式。

4．网络消费者职业结构

我国网络消费者主要由学生、自由职业者和上班族组成。学生消费者比重较大，是由于学生占我国整个网民群体比例大，而且这类学生一般家庭收入较稳定，自己虽没有经济收入，但有一笔稳定的零花钱或者生活费，可以作为网上购物的资金。

学生虽然占整个网络消费者的比例较大，但消费额比例却相对较小。网络消费真正的"中流砥柱"是有一定经济收入的上班族和自由职业者。这类人群往往有比较稳定的收入，对网上购物这种购物方式比较推崇，是现阶段网络营销的主要目标。

5．网络消费者城乡结构

网络消费者现阶段仍然主要以城市消费者为主，原因是农村网民受制于经济社会发展水平滞后、互联网开通条件不足、硬件设备落后等因素，占整体网民的比例较小。

但值得期待的是，目前三网融合方案已经获得通过，并在部分农村地区已经开始试点推广，这将给农村互联网的发展带来质的变化，未来农村网民规模会加快增长。而且，随着物流基础设施规模的扩大、物流技术装备水平的进步，相信农村网络消费者占总消费者的比例会有所增长。

2.1.2　网民购物心理分析

如果卖家经销的商品能满足顾客的需求，成交的几率就会大增。要想使销售量大增，还必须要将网民的心理摸透，这样才能"对症下药"。从购买动机表现来看，可以将网民的购买动机归纳为两大类：理智动机和感情动机。

1．理智动机

（1）实用

实用即求实心理，是理智动机的基本点，即立足于商品的最基本效用。这类消费者在选购商品时不过分强调商品的美观悦目，而以朴实耐用为主，在实用动机的驱使下，顾客偏重产品的技术性能，而对其外观、价格、品牌等的考虑则在其次。

（2）经济

经济即求廉心理，在其他条件大体相同的情况下，价格往往成为左右顾客取舍某种商品的关键因素。折扣券、拍卖之所以能牵动千万人的心，就是因为"求廉"心理。

（3）可靠

顾客总是希望商品在规定的时间内能正常发挥其使用价值，可靠实质上是"经济"的延伸。名牌商品在激烈的市场竞争中具有优势，就是因为具有上乘的质量。所以，具有远见的商家总是在保证质量的前提下打开产品销路。

（4）安全

随着科学知识的普及、经济条件的改善，顾客对自我保护和环境保护的意识不断增强，对产品安全性的考虑越来越多地成为顾客选购某一商品的动机。"绿色产品"具有十分广阔的前景，就是因为它迎合了这一购买动机，能促进销售。

（5）美感

爱美之心人皆有之，美感也是产品的使用价值之一。这类消费者在选购商品时不以使用价值为宗旨，而是注重商品的外观设计，强调商品的艺术美。

（6）使用方便

省力省事无疑是人们的一种自然需求。商品，尤其是技术复杂的商品，使用快捷方便，将会更受消费者青睐。带遥控的电视机、只需按一下的"傻瓜"照相机及许多使用方便的商品走俏市场，正是迎合了消费者的这一购买动机。

（7）售后服务

产品质量好是一个模糊的整体形象，因此有无良好的售后服务往往成为左右顾客购买行为的砝码。所以，提供详尽的说明书，进行使用指导，及时提供免费维修，实行产品质量保险等都成为商家争夺顾客的手段。

2．感情动机

感情动机不能简单地理解为不理智动机。它主要是由社会和心理因素产生的购买意愿和冲动。感情动机很难有一个客观的标准，但大体上是来自于下述心理。

（1）好奇心理

所谓好奇心理，是对新奇事物和现象产生注意和爱好的心理倾向，或称之为好奇心。古今中外的消费者，在好奇心理的驱使下，大多喜欢新的消费品，寻求商品新的质量、新的功能、新的花样、新的款式。

（2）求新心理

这类消费者在选购商品时尤其重视商品的款式和眼下流行样式，追逐新潮。他们对商品是否经久耐用，价格是否合理则不多考虑。

（3）炫耀心理

消费者在选购商品时，特别重视商品的品牌和象征意义。商品要名贵，牌子要响亮，以此来显示自己地位的特殊，或炫耀自己的能力非凡。这多见于功成名就、收入丰厚的高收入阶层，也见于其他收入阶层中的少数人。他们是消费者中的高端消费群，购买行为倾向于高档化、名贵化、复古化。几十万乃至上百万美元的轿车、上万美元的手表等的生产正迎合了这一心理。

（4）攀比心理

消费者在选购商品时，不是由于急需或必要，而是仅凭感情的冲动，存在着偶然性的因素，总想比别人强，要超过别人，以求得心理上的满足。人家有了大屏幕彩色电视机、摄像机、金首饰，自家没有，就不管是否需要，是否划算，也要购买，这就是由攀比心理驱动的。

（5）从众心理

女性在购物时最容易受别人的影响，例如，许多人正在抢购某种商品，她们也极可能加入抢购者的行列，或者平常就特别留心观察他人的穿着打扮，别人说好的，她很可能就下定决心购买，别人若说不好，则很可能就放弃。

（6）尊重心理

顾客是商家的争夺对象，理应被商家奉为"上帝"。如果服务质量差，即使产品本身质量好，顾客往往也会弃之不顾，因为谁也不愿花钱买气受。因此，应该尊重顾客的消费心理，有时尽管商品价格高一点，或者质量有不尽如人意之处，顾客感到盛情难却，也乐于购买，甚至产生再光顾的想法。

仔细分析顾客的心理需求，察觉到顾客想要什么，然后投其所好，便能大大激发顾客的购买欲望。

2.2 网上最热卖的商品

选择合适的商品是网上开店成功的第一步，只有选择合适的商品才能有更大的发展空间。网上销售的商品每天都在扩充,绝大多数在街上商店中销售的商品,在网上也能购买到。据统计,2010年度"女装"居淘宝各平台交易份额首位,"手机、男装、美容护肤、家电、女鞋"也均在各平台中排名前十强。

2.2.1 服装

在众多从事开店的个体户中,赚钱最快的当属服装店。五彩缤纷的时装在给人们生活带来美和享受的同时,也给店主带来了不菲的收入。报告显示服装是网上最畅销的商品。据统计,"女装/女士精品"2010年度在淘宝全网的成交量高达383亿元、3.5亿笔,"男装"2010年度在淘宝全网成交量高达142.5亿元、1亿笔。左下图和右下图所示分别为2010年女装和男装成交量的前十大品牌。

淘宝2010年度"女装/女士精品"类成交量TOP10品牌		
排名	按支付宝金额	按支付宝笔数
1	Ochirly/欧时力	23区
2	韩国SZ	Zara
3	ONLY	韩国SZ
4	鄂尔多斯	ONLY
5	Zara	Ochirly/欧时力
6	Basic House/百家好	鄂尔多斯
7	Vero Moda	Abercrombie Fitch
8	Teenie Weenie	Etam/艾格
9	Etam/艾格	淑女屋
10	江南布衣	Vero Moda

淘宝2010年度"男装"类成交量TOP10品牌		
排名	按支付宝金额	按支付宝笔数
1	Jack Jones/杰克琼斯	Dior/迪奥
2	Levi's	Jack Jones/杰克琼斯
3	Dior/迪奥	Levi's
4	Armani/阿玛尼	Calvin Klein
5	Septwolves/七匹狼	Jeep
6	Goldlion/金利来	Goldlion/金利来
7	Calvin Klein	Armani/阿玛尼
8	Erdos/鄂尔多斯	Abercrombie Fitch
9	Montagut/梦特娇	Erdos/鄂尔多斯
10	Jeep	Septwolves/七匹狼

提示

服装店铺的商品图片不仅要吸引人、清晰漂亮,还要向买家传达丰富的商品信息,如商品的大小、感觉等看不准、摸不着的信息。

2.2.2 手机

手机不仅是一种通信工具,还是时尚的代表——拥有一部或几部"很炫"的手机是一件"很酷"的事。所以,网上推出的最新款手机永远不会缺少年轻人追捧,并由此带动了相关彩铃、配件、充值卡等商品的销售。"手机"2010年度在淘宝全网的成交量高达210.4亿元、1917.5万笔。右图所示为2010年度手机类产品成交量的前十大品牌。

淘宝2010年度"手机"类成交量TOP10品牌		
排名	按支付宝金额	按支付宝笔数
1	Nokia/诺基亚	Nokia/诺基亚
2	Apple/苹果	Samsung/三星
3	Samsung/三星	Sony Ericsson/索尼爱立信
4	HTC	诺卡
5	Sony Ericsson/索尼爱立信	Motorola/摩托罗拉
6	Motorola/摩托罗拉	LG
7	BlackBerry/黑莓	BlackBerry/黑莓
8	Dopod/多普达	HTC
9	LG	Dopod/多普达
10	诺卡	Apple/苹果

> **提示**
>
> 网上卖手机类商品，一定要有价格优势。一般买家在网上购买此类产品时都很谨慎，在网上搜索比较以后才去购买，同样品牌的商品价格是很重要的因素。

2.2.3　美容护肤品

女人爱漂亮是从古到今都没办法改变的事实，并且有愈演愈烈之势。因此，化妆品市场的前景极其广阔。越是有钱的女人，越是想留住青春年华，在化妆品方面的消费舍得花本钱。还有，化妆品是每天都要用的物品，所以会常常买。一旦觉得你店里的哪一款好用，一定会继续在你店里买。"美容护肤"类产品2010年度在淘宝全网的成交量高达126.2亿元、1.3亿笔。右图所示为2010年度美容护肤类产品成交量的前十大品牌。

据了解，网上化妆品店"80%的利润来自于20%的老客户"。由于化妆品是日用品，用完了还要消费，因此，在经营时应该努力去抓住每一个买家，让买家踏踏实实地做个回头客。

排名	按支付宝金额	按支付宝笔数
淘宝2010年度"美容护肤"类成交量TOP10品牌		
1	EsteeLauder/雅诗兰黛	The Face Shop
2	Marykay/玫琳凯	Avon/雅芳
3	Clinique/倩碧	L'oreal/欧莱雅
4	L'oreal/欧莱雅	Marykay/玫琳凯
5	The Face Shop	EsteeLauder/雅诗兰黛
6	Avon/雅芳	Shiseido/资生堂
7	Lancome/兰蔻	相宜本草
8	Avene/雅漾	Clinique/倩碧
9	The body shop/美体小铺	The body shop/美体小铺
10	Shiseido/资生堂	我的美丽日记

2.2.4　箱包类商品

箱包类产品也是淘宝上非常热销的商品。每个女孩至少有两三个包包，上课的大包包，逛街的斜跨包包，约会的精致小包包等。箱包运输方便，不会过期，优势差不多和服装一样；而且将箱包作为礼物赠送给亲友、同学的也很普通。

优势
- ★ 消费群体极大。
- ★ 需求量大。
- ★ 没有尺码、生产日期的问题。
- ★ 颜色搭配的问题。
- ★ 运输方便。

箱包类2010年度在淘宝全网的成交量高达84.2亿元、5953.5万笔。右图所示为2010年度箱包类产品成交量的前十大品牌。

排名	按支付宝金额	按支付宝笔数
淘宝2010年度"箱包皮具"类成交量TOP10品牌		
1	Louis Vuitton/路易威登	Louis Vuitton/路易威登
2	Chanel	Gucci/古奇
3	Gucci/古奇	Nike/耐克
4	Coach	Adidas/阿迪达斯
5	Hermes/爱玛仕	Chanel
6	Nike/耐克	Polo
7	Bally/巴利	Mickey/米奇
8	Balenciaga/巴黎世家	Agnes.b
9	Prada/普拉达	金利来
10	金利来	啄木鸟

2.2.5　数码家电产品

在网上购买数码家电及相关配件的人越来越多。因为此类产品一般都具备一定的品牌因素，所以大家只要选好品牌后参考价格就可以决定是不是要购买，而不需要去考虑其他的生产日期和尺寸大小之类的问题。一般买家在网上购买此类产品时都很谨慎，比较以后才去购买，同样品牌的商品价格是很重要的因素。

"家用电器" 2010年度在淘宝全网的成交量高达103.7亿元、3017.5万笔。下图所示为2010年度家用电器类产品成交量的前十大品牌。

有更多的消费者选择在网上购买数码家电类产品，一方面反映出了消费者网上购物行为逐步成熟，另一方面也反映了主要网上零售厂商产品策略的调整方向。另外，数码家电生产商对新零售渠道的重视程度也在逐步提高，也给市场带来了积极的影响。

淘宝2010年度"家用电器"类成交量TOP10品牌		
排名	按支付宝金额	按支付宝笔数
1	九阳	九阳
2	美的	美的
3	索尼	铁三角
4	松下	森海塞尔
5	飞利浦	索尼
6	创维	小熊
7	LG	秋叶原
8	铁三角	mix-style
9	苏泊尔	飞利浦
10	森海塞尔	德生

2.2.6　笔记本电脑

你也许会认为：笔记本电脑价值不菲，邮寄也不方便，应该不适合网上销售吧！如果你这样想，那你就错了。事实上，笔记本电脑的销量在各C2C平台上一直都排在前列，其相关配件和外设的销量也相当可观。也许，这是因为上网的人都离不开电脑吧！"笔记本电脑" 2010年度在淘宝全网的成交量高达71.6亿元、180.7万笔。右图所示为2010年度笔记本电脑成交量的前十大品牌。

淘宝2010年度"笔记本电脑"类成交量TOP10品牌		
排名	按支付宝金额	按支付宝笔数
1	IBM	IBM
2	Apple/苹果	HP/惠普
3	Lenovo/联想	Apple/苹果
4	HP/惠普	Lenovo/联想
5	Asus/华硕	Dell/戴尔
6	Acer/宏基	Asus/华硕
7	Sony/索尼	Acer/宏基
8	Dell/戴尔	Sony/索尼
9	Samsung/三星	Fujitsu/富士通
10	Fujitsu/富士通	Samsung/三星

> **提示**
>
> 电脑产品的进入门槛相对较高，需要具备一定的专业知识，如清楚产品的功能特点、能辨别产品的优劣，以及会排除一些电脑小故障。

2.2.7　流行饰品

流行饰品的市场非常大，女孩子的饰物真的是数不胜数。送礼的人也往往是先想到送饰品。但是打算做饰品的，一定要紧跟时尚的步伐，不可脱离最新、最流行等字眼。只要商品款式够新颖、够时尚，买家一般只要看到就会恋恋不忘。

对于高价值首饰，由于有了安全的支付宝，因此安全交易不成问题。无论是在易趣网还是在淘宝网，首饰（尤其是水晶、翡翠类首饰）一直都是卖得最好的商品之一。

2.3　货源在哪里

确定了卖什么之后，就要开始找货源了。网上开店之所以有利润空间，成本较低是重要的因素。拥有了物美价廉的货源，便取得了制胜的法宝。不管是通过何种渠道寻找货源，低廉的价格是关键因素。找到了物美价廉的货源，网上商店就有了成功的基础。

2.3.1　批发市场

批发市场产品多样、地域分布广泛，能够小额批发，更加适合以零售为主的小店。批发市场的商品价格一般比较便宜，是经营者选择最多的货源地。下图所示为北京百荣世贸批发市场。

从批发市场进货一般有以下特点。

> ★ 进货时间、数量自由度很大。
> ★ 品种繁多、数量充足，便于卖家挑选。
> ★ 价格低，有利于薄利多销。

一般批发商不会轻易地将最实在的价格告诉初次接触的客人，而是根据经验和标准去衡量，然后才酌情开价，这无疑给毫无经验的新卖家增加了一些难度。下面介绍在批发市场进货时的技巧。

（1）进批发市场，先不要急着问价买东西，先把整个批发市场纵观浏览一遍，把各类款式、风格的店铺分类，做到批发时心中有数。

（2）如果进货不多，可以手上拿一两个批发市场最常见的黑色大塑料袋。

（3）钱货要当面清点，避免遭受损失。这里所说的清点有两层含义，一是当面清点好钱款，二是当面清点好货品。钱款好说，注意别收到假币及多收你的就行。货品则要不怕麻烦，并尽可能细致地检查，在人头攒动的批发市场，特别是紧俏新品被人疯抢时，少发一件货，发错颜色、尺码、款型的事经常发生。对于数量大的批发货品，由于厂家承诺有问题可以调换，所以很多拿货的人是不会有耐心去一件件细致检查的。对于小卖家来说的，数量不多又没时间经常去的，完全可以做到当面检查当面调换，把瑕疵和损失概率减到最低。

（4）因为批发市场主要针对的是批发客户，第一次进货一般量都不大，所以砍价要量力而为，不要太狠，否则店家一般都不会太愿意跟这样的买家合作。还有，货比三家并不是以买到低价货为目的，更重要的是要发掘优质供应商，这是以后合作中关键的一环。

（5）买好的货物，千万要不离左右。批发市场环境复杂，人潮涌动，什么人都有，隐藏着很多你根本无从察觉的陷阱。在批发市场，有些人专做偷拿别人货品，然后低价转卖的勾当。如果你进店挑选时间较长而疏于看管，出来时就有找不到自己货物的危险。所以，始终要记着货物不离左右，随时注意周围情况。

（6）不要失去主张，不能完全被批发商意见所左右。有的新手去拿货因为一点也不了解和熟悉市场行情，所以看到别人拿什么他就拿什么，批发商说什么好他就按批发商的意见赶快掏钱，这样完全没有自我主张的进货态度往往会造成货品混乱、不易搭配，更无从谈个人风格，所以去之前一定要分析好经营方向。

（7）第一次进货不要太多，因为容易压货。对于初次进货，新手往往有些茫然，不知道拿多少拿些什么合适，好像觉得这也行那也行；而有的人一旦开拿又往往止不住，有的拿完货回到家再看时，就发现对货品不满意了。

（8）对中意的店铺，要留下联络方式。每个店铺都有不同的风格，所以淘货也会受到这样的主观影响，每次去批发市场只专挑对口味的，遇到比较满意的就留下名片，作为今后长期合作的考虑对象。留下名片是因批发市场太大，下次你不一定就能找到，还因有了名片叫得出店家名字、知道电话，有什么可随时联系，比较方便；店主如果平时要货不多，又不想跑时，就可和批发商联系，让对方寄来，所以这个细节也应留意。

2.3.2　B2B电子商务批发网站

全国最大的批发市场主要集中在几个城市，而且很多卖家也没有条件千里迢迢地去这几个批发市场。所以，阿里巴巴、生意宝等作为网络贸易批发的平台，充分显示了其优越性，为很多小地方的卖家提供了很大的选择空间。它们不仅查找信息方便，也专门为小卖家提供相应的服务，并且起批量很小。右图所示为阿里巴巴批发网站。

网上批发是近几年开始兴起的新事物，发展还不成熟，但网络进货相比传统渠道进货有以下优势。

（1）成本优势。网络进货可以省去来回批发市场的时间成本、交通成本、住宿费、物流费用等。

（2）选购的紧迫性减少。亲自去批发市场选购由于时间所限，不可能长时间慢慢挑选，有些商品也许并未相中但迫于进货压力不得不赶快选购，网络进货则可以慢慢挑选。

（3）批发数量限制优势。一般的网上批发基本上都是10件起批，有的甚至是1件起批，这在一定程度上增大了选择余地。

（4）其他优势。网络进货不仅能减轻库存压力，还具有批发价格透明、款式更新快等优点。

2.3.3　外贸尾单货

外贸尾单货就是正式外贸订单的多余货品。我们都知道，外商在国内工厂下订单时，一般工厂会按5％～10％的比例多生产一些，这样做是为了万一在实际生产过程中有次品，就可以拿多生产的数量来替补，这些多出来的货品就是人们常说的外贸尾单货。这些外贸尾单货价格十分低廉，通常为市场价格的2~3折，品质做工绝对有保证，因为外商检验非常严格，所以外贸货的质量非常不错。这是一个不错的进货渠道。

外贸尾单货的优点就是性价比高，缺点就是颜色和尺码不齐全，不像内销厂家的货品那样齐码齐色。所以价格都比商场或其他地方便宜。

2.3.4 民族特色工艺品

作为民族工艺品，其价值很高，因为其民族特色足以使它在琳琅满目的商品中鹤立鸡群。网络店主之所以愿意让这类产品来充实自己的店铺，不仅是因为它们稀有、能吸引人的眼球，而且还因为他们拥有其他产品无法取代的特点。

★ 具有很强的个性。

★ 具有丰富的文化底蕴。

★ 富含淳朴气息。

★ 具有奇特的特点。

★ 富有民族特色和地域特色。下图所示富有民族特色的工艺品，在网店上销售得很好。

2.3.5 库存积压的品牌商品

随着社会经济和物质生产的高速发展，新技术、新产品层出不穷，更新速度加快，库存商品及闲置物资越来越多，而地区间、国家间的经济发展不平衡为库存积压商品的发展提供了广阔的市场，"旧货"、"库存货"市场得以迅速发展。当前传统意义的"旧货"概念正在被打破，很多崭新的商品在市场的更新换代中积压下来，但仍具有完善的使用价值，"旧货"正成为多品种、多层次、数量巨大的各类库存商品及闲置物资的代名词，其交易额已占到各旧货市场交易额的60％以上。

有些品牌商品的库存积压很多，一些商家干脆把库存全部卖给专职网络销售卖家。不少品牌虽然在某一地域属于积压品，但网络覆盖面广的特性，完全可使其在其他地域成为畅销品。如果能经常淘到积压的品牌服饰、鞋等货物，拿到网上来销售，一定能获得丰厚的利润。这是因为品牌积压库存有其自身的优势：

★ 质量好，竞争力强。
★ 需求量大，市场前景好。
★ 利用网络的地域性差异提高价格。

2.3.6 换季、节后、拆迁与转让的清仓品

很多情况下，商家会因换季节等原因而清仓处理，因为这时他们已经收回成本了或是赚够了，剩下的能卖多少就卖多少，根本无关紧要。这时候，对网店的店主来说蕴涵着良好的商机，但在进货时也要小心，如下面几类产品最好不要大量进货。

1．日用品

日用品随处可见，在超市也很容易买到。若在网上购买加上邮寄费用后和在超市购买的成本差不多，买家肯定是不愿意在网上买的，他们更愿意在超市购买，因为觉得那样更有质量保障。此外，网上经营日用品的店随处可见，而且销量都不是很大。所以遇到这类产品换季、节后、拆迁与转让清仓时，最好少进或不进，以免难以销出去。

2．高科技产品，如电脑、手机等

这类产品更新换代快，价格变化也快，所以还是小心为好。有人经不住店家的蛊惑，一下子进了几十部手机，以为自己能大赚一笔，结果赔得一塌糊涂。因为游说他进货的卖家是在知道这种产品不久会降价的信息后才处理的，一时贪小便宜的店主接了个"烫手山芋"。毫无疑问，烫到的终究是自己。所以在购进这类产品时一定要非常谨慎，免得一不小心就被套进去了。

3．有效期限短的商品要慎进

这类产品期限短，若进多了还没等你卖完就过期了，肯定不适合多进。像服

装、装饰品等，可以考虑在别人处理时多进一些。

2.3.7 厂家直接进货

一件商品从生产厂家到消费者手中，要经过许多环节，其基本流程是：原料供应商→生产厂家→全国批发商→地方批发商→终端批发商→零售商→消费者。

如果是进口商品，还要经过进口商、批发商、零售商等环节，涉及运输、报关、商检、银行和财务结算。经过如此多环节、多层次的流通组织和多次重复运输过程，自然就会产生额外的附加费用。这些费用都被分摊到每一件商品上，所以，对于一件出厂价格为30元的商品，消费者往往需要花300元才能买得到。

如果可以直接从厂家进货，且有稳定的进货量，无疑可以拿到理想的价格。而且正规的厂家货源充足，信誉度高，如果长期合作的话，一般都能争取到产品调换和退货还款。但是，一般能从厂家拿到的货源商品并不多，因为多数厂家不愿意与小规模的卖家打交道，但有些网下不算热销的商品是可以从源头进货的。一般来说，厂家要求的起批量非常大。以外贸服装为例，厂家要求的批发量至少要在近百件或上千件，达不到要求是很难争取到合作的。

2.3.8 二手物品与跳蚤市场

虽然二手物品具有不合时宜、无法保证品质、价格低廉、不可退换等缺点，但它还是具有许多适合在网上销售的特点：

★ 二手闲置商品不用担心压货。
★ 有利于改掉浪费的习惯。
★ 物尽所能，为他人行方便。
★ 货源广，成本低。

闲置物品不会一直增加，卖掉一件就少一件。那么，卖光这些闲置二手货后怎样保持现有的经营特色继续经营下去呢？其实有一个地方能收购到便宜的二手货，那就是跳蚤市场。

"跳蚤市场"是欧美国家对旧货地摊市场的别称，它由一个个地摊摊位组成，市场规模大小不等，所售商品多是旧货，如多余的物品及未曾用过但已过时的衣物等。小到衣服上的小件饰物，大到完整的旧汽车、录像机、电视机、洗衣机，一应俱全，应有尽有，价格低廉，仅为新货价格的10％～30％。

2.4 防范进货陷阱和骗局

网络进货不比批发市场进货，因为网络毕竟存在着一定的虚拟性，所以选择商家时一定要谨慎小心，选择比较可靠的商家进行交易。在网络上进货时应注意如下事项。

2.4.1 注意批发商提供的地址

一般来说，批发商会有一个固定的地址，如果是个人供应商的话，那进价可能就要贵一些。所以网上还是以公司的批发商居多，而他们都会有一个固定的地址。你可以在百度或其他搜索网站搜索一下，这样可以找到更多信息，仔细看看有没有漏洞，如是否和供应商提供的公司名称相符等。

2.4.2 观察网站的营业资格

一般的骗子网站都没有营业执照，可以要求他们出示营业执照等证明。不过需要注意，一些比较高明的骗子网站也会用图片处理软件伪造一份营业执照，在观察营业执照时需要仔细辨认，查看是否有涂改痕迹。正规的注册公司网站一般会主动出示他们的营业执照。另外，还可以去各地的工商部门官方网站查询，但是不是所有地区的工商部门官方网站都可以查，这样的话，可以打电话去当地的工商部门查询。

2.4.3 注意批发商的电话号码

其实，电话号码可以很好地查出很多问题，首先你就直接打号码所在城市的114，去查一下这个号码的归属；其次，也可以去网上搜索这个电话号码，这样也能发现问题，如这个电话对应的公司名称、公司地址等。

2.4.4 注意批发商提供的网址

如果供应商有自己的销售网站，那就要仔细看看了。你可以多研究他里面的商品，然后对他提问题，通过询问，你也可以了解一二，如果连提出来的问题都没有办法好好回答，那么，其真实性就很值得怀疑。但是也有很多训练有素的骗子，所以问问题的时候，一定要问得细，是骗子总会有漏洞。

2.4.5 注意批发商提供的汇款途径

如果你从网络进货的话，就一定会存在汇款等问题。用什么方式汇款，也是可以查到很多疑点的。一般来说，实体公司进行网络批发的时候，若操作很正规，提供的是公司账号，而不是个人账号。另外，多和供应商谈，有的供应商也是同意通过支付宝汇款的。还有一种办法，就是选择快递公司的货到付款服务。

2.4.6 网站是否支持上门看货

如果不支持上门看货，先要考虑一下这个商家是不是骗子公司。当然，有些公司由于代理数量比较多，可能会对上门看货提出一定的要求。例如，有的公司会要求必须一次性批发50件并预交定金之后才支持上门看货，一是为了最大限度地优化客服工作程序，二是最大限度地保证对每一位经销商的正常服务，这样的要求也是可以理解的。所以在是否支持上门看货这一点上，需要大家更加仔细地辨别、分析，不能一概而论。

2.4.7 要看网站的发货速度

有些网站的发货速度非常慢，可能下了订单之后两三天甚至五六天才发货，严重影响了顾客对卖家的信任，造成了客户资源的流失。所以在选择批发网站时，一定要看网站对发货速度的承诺。发货以后还要看网站是否支持退换货，有些网站以次充好或者在产品发生质量问题时以各种理由搪塞并拒绝退换货。这一点也需要注意。

2.5 进货的技巧

现在淘宝网很多新手卖家最头疼的问题可能就是怎样进货。进货的时候一定要掌握一定的方法和技巧，才能游刃有余，事半功倍，达到你预期的效果，不然你会浪费很多时间和金钱。

2.5.1　进货成功需要掌握的要领

对于店主来说，进货是一门大学问。进货时，掌握一定的要领，有助于进货的成功。一般来说，进货成功的要领有以下几个方面。

1. 明白顾客的需求

顾客的需求可作为决策的向导，进货时可以遵循以下要领：设置工作手册，设立顾客意见簿，有意识地记录顾客对商品的反应，然后将这些意见整理；建立缺货登记簿，对顾客需要但缺货的商品进行登记，并以此作为进货的依据；应对顾客意见簿进行定期检查，用心聆听顾客的建设性意见。这样可以准确预测市场，了解顾客对商品质量、品种、价格等方面的需求，从而采购到适销的商品，避免积压库存而造成不必要的损失，使经济效益得到提高。

2. 进货时机巧把握

对于货源不足、供不应求的商品，应根据市场需求来开辟货源，随时掌握进货情况，随供随进；对季节生产、季节销售的日常用品，应该本着"季初多进，季中少进，季末补进"的方针；新产品要先试销，打开销路后，进货量应从少到多。

3. 比较供货商

为了进到价格合理、品质优良的产品，可以让多家供货商提供价格表，以作参考，然后从中挑选适合店铺经营的商品。

4. 先进货后付款

进货后再付款可以更多地赚取利息，对中小型店铺还能起到规避风险的作用。

掌握以上各种进货要领，就会进到称心如意的商品，进一步符合顾客的意愿，满足市场的需要。

2.5.2　怎样进货才能有大利润

开店做生意，进货是很重要的一环。进货也是一门学问，如进货的数量、质量、品种如何确定，什么时候补货及如何确定补货的数量，作为网店的经营者都应该了解。在进货时需要掌握如下要领。

1. 对店铺的经营了如指掌

店主要想将进货工作切实抓好，就要对店铺的经营洞悉分明。只有这样才能采购到顾客喜欢的商品。这就需要店主尽量在短时间内积累大量的店铺经营经验，从而增加对所购商品的判断能力。

2. 货比三家

为了使进货价格最合理，可以向多家供货商咨询，并从中挑选出各方面都适合自己店铺销售的商品。

3. 勤进快销

勤进快销是加快资金周转、避免商品积压的先决条件，也是促进网店经营发展的必要措施。店铺经营需投入较少的资金，经营种类齐全的商品，从而加速商品周转，将生意做活。当然，也不是进货越勤越好，需要考虑网店的条件及商品的特点、货源状态、进货方式等多种因素。

4. 积累丰富的商品知识

一些店主在进货时通常会一味杀价，对其他交易条件从不考虑。这样一来，容易陷入别人的圈套。倘若供货商知道进货者有这种习惯，一定会有所准备地提高价格，等待进货人员砍价。因此店主在进货时应该洞悉市场动向，掌握丰富的商品知识，这样才不至于被欺骗。

5. 按不同商品的供求规律进货

供求平衡、货源正常的商品，少销少进，多销多进。货源时断时续、供不应求的商品，根据市场需求来开辟货源，随时了解供货情况，随时进货。采取了促销措施，仍然销量不大的商品，应当少进，甚至不进。

6. 注意季节性

新手往往并不知道服装进货时间一般会比市场提前两三个月，在炎炎夏季时，批发市场的生产厂家已经在忙着准备秋衫了。如果不明白这个道理，还在大张旗鼓地进夏季尾货，还在为占了厂家清季而处理的便宜货而得意，乐的可是批发商，而你进的货也可能会因转季打折而卖不出好价钱，或因需求少导致销量不理想，所以看准季节时机慎重进货也是一个方面。

7. 进货的数量

进货数量包括多个方面，如进货总额、商品种类数量等。确定进货金额有个比较简单的方法，即把整个店铺的单月经营成本加起来，然后除以利润率，得出的数据就是每月要进货的金额。

进货商品种类第一次应该尽可能多，因为需要给顾客多种选择的机会。当对顾客有了一定了解时，就可以锁定一定种类的产品，因为资金总是有限的，只有把资金集中投入到有限的种类，才能使单个产品进货量大，要求批发商给予更低的批发价格。

案例：退休老人开网店月入8000元

吴老今年62岁，一个很偶然的机会，老吴接触了电脑，并开了一家网店。现在，他月收入最多时达8000多元。

1　网吧看门接触网络

老吴退休在家多年，一直闲着无事。2007年8月，老吴被请去给侄子的网吧看门。看门之余，学会了上网和使用电脑。

"在网吧的时候，经常听说有人在网上开店。"老吴说，"投入小、时间也自由……听了这些，我有点动心。"

老吴的儿子下岗在家多年，也没找到一份工作。每月，老吴的1000多元退休金加上在网吧看门的600多元，全部补贴家用，还是感觉有点入不敷出，还想找份工作。在侄子的帮助下，老吴在淘宝网上注册了一家店铺。"注册也是一门学问。要复印身份证，还要有银行卡，才能通过身份认证和安全认证。如果没有年轻人帮我，我也很难注册成功网店。"老吴说。

2　第一笔生意亏了本

老吴进了一批适合老年人穿的棉拖鞋，网店就算正式开张了。他每天守在网上等待客户"上门"。两天后，一位网友光顾了老吴的小店，选了一双标价20元的棉拖鞋。

这个网友跟老吴讨价还价，一口气将价格压低了8元。"鞋子进价就12元钱，再加上5元钱快递费，标价20元只能赚3元。"老吴有点心疼，但考虑到是第一笔生意，就答应了下来。

一个月下来，老吴仅仅做成6笔生意，赚了10元。虽说只有10元钱的收入，但让老吴学了不少本领。"如何标价？如何还价？这些看似简单的问题，其实大有学问。"老吴说。除了这些，还要掌握产品的特征和性能，包括产品的材料、如何清洗等。在侄子的帮助下，老吴的店铺信誉很快达到了"1钻"，人气逐渐升高。

3　从批发变产销联合

3个多月后，老吴进的20双老年人专用的棉拖鞋终于卖完。在侄子的建议下，老吴进了一批女式棉拖鞋。这批鞋共计50双，不到20天就销售一空。老吴算了一下，虽然卖得很好，但每双鞋也只赚了三四元，利润很低。

为了增加利润空间，老吴在小商品市场选了一些价格低的鞋。但这些鞋进了店铺之后，老吴发现价格很难卖高。"现在消费者也很精，他们经常比较，价格的弹性空间被压得很小了。"

一天，老吴在小商品市场进货时，发现一双鞋底留了厂名和电话，那是一家鞋厂。他突然想，可不可以直接去厂里进货？这样价格低，自己也可以多赚点。

第二天，老吴就挤公交车找到这家鞋厂。老吴与鞋厂老板一拍即合。从此，老吴一个电话，老板就派人将鞋子送到老吴家。算下来，一双鞋比从小商品市场进货便宜了5元左右。

4 开店也是一种乐趣

据了解，2009年9月份以来，老吴每天要在网上卖40双鞋。每双鞋的标价平均比街上卖的便宜20元左右，加上5元的快递费，老吴一双鞋能赚5元。

老吴对此很满足："没有店面费用，人又比较自由，多的时候一天能有200多元的纯收入，少的时候也有100元，月收入最多时达8000多元。"

网店走上正轨后，老吴将儿子聘为帮手。"请他打印快递单。一天有四五十张，我老花眼，坐在电脑前打印，有点吃不消。"

现在，脾气暴躁的老吴心情变得爽朗了，每个月还主动给孩子们1000多元生活费。

"这家网店最终还是要交给孩子，只是趁现在身体还行多工作一段时间。赚多赚少是其次，主要是老了能找一件事情做，对自己来说也是一种乐趣。"老吴说。

读书笔记

第3章

选择最佳物流
降低成本

本章导读

在淘宝上，现在产品价格越来越透明，掌握运输环节的技巧可以节省不少费用。否则，辛辛苦苦从产品成本上省下来的利润就交给运输公司了。对于网店经营者来说，邮寄商品是很重要的一个环节。有很多店主都说"成也物流，败也物流"，此话虽有一些片面，但还是有一定道理。

知识要点

通过本章内容的学习，读者能够学习到如何选择合适的物流送货方式、国内常见的快递公司、商品的包装方法、降低物流成本的技巧等。学完后需要掌握的相关知识如下。

- 👑 如何选择合适的送货方式
- 👑 国内常见的快递公司
- 👑 商品的包装方法
- 👑 降低物流成本的技巧

3.1 选择合适的送货方式

开网店，每个月都有很大一笔邮寄方面的开销。虽说羊毛出在羊身上，但如果质量相同，价格一样，我相信买家会选择邮费更低的，可见降低了运费将使你的产品更具竞争力。生意好的卖家，单是一个月的邮费，保守估计都得两三千元，相当于一个实体店铺门面的月租了。因此选择合适的送货方式非常重要。网上交易发送货物需要通过物流来完成，物流大体可分为邮政、快递公司、物流托运3种。

3.1.1 邮政运输

几乎每个卖家都有使用邮局发货的经历，有的卖家认为邮局平邮价格一点也不便宜，有的卖家就认为邮局平邮真的非常便宜，而且商品的安全指数也高。事实上，在邮局发货有很多小窍门，如果店主掌握了，那么就可以省下不少钱，如果没有学会，那可能真的比快递还贵。下面介绍常见的邮政业务。

1. 平邮

平邮是比较常见的一种邮寄方式。由于平邮的价格便宜，所以一般不急需、追求经济实惠的买家都会选择它。平邮是去邮局发，发的时候要向邮局买张绿色的平邮单。邮局的包装材料比较好，但是价格比较贵。其实，卖家可以自备剪刀、胶带制作一个包装材料。这种邮寄方式的物品重量尽量不要超过500克。

邮资包括以下几项。

（1）挂号费：3元；全国统一，一定收取。

（2）保价费：可以选择不保价，不保价的包裹不收取保价费。

（3）回执费：可以不要回执服务，不用回执的包裹不收取回执费。

（4）资费：视距离远近每千克资费不同。商品包装的包裹纸箱、布袋、包装胶带等，若由邮局提供是要收费的；也可以自己找纸箱、布袋进行包装，但是必须符合规定。

（5）持续时间：视距离远近一般5~30天，速度比较慢。

（6）安全保障：每个包裹都有单号，可根据单号查询投递状况。如果邮寄时进行保价，在包裹丢失后可以按保价金额进行赔偿；如果邮寄时没有进行保价，在包裹丢失后以最高不超过邮费两倍的标准进行赔偿。

2．快递包裹

快递包裹是中国邮政为适应社会经济发展，满足用户需求，于2001年8月1日在全国范围内开办的一项新业务，它以快于普通包裹的速度、低于特快专递包裹的资费，为物品运输提供了一种全新的选择。一般最好别发快递包裹，速度很可能并不比平邮快，但价格比平邮贵。

3．EMS

EMS就是邮政特快专递服务，是中国邮政的一个服务产品，主要采取空运方式加快投递速度。一般来说，根据地区远近，1～4天到达。EMS安全可靠，送货上门，寄达时间比前两种方式都要快，运费也是这3种方式里最高的。这种方式比较适合顾客对于收到商品有较高的时间要求或是国际商务的派送。

EMS业务在海关、航空等部门均享有优先处理权，它以高速度、高质量为用户传递国际、国内紧急信函、文件资料、金融票据、商品货样等各类文件资料和物品。

EMS适用范围为中国大陆地区，按中国邮政EMS快递标准执行，即包裹重量在500克以内收20元，超过部分每递增500克按所在地区的不同收费标准而有所不同。

优点： 时间快，可以上网查询，送货上门，安全有保障。

缺点： 收费贵，部分地区邮局人员派送物件前不先打电话联系收件人，有可能导致收件人不在指定地点而耽误时间。

4．E邮宝

"E邮宝"是中国速递服务公司与支付宝最新打造的一款国内经济型速递业务，专为中国个人电子商务所设计，采用全程陆运模式。其价格较普通EMS有大幅度下降，大致为EMS的一半，但其享有的中转环境和服务与EMS几乎完全相同，而且一些空运中的禁运品将可能被E邮宝所接受。"E邮宝"的发货地目前已开通9个省及直辖市，送达区域覆盖全国。双方合作之后，目前在阿里巴巴和淘宝网以及外部千余家网店用户可轻松选用EMS标准服务（简称E-EMS）和E邮宝作为物流形式。2009年E邮宝已经采用全程空运模式了，液体、膏状物体等才采用陆运模式。

优点： 便宜，覆盖国内任何地方，运输时间快，只比EMS慢1天左右，可以邮寄航空禁寄品，派送上门，网上下订单，有邮局工作人员上门取件。如果邮寄别的快递公司到不了的地区，强烈推荐使用E邮宝。

缺点： 部分地区还没有开通此服务。

3.1.2 普通快递

在网上开店的卖家，都会与快递公司打交道，而且有很大一部分网店店家采用这种运输方式。市场上主要的快递公司有顺丰速运、宅急送、圆通速递、申通快递、中通速递等。选择快递公司时，下面几点需要卖家注意。

（1）安全度。无论用什么运输方式，都要考虑安全方面的问题。因为不管是买方或是卖方，都希望通过一种很安全的运输方式把货送到手上。如果安全性不能保障的话，那么一连串的问题都将困扰着你，所以在选择快递公司的时候，一定要选择一家安全性较高的公司合作！

（2）诚信度。选择诚信度高的快递公司，能够让你更有安全保障，能让买卖双方都放心使用。选择快递公司的时候，首先可以在网上先查询和了解网民的评价。

（3）价格。对于卖家来说，找到一家合适的快递公司并不容易。价格如果比较便宜的话，将给你省下一笔不小的开支，特别是新开店的卖家。但是不要一味地追求价格低廉的快递公司，至少要在保障安全和诚信的基础上才能选择。如果前两点都无法保障的话，那么仅仅价格便宜也起不了作用。

所以大家一定要多试几家快递公司，多打几次交道，才能看出到底哪家的服务好，价格更便宜。这样才能让店铺的利润更为可观。

> **提示**
>
> 可供选择的快递公司多达数十家，最常用的有顺丰、申通、圆通、中通、韵达、天天、宅急送、中诚等。下面介绍一下快递公司与邮局对比的优势。
>
> » 上门取货随叫随到，而且比邮局下班晚。
> » 速度一般都和EMS差不多，甚至比EMS快。
> » 一般是1000克起步，而不是EMS的500克。
> » 快递物品的检查比较松，一般不需要检查。
> » 寄的次数越多越能砍价。
> » 服务态度比邮局好，业务员和公司都能提供比较好的服务。
> » 单子、包装都不用花钱。

3.1.3 托运公司

如果店主要发出的宝贝数量比较多，重量比较大，平邮或特快专递会非常贵，这时不妨考虑使用客车运输商品。买家如果离卖家不远，可以使用短途客车托运货物，但是这种客车一般会要求寄送方先付运费。店主一定要及时通知收货方收货，并且在货物上写好电话和姓名。在托运前必须将货物的包装和标记严格按照合同中有关条款、国际货协和议定书中条款处理好。大件物品使用铁路托运。

1. 汽车托运

运费可以到付，也可以现付。货物到了之后可能会再向收货方收1～2元的卸货费。一般的汽车托运不需要保价，当然，有条件的话最好保价，一般是千分之四的保价费。收货人的电话最好能写两个：一个手机和一个固定电话，确保能接到电话通知。

2. 铁路托运

铁路托运一般价格低点，速度也快点，但是只能到火车到达的地方。火车站都有价格表。包装得好，一般不会被打开检查，现在一般还会贴上"小心轻放"。铁路托运价格比较高，运费得现付，一般需要拿传真件和身份证提货，不太方便。

3. 物流公司

物流公司如佳吉、华宇等，它们的发货方式和其他托运站不太一样，托运站一般是点对点，但物流公司不同，它们可以转到一个城市中的几个点，以方便客户取货。这种方式速度很慢，中转次数很多，货物上车下仓库很多次，容易造成破损，要求货物和包装都很好。

3.2 国内常见的快递公司

快递公司是指目前国内市场上除了邮政之外的其他快递公司，它们也是运用自己的网络进行快递服务。国内的快递公司主要有：申通快递、圆通速递、中通速递、顺丰速运、宅急送、韵达快运、天天快递、大田快递等，全国有数千家快递公司在开展业务。

3.2.1 申通快递

申通快递创建于1993年，是国内最早经营快递业务的公司之一。经过十多年的发展，申通快递在全国范围内形成了完善、流畅的自营速递网络，基本覆盖全国地级以上城市和发达地区县级以上城市，尤其是江浙沪地区，基本实现了派送无盲区。申通快递在全国各省市有600多个一级加盟商（包括西藏拉萨等偏远地区）和2000多个二级加盟商、4000多家门店，50多个分拨中心，全国网络共有从业人员4万多名，上万辆干线和支线网络车，日均业务量近百万票，年营业额超过40亿元，已成为国内快递网络最完整、规模最大的民营快递体系。

申通快递主要提供跨区域快递业务，市场占有率超过百分之十，使公司成为国内快递行业的龙头企业之一。随着国内快递需求的多样化，公司紧贴市场，不断进行产品创新，继续提供传统快递服务的同时，也在积极开拓新兴业务，包括电子商务物流配送服务、第三方物流和仓储服务、代收货款业务、贵重物品通道服务等，目前已经成为国内最重要的电子商务物流供应商。右图所示为申通官方网站。

3.2.2　圆通速递

上海圆通速递有限公司成立于2000年5月28日，是国内大型民营快递品牌企业。公司立足国内，面向国际，致力于开拓和发展国际国内快递、物流市场。公司主营包裹快递业务，形成了包括同城当天件、区域当天件、跨省时效件和航空次晨达、航空次日下午达和到付、代收货款、签单返还等多种增值服务产品。公司的服务涵盖仓储、配送及特种运输等一系列的专业速递服务，并为客户量身制定速递方案，提供个性化、一站式的服务。右图所示为圆通官方网站。

3.2.3 中通速递

中通速递服务有限公司创建于2002年5月8日，是一家集物流与快递于一体、综合实力位居国内物流快递企业前列的大型集团公司。

目前，公司已拥有员工2万多人，服务网点近1800个，分拨中心36个，运输、派送车辆5000多辆。公司的服务项目有国内快递、国际快递、物流配送与仓储等，提供"门到门"服务和限时（当天件、次晨达、次日达等）服务。同时，公司开展了电子商务配送、代收货款、签单返回、到付和代取件等增值业务。右图所示为中通官方网站。

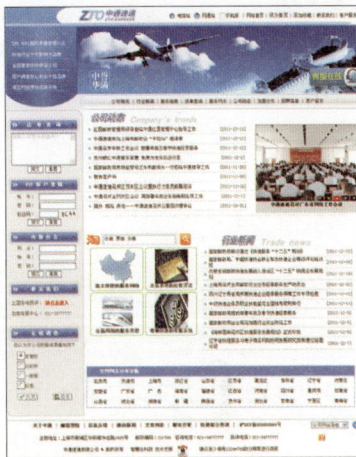

3.2.4 顺丰速运

顺丰速运于1993年3月27日在广东顺德成立。初期的业务为顺德与香港之间的即日速递业务，随着客户需求的增加，顺丰的服务网络延伸至中山、番禺、江门和佛山等地。1996年，随着客户数量的不断增长和国内经济的蓬勃发展，顺丰将网点进一步扩大到广东省以外的城市。至2006年初，顺丰的速递服务网络已经覆盖国内20多个省及直辖市，101个地级市，包括香港地区，成为中国速递行业中的佼佼者。右图所示为顺丰官方网站。

3.2.5 韵达快运

韵达是具有中国特色的物流及快递品牌，结合中国国情，用科技化和标准化的模式运营网络。它也是一家具有国资背景的民营快递公司，已在全国拥有3000余个规范的服务站点，致力于不断向客户提供富有创新和满足客户不同需求的解决方案。

通过对快递业特性的研究分析，优化了内部管理和客户服务，提高了客户满意度，建立了多方位、多层次的运送保障体系，已能提供适合客户需要的产品。右图所示为韵达快运官方网站。

3.2.6 天天快递

天天快递创建于1994年10月，是国内著名快递企业，公司品牌被誉为"中国驰名商标"。2010年5月10日，海航集团北方总部与詹氏兄弟签约重组天天快递，正式组建海航天天快递有限公司。

天天快递目前拥有14个全资子公司及370余家加盟企业，20多个集散中心，2000多个网点，网络遍布国内1200多个城市，形成了以长江三角洲、珠江三角洲、环渤海地区为重点的快递网络布局。目前全国从业人员2万多人，拥有各种快件提送车辆6000多辆，主干线班车运输线路近400条，国内航空快件业务全线实行直达。公司目前拥有客户25万余家，其中世界500强100多家，客户群体遍及电子产品、医药产业、高科技IT产业、货代企业、贸易公司、电子商务公司、进出口制造商等多个领域。下图所示为天天快递官方网站。

3.3 商品的包装

商品的包装是商品的重要组成部分，它不仅在运输过程中起保护作用，而且直接关系到商品的综合品质。

3.3.1 包装商品的方法

当买家拿到商品时最先看到的是包装，所以要给买家留一个非常好的印象，减少他们挑毛病的机会，就先要包装好商品。美观大方、细致入微的包装不但能够保护商品安全到达，而且能够赢得买家的信任，赢得顾客的心。下面介绍常见商品的包装方法。

1．礼品饰品类商品

礼品饰品类商品一定要用包装盒、包装袋或纸箱来包装。可以去当地的包装盒、包装袋批发市场看看，也可以在网上批发。使用纸箱包装时一定要有填充物，这样才能把礼品固定在纸箱里。另外，还可以附上一些祝福形式的小卡片，有时还可以写一些关于此饰品的说明和传说，让一个小小的饰品显得更有故事和内涵。左下图所示为使用包装盒包装。

2．衣服、床上用品等纺织类商品

如果是衣服，就可以用布袋装，用布袋包装服装时，白色棉布或其他干净、整洁的布最好。淘宝网有专卖布袋的店，大小不一，价格也不一，如果家里有废弃的布料，也可以自己制作布袋。在包装的时候，一定要在布袋里再包一层塑料袋，因为布袋容易进水和损坏，容易弄脏宝贝；也可以使用快递专用加厚塑料袋，这个可以在网上买，价格不贵，普通大小的一个3~7角钱不等，特点是防水防潮，用来邮寄纺织品确实是个不错的选择，经济实惠，方便安全。右下图所示为使用塑料袋包装。

3．易碎品

易碎品的包装一直是一个难题，特别是易碎品的运输包装。这一类产品包括瓷器、玻璃饰品、CD、茶具、字画、工艺笔等。通常要求易碎品外包装应具有一定的抗压强度和抗戳穿强度，可以保护易碎品在正常的运输条件下完好无损。

对于这类产品，包装时要多用些报纸、泡沫或者泡绵、泡沫网，这些东西重量轻，而且可以缓冲撞击。另外，一般易碎怕压的东西四周都应用填充物充分地填充，这些填充物也比较容易收集，比如包水果的小塑料袋，平时购物带回来的方便袋，还有一些买电器带回来的泡沫等。尽量多用聚乙烯的材料，而少用纸壳、纸团，因为纸要重一些，而那些塑料的东西膨胀效果好，自身又轻。

如果有"易碎物品"标签就贴上，箱子四周写上易碎物品勿压、勿摔，提醒装卸货人员，避免损坏。右图所示为易碎物品标签。

4．书刊类商品

书刊类商品的具体包装过程可以按以下方法进行。

（1）书拿回来用塑料袋套好，以免理货或者包装的时候弄脏，也能起到防潮的作用。

（2）用报纸中夹带的铜版纸做第二层包装，以避免书籍在运输过程中被损坏。

（3）外层用牛皮纸、胶带进行包装。

（4）如果打算用印刷品方式邮寄，用胶带封好边与角后，要在包装上留出贴邮票、盖章的空间；包裹邮寄方式则要用胶带全部封好，不留一丝缝隙。

5．数码产品

数码电子产品是很精密的产品，在包装上要求很讲究，包装时需要用纸箱、托盘。在货物比较轻的情况下可以用纸箱，但纸箱的质量一定要好。左下图所示是数码电子类产品采用纸箱包装。包装时一定要用泡沫包裹结实，再在外面多包裹几层纸箱或包装盒，多放填充物。右下图所示是泡沫填充物。买家在收到商品后，一般会当面检查确定完好再签收。因为数码电子产品的价格一般来说比较高，如果出现差错也是比较麻烦的事。

6．食品

易碎食品、罐装食物宜用纸盒或纸箱包装，让买家看着放心，吃着也放心。在邮寄食品之前一定要确认买家的具体位置、联系方式，了解运送到达所需的时间。因为食品有保质期，而且还与温度和包装等因素有关，为防止食品运送时间过长导致变质，所以一般来说，发送食品最好使用快递。

7．香水等液体类产品

香水、化妆品大部分是霜状、乳状、水质，多为玻璃瓶包装，因为玻璃的稳定性比塑料好，化妆品不易变质。但这一类货物也一直查得最严，所以除了包装结实，确保不易破碎外，防止渗漏也是很重要的。最好是先找一些棉花把瓶口处包严，用胶带扎紧，用泡沫将瓶子的全身包起来，防止洒漏。最后再包一层塑料袋，即使漏出来也会被棉花都吸住并有塑料袋作最后的保障，不会漏出污染到别的包裹。

8．钢琴、陶瓷、工艺品

钢琴、陶瓷、工艺品等偏重或贵重的物品采用木箱包装。美国、加拿大、澳大利亚、新西兰等国，对未经过加工的原木包装有严格的规定，必须在原出口国进行熏蒸，并出示承认的熏蒸证，进口国方可接受货物进口。否则，罚款或将货物退回原出口国。

按上述的方法，针对不同的商品，采用不同的包装方法，这样既能保证商品在包装运输途中的安全，也能尽量减少在商品包装中的支出。

3.3.2 用商品包装来收买人心

所有的买家都希望收到一个完好无缺的商品，那么卖家该如何利用商品包装来收买买家的心呢？下面有几点建议。

1．发送店铺名片

在发送商品的时候，可以在内包装里塞上几张名片，名片上要印有自己的网店名、掌柜名、电话以及QQ等联系方式。一般来说，买家如果觉得你的商品不错的话，都会留下你的名片以便下回购买，或是将你的名片发给其他需要此类商品的好友，这样一来你也就多了许多隐形顾客。

2．赠送小礼品

许多买家都希望得到一些小赠品，即使这些东西对他们来说没有多大作用，但是收到的时候会觉得很高兴，就像我们在现实生活中收到礼物会有惊喜的感觉一样。在采购商品的时候，记得多留意一些小物件，比如头饰或者小发夹之类的，价格越便宜越好，但是质量不能太差。一个质量好的赠品可以起到画龙点睛的作用，但是如果买家收到的是一个粗制滥造的赠品，那么他们对你的好印象也会大打折扣。此外还要注意控制赠品的成本。

3．问候贺卡

现代社会通信发达，人们的沟通方式已经从过去的信件、电话扩展到短信、电子邮件、视频等。很多人已经好多年没有收到过信件了。所以，在邮寄商品的同时，附送一张温馨的贺卡，必定会唤起很多人熟悉而惊喜的感觉，增加顾客对卖家的好感。

4．不要擅自带价格标签

不要自作主张，把商品的价格标签放入包装箱内。因为有些买家购买商品是用来送礼的，这些买家希望网店直接发货给他的朋友，而他们一般是不愿意让朋友知道这件礼物的价格是多少、是在哪里买的。

5．要干净整洁

无论你用什么包装寄东西，都应把盒子弄得干干净净，破破烂烂的包装会让人怀疑里面的东西是不是已经压坏了，甚至怀疑产品质量有问题。所以包裹一定要干净整洁，在不超重的前提下尽量用硬壳包装。

6．热卖产品介绍

不是每个买家都会十分耐心地看卖家店里的所有商品，所以在快递商品时，可以送上一份店铺的产品介绍。可以把店铺里最热销的商品或新上架的商品整理成一张小小的推荐表。

3.4 降低物流成本

生意好的卖家，一个月的物流费用保守估计都得花上几千元，相当于一个实体店铺门面的月租了。如果巧妙运用，还真可以节省出不少物流费用。

3.4.1 发平邮节省邮费的技巧

如何节省邮费，一直是众多卖家关心的问题。节约下来的是成本，省出来的就是利润。现在就来教大家如何节省邮费，希望对大家有所帮助，特别是刚刚起步的新手卖家们。

1．普通包裹

普通包裹的邮费并不算贵，主要贵在包装箱，最便宜的也要2元。建议用布袋，或在专卖纸箱的公司购买邮局允许的纸箱。一般网上购买12号箱子只要0.6元。

普通包裹的基本邮费按公里数及重量计算。每500克为一个计费单位。附加费用有挂号、保价、回执。其中，挂号费是必收的，无法节省。而回执费3元，是用于收件人确认收到邮件，由收件人填写，邮局投递回送给寄件人，此项可省。保价费，按填写价值而定，若非贵重物品不提倡使用。

普通包裹用的是绿色邮单，寄达时间需7～15天。另外，平邮可以使用邮票，邮票在市场上可以有很大的折扣。

2．快递包裹（与特快专递EMS不同）

与普通包裹大致相同。邮局快递的费用一般是邮局平邮的2～2.5倍，邮局快递在许多地区能够做到送货上门，并且邮局快递的送货时间一般是4～7天。

3．邮政特快专递（EMS）

邮政特快专递简称EMS，是邮政系统最快的发货方式。使用航空邮递，一般省内24小时之内到达，省外一级城市之间48小时到达，全国范围内基本上72小时到达。需要查询时可直接拨打当地11185查询，很安全，丢失的几率非常低，但价格相对来说就比较昂贵了。

现在很多快递公司都有EMS代理业务，快递公司和中国邮政EMS谈下的合作价，快递公司一般拿到的是5折，代发价一般是7～8折，而且不收单据费，建议大家使用。最主要是省时省心，不用自己跑邮局。

4．邮寄必备和步骤

（1）准备好纸箱。邮局的纸箱价格有点贵，可使用自己的盒子包装商品，鞋盒就是很好的包装箱。必要时要根据商品的大小适当地改改盒子的大小，动动剪刀而已。如果不想自己制作，还可在网上买，网上的便宜很多，能节省很多费用；也可以选择到超市收购，而且很结实。

（2）准备好箱内填充物。可能邮寄的东西没有占满纸箱或者为防止不当操作对商品造成损坏，要对商品进行保护处理；否则到了邮局，邮局又要让你买包装材料了。

（3）准备好打折邮票。这是省钱的好方法，在网上可以买到，在当地的邮品市场有时候也能买到。一般都是7折以下，买的时候要注意各种面值搭配，还要有1角的用来补零。首先要确定所在地区是否允许使用打折邮票，其次就是购买哪些面额的邮票，这就要看邮寄物品的重量了。

（4）封箱胶带。胶带最好是透明的，因为可以将顾客的信息预先写在纸箱上，到了邮局检查后再封箱。

（5）包裹单。网上卖的包裹单大概是邮局一半的价格，这也是省钱办法之一。

（6）自己准备秤，提前把包裹称一下。平邮是每500克为一个计费单位，所以应把包裹的重量控制在499克或者999克内（加上包裹单的重量）。

（7）网上有专门计算邮费的网站，在各大搜索引擎上搜索一下"邮费计算"就能找到。这样去邮局邮寄包裹就知道大致多少钱了。

3.4.2　快递砍价小窍门

对于广大网上开店的店主而言，价格可以说是影响商品竞争力的主要因素。与实体店不同的是，网上所出售商品的价格不仅是指商品本身的售价，还有运输商品所需要的费用——包括包装、运输、保价等方面的费用。新开店的小卖家一个月下来就那几个廖若晨星的快递商品，当然快递价格也很难降下来。下面介绍一些降低快递费用的妙招，希望对新卖家有所帮助。

★ 多找几个快递公司，价比三家。不同的快递公司到相同的地方收费不一样，建议索取快递公司报价单，发货之前相互比较一下，做到价比三家，选择价格最低的快递公司。

★ 要直接找快递业务员砍价，不要找接电话的客服人员砍价。

★ 可以跟快递业务员说：你每个月都有很多快递要发，这样那个业务员会以为你是大客户，就会把价格降低。

★ 跟业务员说有很多快递公司价格比他们低，最好是举出那些公司来，就算是真的没有，也要说得跟真的有一样，让他也降低到人家那个价格。

★ 假设快递公司的价格原来是16元，想砍到12元，不要直接就说12元，要心狠一点，说到10元左右，那么他想抬价也不好意思抬那么高，可能最终的结果是大家互相退一步，达到12元左右的价格。

★ 利用网络在网上下订单可以降低快递费用。

3.5 自己计算运费，方便又实惠

　　卖家在发布商品时就要填写运费价格，但是一些新卖家对物流公司不是很了解，也不知道具体的运费价格。如果运费填写低了，自己就亏了，因为物流价格基本是透明的。如果运费填写高了，有些买家会执意认为卖家故意多收几元的快递费用，从而对卖家产生不好的负面影响，认为有欺骗人的嫌疑。也正是因为这个因素，可能会失去一些潜在买家。下面讲述如何查询快递价格、平邮价格以及邮政特快专递价格，以便提前知道运费价格，方便设置合适的运费。

3.5.1　计算淘宝推荐物流价格

　　使用"运费/时效查看器"可以快速查询各快递公司的运费，具体操作步骤如下。

第1步 登录阿里旺旺，❶在阿里旺旺窗口中单击"发货管理"超链接，如左下图所示。

第2步 在打开的页面中，❷单击"物流工具"超链接，如右下图所示。

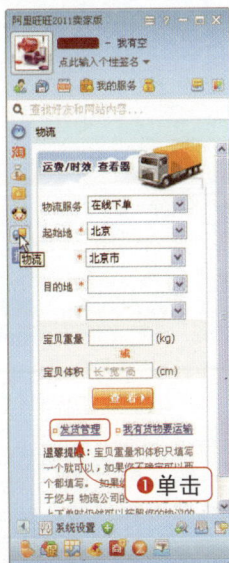

第3步 进入如左下图所示的页面，❶单击"运费/时效查看器"超链接。

第4步 ❷在"起始地"和"目的地"下拉列表框中选择地址，"宝贝重量"

和"宝贝体积"只填写一个就可以了，如果不确定可以两个都填。如果查出来的价格高于卖家与推荐物流公司的协议价格，网上下单时仍然可以按照协议的物流价格来付费，❸单击"查看"按钮，如右下图所示。

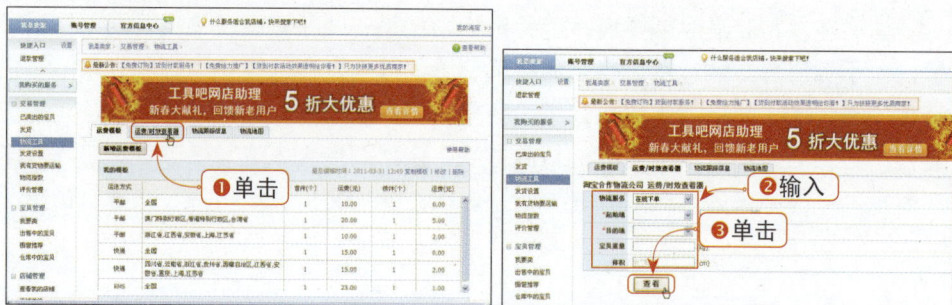

第5步 打开"计算结果"页面，在此页面中可以显示查询到的推荐物流价格，如下图所示。卖家可以进行比较，选择最优惠的物流公司，以节约运输成本。

3.5.2 计算邮局平邮价格

在淘宝网上，不能查询邮局平邮的价格，在国家邮政局的网站上可以查询到各地平邮包裹的价格，具体操作步骤如下。

第1步 在浏览器地址栏中输入http://www.chinapost.gov.cn/，进入国家邮政局网站的主页，❶单击"邮政普通包裹资费查询"超链接，如左下图所示。

第2步 进入"邮政局普通包裹资费查询"页面，如右下图所示。❷在此页面可以选择地名查询或输入地名查询；也可以按邮编查询。

第3步 如果要查询北京到上海的普通包裹费用，先输入地址和重量信息，❶然后单击"查询资费"按钮，即可查询，如左下图所示。

第4步 ❷打开"邮政局普通包裹资费查询结果"页面，在这里会显示查询的结果，如右下图所示。

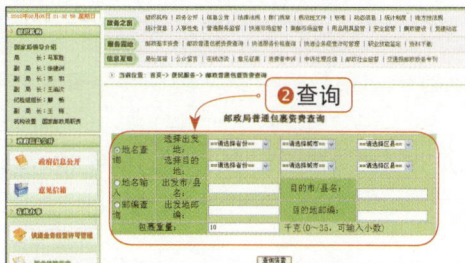

在这个网站中可以随时随地、方便地查询各地的平邮价格。

3.6 如何避免发生物流纠纷

作为新手卖家，除了保证商品质量外，拼的就是服务和价格。无论售前还是售后，卖家都应该对买家热情相待，但不能保证将货交给快递公司后会有什么事情发生，能做的就只有尽量避免。

3.6.1 买家签收注意事项

目前淘宝网的新买家非常多，其中很多没有签收验货的经验，在收货后造成很多纠纷。买家签收时需要注意如下事项。

（1）确定自己提供的收货地址本人能够亲自签收货物，注意单位地址与家庭住址要区分开。

（2）确认自己提供的收货地址是否会有保安、门卫、前台签收。

（3）快递将送达前，做好本人能签收的准备，最好签收人/委托签收人能当着送件员现场验货。

（4）代别人签收快递时，首先注意货物外包装是否有破损、重复包装痕迹，然后再核对内件货物。有条件的话，若认为包装有问题，可先确认货物重量。对签收的快递包裹有怀疑时，送件员不愿意配合的可以拒收。

（5）本人签收快递时，同样先注意外部包装完整情况，在签名前可以与送件员要求等待验货，发现货物有问题应直接拒收。

（6）所有快递公司的免费派送次数是两次正常派送，对于所有送一次就拒绝派送的快递包裹完全可以投诉。

3.6.2　物流纠纷的解决办法

物流纠纷大家都会遇到，那么物流出现问题后，怎样才能得到一个双方都满意的解决方法呢？可以从以下几个方面解决。

（1）首先要注意心态问题。若你经常发货，则出现问题在所难免，要有这个心理准备。出现问题也没什么大不了，解决问题就是了。好多卖家不能以一种平和的心态来对待问题，买家与卖家是平等的，同样卖家与物流也是平等的，不要觉得物流公司矮自己一等，要用正确的态度来解决问题。

（2）第二注意买家方面。一般买家都会问几天能收到货，现在的快递基本上全国范围内是2～4天到货，偏远一点的要4～5天，同城的是今天发明天到。可以这样回答买家：一般是3～5个工作日收到，因为快递周末派件都不是很积极的，给自己最大的余地，不要把自己逼得一点点意外的时间都没有，那就太被动了，要知道快递晚点的可能性是很大的。时间说长点，一是给买家一个心理准备，二是晚到时自己不至于太被动，三是提前到时买家会很高兴。

（3）第三注意物流方面。跟物流方面谈好出现问题后怎么解决，遵循平等合作的原则。晚到的情况怎么解决，磕碰碎裂的情况怎么解决，态度不好怎么解决，都达成文字协议更好，这样出现问题都按协议来解决。

出现问题时让快递公司的业务员帮忙，因为业务员比较熟悉公司具体运作，而且他们自己的公司到底哪个方面出问题，他们也比较容易知道内情，方便追回货物。

（4）建议向买家提供两种以上的解决方案（退款或重寄等）供选择，这样可以有效改善买家的感受和提高解决问题的效率。

案例：下岗职工网上开店成皇冠店老板

经常在网上购物的人都知道，卖家要达到"皇冠"级别非常不容易。张亚的饰品店就是其中一家"皇冠"店，并且"再要一个月就可以冲上双皇冠"。

张亚从单位下岗后，就是靠开这个网上饰品店，两年时间就买了一套130多平方米的房子，并且是一次性付款。

一片叶镯、绕腕蛇、项坠/吊坠、曲口刻花镯、珍珠蝴蝶结毛衣链、编丝小圆戒、水晶项链……一件件充满民族风情的饰品，都栩栩如生地"摆放"在饰品店里。此外，纯银小汤勺、银坛、银壶、银香炉这些饱含着历史感的生活用品，也可以在这里找到。店里主要经营首饰，店面"装修"非常美观又有特色。张亚说："店面装修和产品风格一致，我的店让顾客一进来就有一个好的印象。"

"我当时下岗了，逼得没办法才在网上开这么个店，没想到还做成了。"回想当初创业的过程，张亚颇有些"歪打正着"的感慨。

2008年，张亚从单位下岗后，在省城陆续找了一些工作，最终还是回到了故乡。当时做饰品店的时候他身上总共只有4000元钱了。张亚花了2000元买了一部数码相机，开始走街串巷找起了货源。

刚开始的一段日子是非常艰难的。刚入行的张亚靠"听声音"找货源。张亚"摸着石头过河"，一路做起如今已发展到了成熟的供货网络。

张亚店铺的卖家好评率非常高。显示的1万多个评价中，只有20多个是中评以下。"在网上找到合适的客服和顾客沟通，客服亲和力很强。"张亚说，"网上什么人都有，在网上与人交流需要有耐性。"在淘宝网上，卖家们都很重视自己的信誉，得到第一个差评的时候，张亚"好几天都睡不着觉"，而这个差评也让他很委屈。"后来我就慢慢地看开了，做到皇冠店总会有一些差评的，心态也就慢慢平和了，毕竟开网店和开实体店有很大的不同。"这次的经验教训也让张亚明白了：以后他会提前告知顾客可能出现的问题，避免不必要的纠纷。

"再好的服务，如果没有产品作支撑也是徒劳的。"除了"用心对待每一位顾客"，张亚还有自己的独门秘笈：他知道在哪里可以找到最好的工匠，做出最精美的饰品。并且，张亚常年和这些工匠们打交道都"混熟了"，顾客需要定制什么款式、什么风格的饰品，张亚只要一个电话，工匠就能心领神会。"不同的工匠都有自己擅长的领域，我会根据他们的特色找到最适合的工匠。我店里的1000多件货物，至少是由200多个不同的工匠制作而成的。"

如今张亚对于饰品的精髓、内涵理解都颇为深刻。"如果我是在大都市里，肯定对民族饰品没有这么好的品位，"张亚自信地笑着说，"充分利用好本地资源是开网店的成功秘诀。"

刚开始经营这家店，张亚只是"为解决生存问题"，如今做大了，"每个月纯利润几万元以上。"他笑说自己给普通创业者提供了极大的参考价值，"成本小，方便利用本地资源，比在当地开实体店利润高。这一块的市场潜力还是很大的，我很看好。"

读书笔记

第4章

完善客服提升网店服务品质

本章导读

　　开店的卖家都知道货源和照片在网络购物中起着非常重要的作用，货源直接影响商品的价格，而照片影响商品交易的成功率。卖家们注意到这两个至关重要的前提的同时，更需要注意的是售后服务，这是卖家在淘宝网能长久发展的根本。在某些时候，售后服务的重要性还要赶超前两者。本章将介绍皇冠级卖家的售后服务秘籍。

知识要点

　　通过本章内容的学习，读者能够学习到如何通过售前服务拴住进入网店的"上帝"，为客户提供最好的售后服务，坦然面对顾客投诉，网店的管理技巧等。学完后需要掌握的相关技能如下。

- ♛ 如何通过售前服务拴住进入网店的"上帝"
- ♛ 为客户提供最好的售后服务
- ♛ 坦然面对顾客投诉
- ♛ 网店的管理技巧

4.1 售前服务拴住进店的"上帝"

常常有卖家说："为什么有些人来我店里，问了几句就没消息了，不买了呢？"其实，卖东西不单有售后服务，还有一个被大家忽视的"售前服务"，尤其是做网店，买家看不到实物，只能靠图片和文字介绍，有可能有很多疑问，所以买家的咨询很可能直接决定他是否最终购买产品。

4.1.1 与客户沟通的技巧

卖家在与买家谈话时，说话要有技巧，沟通要有艺术。良好的沟通可以助你生意兴隆，良好的沟通也可以使买家买完一次又一次。

1. 换位思考

与顾客的沟通过程中，卖家不要把自己摆在"我是卖家——销售者"的位置上，要把自己当做一个买家，或者说把自己当做买家的朋友，这时你的思路才能真正贴近买家，才知道怎样去讲解你的商品。只有站在一个买家的角度来考虑问题，才知道怎样来牵引买家，你的观点、你的讲解才能引起买家的认同。很多买家在转变成卖家时，应该都深有体会，多份宽容和理解，以和为贵，做好沟通才能双赢。

2. 使用礼貌的沟通语言

"礼貌先行"是交朋结友的先锋。有句古话：要想得到别人的尊敬，首先还要尊敬别人。与买家沟通时要给买家留下好的印象，让买家愿意同你沟通，所以，你必须表现出谦虚有礼，热情有度，建立和谐友好的态度。

在买家咨询的时候，礼貌用语一定要习惯用上"您好，欢迎光临小店！"、"您"（这个称呼一定要习惯用上，假如用"你"，可能会让买家感觉非常不舒服）、"亲，您好"、"您请稍等，我看下库存有没有货"、"不好意思"、"抱歉，请您谅解"等。礼貌用语用上了，确实会有非常显著的效果。

上面的礼貌热情回答是首要的，而在此基础上巧用旺旺表情，而且用到实处也是非常有用的。聊天工具里的表情是与客户沟通的好帮手，它能很快地制造出轻松的气氛，拉近大家的距离，有些表情使用不恰当就很容易引起误会，所以有些时候应该避免或谨慎使用。切记不要滥用，否则适得其反。

3. 多检讨自己，少责怪对方

遇到问题时，先想想自己有哪些没做到位的地方，诚恳地向买家检讨自己的不足，不要上来先指责买家。比如有些内容明明写了可是买家没有看到，这时不要光指责买家不好好看商品说明，而是应该反省自己没有及时提醒买家。

当我们遇到不理解买家想法的时候，不妨多问问买家是怎么想的，然后把自己放在买家的角度去体会他的心境。

4．坦诚相待，诚信第一

买卖中，首要的是诚信。在销售的商品不要隐瞒任何问题，否则这些失信的行为将使您失去眼前与更多潜在的顾客（一个中或差评有可能是致命的）。最常见的是，有的商品存在小瑕疵，拿货时没发现问题，到拍摄或者检查时才发现一些瑕疵，有的甚至在买家要订货时才检查出问题，那么这些都要在宝贝描述中写清楚或在买家购买时讲清楚。

5．尊重对方立场

少用"我"字，多使用"您"或者"咱们"这样的字眼，让买家感觉我们在全心全意地为他考虑问题。当买家表达不同的意见时，要力求体谅和理解买家，用"我理解您现在的心情，目前……"或者"我也是这么想的，不过……"来表达，这样买家觉得你在体会他的想法，能够站在他的角度思考问题，同样，他也会试图站在你的角度考虑。

6．认真倾听，再做判断和推荐

要成为一个沟通高手，首先要学会成为善于聆听的卖家。当买家未问完时，不要去打断，对买家的发问，要及时准确地回答，这样对方才会认为你是在认真听他说话，觉得被尊重，也才会对你产生兴趣。同时，倾听可以使对方更加愿意接纳你的意见，当你再说话的时候，更容易说服对方。

有时候买家常常会用一个没头没尾的问题来开头，比如"我送朋友送哪个好"或者"这个好不好"，不要着急去回复他的问题，而是先问问买家是什么情况，需要什么样的东西。如果他自己也不是很清楚，就要你来帮他分析，然后站在他的角度来帮他推荐。

4.1.2 积极回复买家提问

众所周知，在现今竞争激烈的网络销售市场里，卖家除了要提供优质的产品外，更应该提高服务的质量，争取更多的回头客才能让你走得更远。在回复买家提出的问题时，及时回复是至关重要的。

一般买家买东西都喜欢找在线的卖家，如果买家发过去的信息半天无人理睬，会让人觉得这个卖家很没有礼貌，也会有被冷落的感觉。网上卖家成千上万，有的是选择，这样就很容易流失客户。

所以要重视每个客户，每个旺旺留言。如果离开了电脑，一般都要改变旺旺状态，并且设置旺旺自动回复向来客道歉。如果很忙，也要设置自动回复，请买家稍等会儿，并很快回复请他谅解。一般客户都会谅解的，你尊重别人，别人才会尊重你。

还有，要把商品介绍写详细，这会减轻自己的工作量。如产品质量、规格、功能、用法、适用范围、保养、注意事项、邮费及售后服务等，如果这些全部写详细了，买家就可以直接在介绍里得到答案，一般也不会有那么多的疑问需要你一个一个解答。详细描写商品介绍也会提高买家对你的信任度，至少会认为你是个比较用心的卖家。

4.1.3 客观地向买家介绍商品

在介绍商品的时候，必须针对商品的特点及商品的缺点，客观地向买家解释并做推荐。所以，要让买家了解商品的缺点，并努力让他知道商品的优点。

怎样得知商品的优点与缺点呢？以下是一些信息来源的渠道，要随时记得掌握。

★ 向本店的资深人员询问。
★ 向厂商、批发商的营业人员询问。
★ 阅读报纸、专业杂志。
★ 参观展示会、工厂。
★ 利用电视、杂志等媒体收集资料信息。
★ 亲自试穿、试吃、试用看一看。

在介绍商品的时候，虽然商品缺点是应该尽量避免触及的，但如果因此而造成事后买家抱怨，反而会失去信用，得到差评也就在所难免了。在淘宝里也有卖家因为商品质量问题得到差评，有些是特价商品造成的。所以，在卖这类商品时首先要坦诚地让买家了解商品的缺点，努力让买家知道商品的优点，先说缺点再说优点，这样会更容易被买家接受。在介绍商品时切莫夸大其词地介绍自己的商品，介绍与事实不符，最后失去信用也失去买家。介绍自己产品时，可以强调一下："东西虽然是次了些，但是功能俱全"，或者说，"这件商品拥有其他产品没有的特色"等。这样介绍收到的效果是完全不同的。

4.1.4 沟通要耐心

用耐心、真心、诚心打动买家是卖家的服务宗旨，从每一位买家出发，对经营中的每一个细节加以放大，有针对性地提供最佳服务。

卖家每天都要接触不同的顾客，只有用丰富的专业知识才能灵活应对，热情为他们介绍商品；只有用耐心、真心、诚心才能打动买家，成为买家的朋友。每次与买家交流的机会都应该珍惜，都应该把握住，一点点的失误就可能让我们与买家失之交臂，因此不要错过每一次机会，把自己掌握的商品信息传达给每一位买家，只有这样才能提高营业额。

卖家一定要把耐心、真心、诚心倡导为服务宗旨，这是搞好客户关系和维持良好客户关系的基础。

对于一些新手卖家来说，有人询问价格、颜色、款式、材料等或把自己加为好友的时候，往往很开心，总想着有生意了。其实很多买家有比较的，网购和实体店购物一样，他们都会作比较，在网上进行查找，到这家问问那家问问，最后才决定买哪一家的商品，这种情况很普遍，也很正常。所以有人问只是表明他对这件商品或者这一类商品感兴趣，千万不要以为他问就一定会买。所以，作为卖家，心态要平和，沉着冷静，细心、耐心、诚心。

帮助买家，这也是新卖家要做到的，尽量满足买家的需求。注意：这里说的是尽量，不是一味地满足买家。对于提出无理要求的买家可以不予理睬，其实作为买家，总想以最低价格得到最好的商品以及服务。当收到一些需求时，一定要记得，心态要平和、沉着冷静，不要以另一种目光、态度对待。一定要记得和气生财，做生意讲的就是和气，即使别人提出的要求不合理，也不要和客户争辩。

用耐心、真心、诚心打动买家，认真热情、细心周到的服务，可以让买家感到温暖愉悦，使他们再次光顾。

始终坚持顾客至上的原则，以百分百的细心、耐心做好每一笔交易，让每一位上门的顾客都有宾至如归的感觉，开心愉快地购物，这样出现回头客的几率就会增加，同时会带来更多的效益。

4.1.5　沟通要专业

沟通要专业是非常重要的一点。首先，要拿出专业精神及良好的职业道德。对新买家尽量多用敬语。这样能很好地体现出你作为专业人士的良好品德，买家也相对放心。其次，要对店里的产品具备一定程度的了解及相关的专业知识，这可以帮助买家更清楚地认识产品，及认识店家本身。

有些卖家在买家付款后就不管了，把买家凉在那，不闻不问。即使买家付款了，也一定要跟买家确认一下地址及联络方式，而且可以问问买家快递是否能够到达。确认清楚后，明确告知买家，配好货后发件大概是什么时间，并请买家放心，会提供单号及快递公司给他们。

最常见的是买家选好了几件商品，最后决定下单时，你必须很快列出清单：商品名称、颜色、价格、优惠等。如果买家的需求有些模糊不清，则要再问一遍，让买家再确认一次，最后再说句放心的话"在发出前我会认真再检查一遍的，请放心"。这些专业素质都是在交流中不可少的。

通常在与买家问答交流时，会遇到一些意想不到或者比较难回答的问题，此时要体现出专业的职业素质，给出专业的意见，使买家感到信任、可靠。修炼好你的专业素质，往往在生意中会获得事半功倍的效果。

4.1.6 应对各种类型的买家

对于网上开店的店主而言，每天都要面对不同类型的买家，那么，针对这些不同类型的买家，店主究竟应该如何应对呢？

1. 针对直接询问的买家

这样的买家一般都是已经看中了你的产品，只是为了确定货源、价格及运费。针对他们的问题，一定要以最快的速度回答，并且要清楚，不能含糊不清，不可拖拉时间，如果是性急的买家可能就会因此而流失了。当然也有一些问得特别细致的买家，他不急于一时，就是想在买之前把产品的颜色、特点等了解清楚，这时就更需要耐心、详细地向他介绍他所看中的产品的特点了，不能因为买家询问的问题太多而爱理不理，这样的卖家让买家会产生一种不敢信任的感觉。

2. 针对正在考虑中的买家

不要看轻了这一类买家哦，他们一般都是潜在客户。而且这类买家当中很可能有大客户呢，他们有可能是需要的多，现在更需要细致了解产品。因为不是着急要货，所以他们一般把产品的每一个细节都问得很清楚详细，这时我们就不能只求效率了，一定要慎重地回答他们的问题，如果有一时答复不了的问题，可以请买家稍等，或跟他选个明确的时间再详细解答。

3. 针对压价的买家

压价的买家可分为两小类。

第一类是习惯性压价。这一类买家在生活中买东西已经养成了还价的习惯，所以不管你店里是否注明了"已为最低价，恕不还价"，他都会有一定程度的压价。针对他们的压价，卖家一定要耐心解释，可以在不亏损的情况下尽量地稍微降低一些价位，这会让他们心理上得到一种平衡，不然，他会觉得你是个很死板的卖家，不愿意再同你交易。

第二类是在网上搜到了比你价位更低的同款产品，他之所以选择到你店里购买，可能是觉得你的产品图片更好看，也可能是对你的信任，还可能是对方的运费设置不合理。对于这种压价，我们就要更理智地对待。如果他说的价位正好是恶意压价的卖家出的价，并且比你的成本价还低，那你就只能向买家耐心解释并说明这款产品的市场价位是多少，自己的价位没办法再降低的原因。当然，如果你愿意用亏本换回一个信用值的话，也不是不可以的。

4．针对第一次在网上购物的买家

第一次在网上购物的买家最怕的就是受骗，而且因为没有经验，所以对很多购物支付货款的过程都不是很了解，在拍下东西之后，往往在付款时会有很多不懂的地方，他一般都会向你询问怎么办，这时你一定要耐心解答。如果你也不清楚，则要帮他一起想办法解决，告诉他不用着急。这样会让他觉得你这个人很可靠，很愿意和他做朋友，不是一心只想赚他钱的卖家。

付款之后，你一定要及时发货，告诉他几天之内收到货。在跟这种第一次网上购物的买家交易的时候最好能适当地送些小礼物作为留念。这样买家会觉得很贴心，也很放心，以后再有需要的话也会直接找你。

5．针对找你闲聊的淘友

这一类淘友要么是来讨经验的，要么是觉得你人不错，想和你聊聊。呵呵，如果你认为这是在耽误时间，那可就错了。这一类淘友很可能成为你以后的客户哦，他现在和你做了朋友，有需要店里同类产品的时候，自然第一个想到的就是你。所以，如果不是特别忙的话，一定要非常真诚地同他聊聊，也许从他那里你也可以得到不错的经验。如果比较忙，就向他说明，一般都会得到谅解。在淘宝上有几个这样的朋友是非常有帮助的。

6．针对回帖及店铺留言的淘友

一般回帖及留言的淘友都是对你的帖子和店铺比较认同的，回帖留言代表了对你的支持和认可，在时间允许的情况下最好一一发旺旺消息表示感谢。在这个过程中一般都会得到他们的再次回复，而你也自然而然地和他交上了朋友，以后有什么活动或好消息时，及时告诉他们，一般都不会遭到他们的拒绝，甚至有些还会成为你的客户呢！

4.2 为客户提供最好的售后服务

售后服务和商品的质量、信誉同等重要。因为有时信誉不见得是真实的，但是好的售后服务是无法做假的。贴心周到的售后服务会给买家带来愉悦的心情。以后会经常来购买你的商品。同时也拉近了与买家之间的距离。售后服务增加了与买家交流的机会，增强了彼此之间的信任，这样买家很可能会介绍更多的亲朋好友来光顾。

4.2.1 制定合理的退货和换货政策

退货和换货在交易中经常发生，而退换货服务的好坏直接影响着顾客能否再次购买。如下图所示，在商品页面中就制定了合理的退换货政策。

怎样才能制定出合理的退货与换货政策呢？

1．先对退换货进行说明

能否方便地退换货，是影响顾客购买动机的最大因素。所以应清楚、明白地告诉消费者：什么样的条件下可以退货；对于款到发货的情况，退货后多久可以将款退还给买家；往返运费由谁来承担。这些问题不说清楚，往往会让不少顾客犹豫不决。所以，在店铺中最好能有退换货情况的说明。

2．当顾客提出退货时应先了解原因

当买家提出退换货要求的时候，作为卖家，首先要了解顾客为什么要退换货，确定是由谁的原因造成的，也就是责任归属问题。退换货的原因通常有以下几种。

（1）商品的质量有问题。

（2）顾客所收到的商品与描述和图片不符。

（3）商品本身没问题，顾客只是想更换商品。

（4）商品在运输过程中有磨损。

（5）顾客使用不当，引起商品损坏。

如果是卖家的责任，要勇于承担，同时要尽快同买家达成退换货协议，否则容易使买家感到失望而丧失再次购买的欲望；如果是买家的责任，一般是不予退换的，但也要向买家详细说明原因，最好能为对方提供相应的弥补建议，切忌在沟通中冷言冷语。

3．界定退换货运费归属问题

通常情况下，运费的归属问题是根据责任的划分来确定的。像由于商品的质量问题、运输磨损等引起的退换货，一般由卖家负责运费；而由于买家的原因，例如，想换一种产品或买家使用不当造成商品损坏引起的退换货，则应该由买家承担运费。

4.2.2　维护客户关系

客户关系在很大程度上决定了你的生意。把已有的客户服务好，尽量提供优质的服务，替客户着想，时间长了，客户会介绍他周围的人给你，如此生意会越做越大。良好的客户关系将会为你带来更多的交易。

1．尊重客户

尊重是一种修养、一种品格。做生意，首先要从尊重开始。无论生意是否成交，但是买卖不成仁义在，与对方交谈时一定要注意礼貌，须顾及对方的感受。在完成交易后，千万不要忘记对买家表示感谢。

2．替客户着想

合作的目的是双赢，在与客户沟通的时候应该尽量了解清楚客户的需求，避免将客户不需要的东西卖给他，减少其不必要的开支，相应也会减少交易纠纷的产生。

3．过硬的售后服务

售后服务与宝贝质量和卖家信用同等重要。售后服务决定了是否能够留住老用户，也是吸引新客户的关键。

对于自己出售的商品，卖家需要了解商品的属性，掌握故障的解决方法。如果需要厂家支持，则需要跟厂家商量好技术支持和售后服务的条件，让买家购物没有后顾之忧。

4．管理客户资料

随着开店时间的增加，买家越来越多，需要对客户的资料进行管理。除了需要整理已经成交的买家，对一些意向客户的资料也要进行管理，便于及时跟进，主动与之联系。

需要整理的客户信息包括：交易的时间，客户的阿里旺旺用户名，购买的宝贝名称、规格、价格、数量，客户的联系方式，客户的问题以及客户的聊天特点等。

建立完善的客户资料后，在下一次与客户交流的时候就能迅速说出客户信息以及要求，会让客户感觉到掌柜对他的重视，进一步增加买家对卖家及店铺商品的好感，反之则会有被怠慢、被轻视的感觉。

对意向客户也要随时保持跟踪，保持联系，不要让自己的客户变成别人的客户，也不能把客户遗忘掉。

5．定期联系客户

老客户的维护成本比新客户的开发成本低很多，和一个新客户谈成一笔交易也许需要几天甚至更长，投入的精力也非常大，和一个有过愉快交易的老客户的再次交易可能只需要几分钟。与老客户的这种默契，是建立在卖家用心服务之上的。

在开发新客户的同时要维护好老客户，他们是掌柜成长道路上的扶持者。所以掌柜们要经常给这些买家一些问候，不要让顾客有被遗忘的感觉，同时也可以让客户记得自己。注意与客户交往不要太过频繁，或者进行纯粹广告式的招呼，引起客户的反感就得不偿失了。

4.2.3　怎样避免买家退货

在淘宝网买东西，买家要求退货，通常有3种情况：第一是产品有缺陷，有质量问题；第二是产品本身质量完好，但是产品过时，技术落伍，顾客后来反悔了，特别是衣服类产品，常常是买家收到之后，以"我不喜欢，款式不是图片上的"等要求退货；第三是在质量保证期或维修期内被退回，要求更换或者维修。

你是否正受到退货的困扰而心烦意乱呢？退货已是每个商家必须面对的一个重要问题，那么商家应如何预防退货，使退货损失最小？

1．制定合理的退货政策

对退货条件、退货手续、退货价格、退货比例、退货费用分摊、退货货款回收等方面以及违约责任制定标准。利用一系列的约束条件，平衡由此产生的成本和收益。制定退货政策时一定要多熟悉淘宝网规则。

2．加强验货

加强验货服务，如在进货等各个环节的各个过程进行验货，以确保尽可能在产品未发给买家前发现产品上的缺陷。

3. 引入供应链信息化管理，建立IT预警系统

现在管理基本是手工+大脑，属于粗放化管理体制，无法准确、实时地把握商品管理的每个细节。沃尔玛公司建立了世界上最先进的供应链信息化管理系统，能精确、全面、适时地把握全球任何一个卖场销售业绩的细节，这使沃尔玛退货率全球最低，平均不足0.5%。在淘宝网，专业化的或者说皇冠以上的卖家都引进了客户管理系统，只要买家报上他的名字或者会员名，就可以查看他具体的消费情况。

4. 有效进行单品管理，减少商品退损率

单品管理是相对于传统商品实行的柜组管理、大类管理而言的。实行单品管理便于管理人员准确、全面、实时地把握每一单品网店销售业绩的细节，及早组织货源。

5. 少进勤添

采取"少进勤添"的进货方式，可以提高进货质量和把握好进货种类。加强每日销量的预测，不要一次进太多的产品，合理、高效地安排供应货，少进勤添，以减少盲目进货的"危险"。千万不要贪图进货量大就可以得到便宜的价格，如果销售不出去，资金就周转不了。

4.2.4　合理处理矛盾和冲突

在交易过程中，买卖双方发生矛盾和冲突是不可避免的。如果不妥善解决矛盾和冲突，不但会影响这笔生意，而且会直接影响店铺的信誉度。加入消费者保障计划的卖家更加需要重视交易纠纷的处理，因为参加消费者保障计划的卖家有一定的资金被淘宝网冻结，如果问题处理不当，淘宝网可能会使用冻结的保证金对买家进行先行赔付。

如果卖家在网上与买家吵架，可能卖家会占上风，但从长远来看，失败的总是卖家。因为有些买家会发起投诉，甚至在社区中发表不利于店铺的言论，这样的结果是得不偿失的。事实上，好评率高的卖家遇到的麻烦未必就少，而是他们懂得如何巧妙地应对冲突，化解矛盾。当矛盾和冲突不可避免的时候，掌柜们要懂得处理矛盾，而不是回避纠纷。店主们处理纠纷时可以从以下几个方面多加考虑。

★ 有些买家在交易遇到问题时言语会比较激烈,面对此类买家,作为卖家需要保持冷静,尝试站在买家的立场考虑问题,冷静地倾听买家的抱怨。双方的目的是解决问题,在任何情况下都要冷静,即使对方提出无理的要求,切忌不可发火,因为发火对解决问题无济于事,只能火上浇油。

★ 积极与买家沟通找出问题所在。了解买家所抱怨的是商品质量问题,还是物流的原因,或者是卖家的服务问题等。

★ 耐心解释情况,如果责任在卖家,要尽量争取对方的谅解。

★ 找到问题所在之后就可以对症下药解决问题了,与买家协商并提供若干切实的解决方案,共同解决问题。如果问题实在无法沟通解决,卖家可以适当做些让步。在问题的解决上一定是越快越好,拖的时间越长,往往会加重买家的不满情绪。有经验的卖家会提供几种解决方案,供买家选择,并询问买家对解决问题有什么建议,最终采用买卖双方都可以接受的方案。

★ 问题解决后,需要对买家进行回访,了解问题产品的使用情况,增加客户的信任度,同时也可以争取好评,避免投诉。

4.3 坦然面对顾客投诉

开店总是避免不了形形色色的问题,其中纠纷的问题最多。一提到交易纠纷,很多人都会头大,淘宝客服处理周期过长,过于维护买家利益等,让中小卖家害怕这个词。

4.3.1 对待买家的中差评

网店经营中,难免会碰到一些急躁的顾客,在卖家还没有做出反应之前就产生了抱怨,给了个差评。在销售的过程中,如果不能正确处理买家的抱怨,那么将给店铺带来极大的负面影响。因为一个不满意的买家可能会把他的不满意告诉他身边的很多亲朋好友,并且给店铺一个差评,其破坏力是不可估量的。所以,一定要积极地回应买家的抱怨,适当地对买家做出解释,消除买家的不满,让他们传播店铺的好名声,而不是负面的消息。

作为卖家,莫名其妙地得到一个差评,不仅是扣分,还会觉得冤屈。在看到有差评时，要心平气和地看看是什么原因造成的。一般差评有如下几种情况。

（1）心急的买家抱怨物流速度慢。

（2）对客服人员的服务态度不满意。例如，有些客服人员总是一味地介绍自己的产品，根本不去了解买家的偏好和需求，同时对买家所提出的问题也不能给予满意的答复，或在销售过程中出现轻视顾客、不信任顾客的现象。

（3）买家对产品的质量和性能不满意。出现这种抱怨的原因很可能是因为广告夸大了产品的价值功能，结果当买家见到实际产品时，发现与广告不符，由此产生了不满。

如果是卖家的过错，要想办法去弥补，即使是运输过程出了问题，也不要让买家完全承担。但是往往有些人抓住卖家这种心理，利用差评要挟，特别是新手卖家，一定要注意。如果遇到以差评要挟的，一定要找到有力证据，与这样的买家斗争到底，坚决维护自己的利益。

如果卖家在第一时间承认了错误，买家就会感觉到卖家是有责任心的，气就会消去一大半。如果卖家又在第一时间拿出处理问题的方案，大多数买家都会用商量的口吻来讨论。

买家中有没有贪小便宜的人呢？当然会有，但一定是极少数。聪明的卖家在遇到差评时，首先想到的是：买家的意见里有没有值得自己改进的地方？如果有，早改比晚改好。另外，要思考的是：能不能用这样的机会，向潜在的买家表明自己对待错误的态度和出色的售后服务管理制度。这样做就会扩大自己的关注度。

一般情况下，买家都是很好的。尽量和买家沟通好，如果认为买家提出的问题可以通过换货解决，那就尽量换货。如果买家提出的要求，换货也解决不了，那就退货。

4.3.2　避免买家的中差评

卖家都很关注信誉评价，虽然评价不是最重要的，但小小的中差评也会给店铺经营带来不小的影响，相信各位小卖家都能体会得到。买家小小的评价都会牵动着卖家敏感的神经。随着新规则的出台，好评率也成了搜索排名的一个因素。这使得很多卖家开始重视好评的问题。那么怎样才能避免买家的中差评呢？

首先：商品质量是根本。

作为卖家，首先要保证的是商品无质量问题，确保交易诚实，服务良好。网上购物，买家只能通过图片和商品描述来了解商品。如果你的商品是实物拍摄，商品描述是全面客观的，那么因商品质量问题而引起的中差评机会就会大大减小。即使买家收到货后由于个人原因不满意，那他也不好意思说商品有质量问题而要求退换，但他可能会找出其他的理由要求退换货。这就涉及下面要说的"服务"。下图所示为商品实物拍摄相片。

其次：服务态度是决定好评的法宝。

商品没有质量问题，客户却要求退换货，怎么办？遇到这种事情，需要反省一下自己，在客户购买前有没有给客户做详细的解释：质量问题包退换，但前提是货物要完好；无质量问题退换货邮费自理。也许这样给客户说会显得有些生硬，但在顾客购买之前你必须把可能遇到的问题向客户解释清楚，以免事后产生不必要的麻烦。

如果确实是卖家的原因，力所能及的退换货也是减少中差评的有效途径。从长远考虑，退货远比得到差评合算。很多朋友拒绝退货，得到中差评后反而乞求对方修改，甚至给予退款，这样不如一开始就痛快地退货。要知道钱是赚不完的，但精力和时间是有限的，不要做得不偿失的后悔事情。

很多问题是因为快递的送货态度和送货时间导致的，可以多合作几家快递公司，并询问客户希望发哪家快递。

最后：买家的风格决定你是否能得到好评。

买家来买东西，你要评估一下买家是属于哪类人，再决定要不要和他交易。卖家的百分百好评离不开买家，因此，在交易前要查看一下买家的信用度，买家对别人的评价以及别人对买家的评价，再综合各类买家的不同特点来区别对待。

（1）一直要求优惠的、反复讨价还价的。

这样的顾客比较多，没事就在那里磨价格。哪怕到最后是去个几角钱的零头也好。这类买家很多都是想满足下成就感，感觉自己的一次杀价成功，心里很舒服。

遇到这类买家要先看一下他的信誉度，如果有中差评就要注意了，要看一下中差评里的评价内容。遇到这类买家要么给他优惠点，或最好能够给他赠送一些小礼品，买家收到商品的同时，必定对你心怀感激，给以大大的好评。当然，也要综合考虑一下自己能否满足他的胃口，如果满足不了，就不要勉强交易，因为这样的买家有可能因为没有达到自己的目标，就以中评或差评作为报复手段，到时候吃亏的就是自己。

（2）新手买家，随意评价。

这类买家往往第一次来网上购物，买卖信用都为零。他看上了店铺的商品，但他们对网络交易还很陌生，对卖家缺乏信任，这类买家需要卖家有足购的耐心去引导他们。因此在购买前，不妨多与他沟通，让他对你产生信任是很重要的。这类买家最大的缺点就是发货后不及时确认货款，不给评价，或者不联系卖家随便给中差评等。

怎样确定他是新手买家呢？一般看注册时间、星级，再就是通过聊天来了解他们的性格。对于这类买家，要多引导，通过言语沟通建立信任，事先解释清楚需要买家配合的环节，达成共识才能愉快交易。

（3）喜欢给中评的买家。

在这类买家的信念中，中评就等于好评。如果碰上这样的买家，如果你重视好评，以100%好评作为经营中的伟大目标，还是不要交易的好。

（4）上来就威胁你"不要有色差，不要有质量问题，否则直接差评"。

一般这样的顾客都是大买家，常在网上买东西。他知道这样你会更加谨慎地选货、发货。这样告诉你是强调提醒下。建议认真核对货品，仔细检查货品。真要发错了，那就是你自己要中差评了。

4.3.3　引导买家修改中评和差评

中差评是开网店不可避免会出现的情况，很多中差评都是误会引起的。因此，很多中差评在跟买家沟通后都能得到修改。

如果你是卖家，当你收到中差评时，千万不要盲目抱怨，甚至投诉买家。这样只会激怒对方，使问题没有了解决的余地。先冷静、客观地分析一下情况，如果自己确实有过错，应诚恳地向买家道歉，承认工作上的过失，达成一致意见后，卖家可以提出自己的要求，如"我有个小小的请求，您能否为我修改一下评价？真的很感谢您为我们提了很好的建议和意见，希望以后多多合作！"通常买家也不会因为一点小事伤了和气，一般都会同意修改评价。如果买家不知道如何修改评价，卖家可以把修改评价的方法告诉买家。

不过，如果买家不愿意对评价进行修改，也要保持理性的态度，有少数几个中差评也是可以理解的。

4.4 网店的管理技巧

对一个网店来说，除了销售外，还需要"管理"这支后勤队伍来支持。在商业竞争中，一个管理有方的销售团队是所向披靡的，因此，对于一个网店经营者来说，销售和管理，两手都要抓。

4.4.1 选择供货商

卖家在选择好出售商品类别的同时，选择供货商也是关键。

1. 根据店铺的定位来找供货商

其实这一点完全适用于每一个新手卖家。各位新手卖家清楚地知道自己小店的定位是很重要的。要开店，就要先了解所打算卖的产品，以及这些产品的市场饱和度，这是最起码的。只有喜欢自己的产品，在给买家介绍的时候才能更有热情，更专业，更能感染买家。

2. 刚刚开店的卖家

对于刚刚开店的卖家来说，可能一时找不到供货商，这时不妨先将自己的闲置物品拿出来卖。一般来说，2心是很容易达到的，等有了2心之后再去找供货商。这时自己就有了一些主动权，会有更多的供货商愿意和你合作，不是一举两得么！

3. 1钻以上的卖家

对于1钻卖家来说，可供选择的供应商数量很可观。这时候就要睁大眼睛了，一定要仔细看清楚供货商提出的条件再做定夺。

（1）首先要看供货商的产品质量。这是最重要的，如果产品不好，再好的服务也等于是空中楼阁。如果供货商有淘宝店铺，看他店铺里买家的评价和好评率就可以了。尤其是看卖家自己面对中差评时的解释及态度，这通常能反映出这个卖家的人品，他怎样对待顾客，就有可能怎样对待你。

（2）供货商能否提供7天无理由退换货服务，这是极其重要的一条。在保证供货商产品总体质量好的情况下，也要确定一旦有问题产品出现，或者出现大小不合适要换货的情况，能够及时、迅速地提供退换货服务。有的供货商会提出比较苛刻的退换货规定，如果是这样的话，最好放弃这样的供货商。

4. 谨慎选择供货商

从最大的一方面来说，就是对自己负责，对买家负责，先考察供货商的资质，就不会那么容易受骗。对供货商客服人员的了解与鉴别，也是以后卖家能顺利拿下单子的先决条件。

4.4.2 团队合作，做大做强网上生意

当销售规模达到一定程度，仅凭店主一个人很吃力，而无法继续扩大规模的时候，就需要组建一个网络销售团队。根据管理的范围和内容的不同，在专门的网络销售团队中，有客服人员、库房管理人员、财务出纳人员、采购人员等。

1. 客服人员

客服主要负责与顾客联系、建立客户档案并进行管理、收发邮件、到账查款、信用评价、给顾客发送促销活动通知等繁琐的日常工作，是网店和顾客之间的纽带和桥梁。所以，第一个应该增加的职位是客服。一般安排一个人专职做就可以了，如果你分类多交易大或是还有其他网站的业务，可以安排两三个人分工负责。客服人员最好是细致、耐心、机灵的女孩，最基本的要求是普通话要标准，打字速度要快，反应要灵敏。

为了加强与顾客间的良好关系，保证和拓宽客户群，客服人员最好花一些时间来研究顾客的购物心理，分析他们对服务方面的需求。如果有空余时间，可以陪顾客或网友聊聊天，培养潜在顾客，但一定要注意时间的把握，要在不耽误自己其他工作的前提下适当安排时间。

2. 商品拍照登录人员

这个职位是网上生意的"核心技术"，很多卖家都是自己在做。在网店达到一定规模后，有成千上万的商品，就需要一个专人来管理在线商品，而且这个人必须和客服人员分开。店主应该把主要精力放在进货上，至于拍照、描述、登录最好也找个有网页设计基础的人来做。第一，可以保证页面制作美观专业；第二，可以增加推广力度。任何职位的工资都要与业绩挂钩，这个职位的提成也可以用网上拍下商品的数量，或商品的浏览量来计算。

3. 财务统计人员

统计员是介于会计和库管之间的一个职务，也就是俗称的"账房先生"，但不是专业的"账房先生"，要学会使用简单的表格统计店铺每天的收入和支出，做到及时、完整、准确地进行整理汇总、综合分析，建立相应的统计报表。

作为网店卖家，记账方法可以按照非专业要求，但前提是自己一定要能看懂，能够通过相应的统计报表判断出自己劳心劳力的店铺是赚是赔、有无库存积

压、有多少资金可以周转和进货，以及还有多少剩余资金可以用于店铺的发展。作为个人卖家，店主还需要扮演会计、统计和库管等角色，不仅要会统计和分析，还要克服账面暂时没有赢利的失望心理，只有拥有信心，我们才能坚持把店铺一直经营下去。

4. 库管员

如果商品种类多、数量大，可以请一个专职库管员。库管员是一个较为辛苦的角色。作为库管员，除了要拥有库管员的职业要求外，还必须具有较强的工作责任心和热情的服务态度，必须随时关注店铺的库存余量，确定哪些商品已经缺货，以便将其及时下架，以免给有此商品需要的顾客造成困扰。此外，通过定期盘点库存，并推出相应的促销活动来清仓，还可以快速动销产品，盘活资金。对于服装、食品等时效性较强的商品来说，及时清仓是减少亏损的一种有效方法。

5. 采购人员

网店商品的采购一般是店主自己做，也可以让自己的亲戚负责帮忙进货。很多店主都不愿意用外人做采购，第一怕采购员进货时吃回扣，第二怕采购员自己出去单干。不过如果采购量确实很大，而自己又没有亲戚可帮，那也可以招聘专门的采购人员，一般可以用下面两种人。

第一种是随遇而安型。这种人一般没什么太大野心，对生活也没有太多要求，可以跟着干很久，一直都是个帮手，没有自己创业的魄力。缺点是进取心不强，另外可能会贪小便宜吃点回扣，只要不太过分完全可以聘用。

第二种是豪爽型。这种人可能胸怀大志，野心不小，但是为人正直。他不贪朋友的小便宜，而且进取心强，主动性很高。缺点是天下没有不散的筵席，也不可能让人家干很久，只要走后不用你的关系与你在同一个平台竞争就不算过分。

6. 管理员

在所有的管理人群中，管理员的工作量是最大、最繁杂的，除了每天要回答顾客的提问，及时处理商品的上架和下架外，还要根据不同的交易状态对售出的商品进行分类管理，同时还要制定商品的促销方案以及店铺经营策略等。另外，还必须利用休息时间到论坛上发帖、回帖，做好网店的宣传推广工作，尽一切可能寻找更多能让别人记住店主、商品和店铺的机会。

7. 做好老板的学问

要成为一个好老板就要和蔼可亲，只有这样才会得到员工们的支持。首先要把自己摆正位置，在管理的原则上要真正为员工服务，只有这样才会得到员工的认可，让他们把公司当成自己的，达到赢利的目的。一般较好的老板是下面两种。

第一种是为人谦和，容易沟通，重情重义型。这类老板是儒家学说的典范，与员工兄弟姐妹相称，以德服人。员工往往会发自内心地把工作做好。当然，这也和自己的性情相关，不是谁都能达到这种高度的。

第二种是身先士卒，赏罚分明，说一不二型。这类老板是坚定的法家拥护者，以法制赢天下。他们会制定严格的纪律并且主动遵守，该赏则赏，该罚必罚。虽然严厉了一点，但是新的员工也容易融入体制，不怕人员流动。但是大事情上还是要宽容一些。

案例：女大学生开网店一年赚百万

宋雅丹，很多人都不熟悉这个名字，而她被人所熟知的身份是"开网店一年成为300万元的富翁女大学生"。

她发迹于网店，2009年春节又在浙江开了自己的工厂，从2008年4月29日单枪匹马在淘宝网上注册网店，自己设计衣服自己卖，到2011年3月就肩负着50多名员工的生计，存折上已有300万元流动资金，她只用了不到一年的时间。

1 从小就有点"时尚触觉"

1987年出生的她在2005年考入浙江林学院家具设计专业，对于网络上盛传的"创业神话"，宋雅丹表示自己开网店的初衷很简单——生活费不够，想要赚点零花钱。

"那时候我爸按照每天10元的标准给我生活费，再加上每个月300元的零花钱，我每月可支配的钱有600元，但是女孩子总是喜欢逛逛街。"有些"臭美"的宋雅丹常常觉得钱不够花，有时候还要想方设法地向家里"骗"点钱，"买书、参加社团活动、去参观……向爸爸要钱的理由总是特别多。"

像很多女孩子一样，宋雅丹从小就喜欢给布娃娃摆弄漂亮的衣服，而她对自己的时尚眼光也颇有信心。"以前读书的时候我就喜欢把衣服拼拼剪剪，把冬装上的帽子缝在夏天的T恤上，把长牛仔裤改成中裤，刚穿出来时大家觉得很奇怪，但第二年这些衣服往往就开始流行了。"

进入大三后，课余时间相对多了，宋雅丹又把服装设计这个爱好捡了起来，自己画好设计图，缠着干洗店的阿姨帮忙打版做衣服。在学校办的跳蚤市场上，她进了一批白球鞋和T恤，画上图案，自己加工一下，没想到出乎意料地受欢迎，鞋子和衣服一下子被同学们买光了，这样的经历让她对开网店有了信心。

2 把时尚元素加到设计中

2008年4月29日，宋雅丹在淘宝网上开设了自己的店铺，第一批产品是自己设计的6款女装，卖得最好的是一条"公主裙"，定价是45元，一下子卖出了10条。"其实这样的裙子生活中不一定适合穿，但是视觉感很强，起码是很有特色。很多女孩子都有公主梦，希望衣柜里能有一条这样的裙子，但淘宝网上别的店家都没有，所以我的第一批客人就是这样搜到这里的。"开店之前，宋雅丹对网上的服装店进行了观察，最后将"个性化"作为自己店铺的标签。

作为从零开始的淘宝卖家，"特色"是宋雅丹的店铺生存下来的关键。"现在，淘宝网上的服装卖家已经趋于饱和，为了生存，产品必须夺人眼球。"于是，她选择了自己设计服装。宋雅丹自称很喜欢观察别人，也很关注时尚。"平常我都会留意国际品牌的时装秀和日韩的流行服装网站，看里面是不是有一些元素可以融入到我的设计中。"

如果留意一下宋雅丹设计的服装，其实整体的款式与一般服装并无太大区别。那么，她设计的服装为什么如此俏销呢？一名来自海宁的买家的话解开了谜题："前几天，我想买一款格子衬衫裙，在淘宝网上转了一圈，发现这种裙子很多店里都有，有些价格还更便宜。但是，我最后还是选择了宋雅丹的店铺，因为她的裙子在细节设计上更精致，折叠小圆领、显瘦的收腰设计都显示出了特色。女孩子买衣服不就是希望与众不同吗！"

3 ▶ 投入心思留住买家

会设计更要会卖，已经有7年网店经验、如今，做到2皇冠的卖家郑先生认为，"自卖自夸"在淘宝店铺的经营中起着非常重要的作用，"我看了小宋的店铺，觉得她在营销方面花了很多心思。整个店面风格统一，特别是实景拍摄的图片，模特和整体环境的搭配在同类店铺里很出彩，提升了服装的层次。"

宋雅丹称，现在的专业模特是以每次1000元的高价请来的，而在没有充足资金的时候，她比较注意观察做得成功的同类店铺。"介绍服装也是很重要的。"她认为在介绍服装时要学会迎合买家的心理。例如，较为夸张的裙子突出的是"浪漫"、"公主梦"等特色，而适合日常穿着的衣服则更多着墨于细节、穿着效果。

4 ▶ 肩负50多个人的生计

2009年春节，宋雅丹投入20万元注册了自己的工厂，如今她已是一个团队的核心，团队中有2名助理、20多名工人、10多名客服人员以及临时雇用的摄影师。她告诉记者，她现在准备招聘一些设计、摄影、模特方面的人才。

"以前都是自己一个人干，拿出300元钱开网店的时候，觉得失败没什么了不起，也就是饿下肚子，再向室友借点钱就好了。"宋雅丹说。如今她存折上的流动资金已经超过了300万元，但她的压力也骤然增大，"想到我肩负50多个人的生计，万一订单不够，大家吃不饱怎么办？"

第5章

新手开店第一步

本章导读

　　本章主要介绍如何注册与登录淘宝网。同时还讲解了如何使用和管理支付宝账户，如何开通网银以及给支付宝充值。通过本章内容的学习，读者可以对淘宝网和支付宝的基本功能有一个初步的认识，为深入学习淘宝网买卖交易打下基础。

知识要点

　　通过本章内容的学习，读者能够学习到注册淘宝网会员、开通网上银行、申请支付宝、支付宝充值与余额查询等的方法。学完后需要掌握的相关技能如下。

- ♛ 注册为淘宝网会员
- ♛ 开通网上银行
- ♛ 申请支付宝
- ♛ 支付宝充值与余额查询

5.1 注册淘宝网会员

体验淘宝网的专业服务，享受淘宝网的免费交易乐趣，拥有自己的个性店铺，在超人气的社区尽情交流网络交易经验，首先需要注册成为淘宝网会员。

5.1.1 申请邮箱

邮箱是网络交易中的重要信息工具，建议用户注册雅虎无限量邮箱，这样可以和淘宝网账号互通服务，体验交易来信的一站式服务。申请雅虎邮箱的具体操作步骤如下。

第1步 ❶启动IE浏览器，在地址栏中输入http://cn.yahoo.com，打开中国雅虎首页，❷单击"免费注册"超链接，如左下图所示。

第2步 ❸输入基本信息，❹选择您的账号和密码，❺设置账号及密码保护信息（在您忘记账号或密码时使用），❻最后单击"创建我的账号"按钮，即可创建雅虎邮箱账号。如右下图所示。

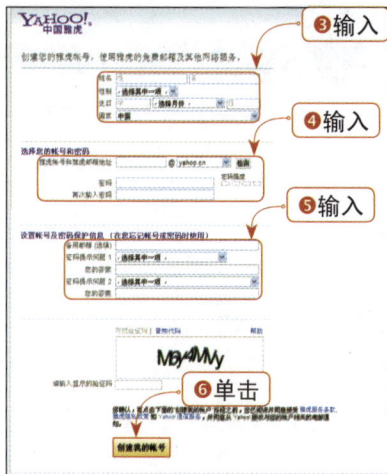

5.1.2 注册淘宝账号

注册邮箱后，就可以注册成为淘宝网会员了。使用邮箱注册淘宝网会员的具体操作步骤如下。

光盘同步文件
同步视频文件：\同步教学文件\第5章\5.1.2.mp4

第1步 ❶启动浏览器，在地址栏中输入http://www.taobao.com/，打开淘宝网首页，❷单击"免费注册"超连接，如左下图所示。

第2步 进入"淘宝网注册"页面填写账户信息，单击"同意协议并注册"按钮，进入"验证账户信息"页面，可以使用手机号码或邮箱注册，这里以使用邮箱注册为例讲述注册的过程。❸单击"使用邮箱验证"超链接，如右下图所示。若要使用手机号码注册，直接输入手机号并单击"提交"按钮即可。

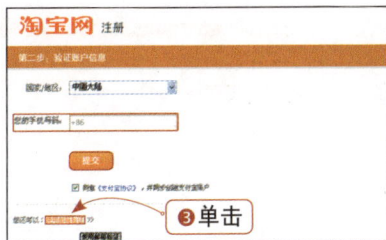

第3步 打开电子邮箱验证页面，输入"您的电子邮箱"，❶单击"提交"按钮，如左下图所示。

第4步 弹出"短信获取校验码"对话框，输入手机号码，❷单击"发送"按钮，淘宝网将会发送一个验证码到您所输入的手机上，如右下图所示。

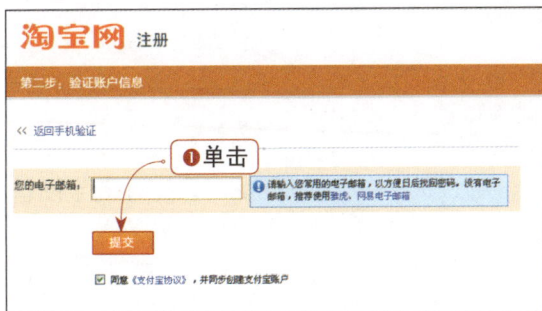

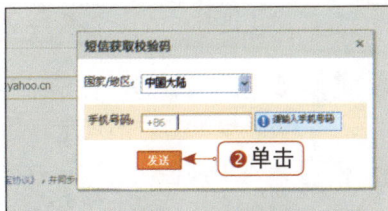

第5步 输入校验码，单击"验证"按钮后，将打开"激活账户"页面，❶单击"去邮箱激活账户"按钮，如左下图所示。注意，我们应该在48小时内完成激活。

第6步 打开右下图所示的页面，❷输入用户名和密码，❸然后单击"登录"按钮。

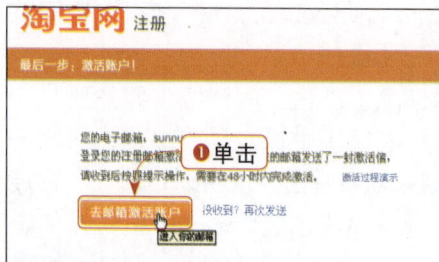

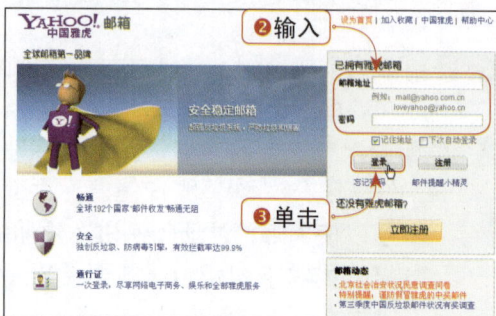

第7步 进入邮箱打开激活邮件后，单击"完成注册"按钮，如左下图所示。

第8步 至此，注册淘宝网会员成功了，如右下图所示。

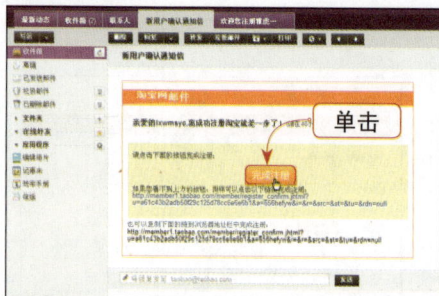

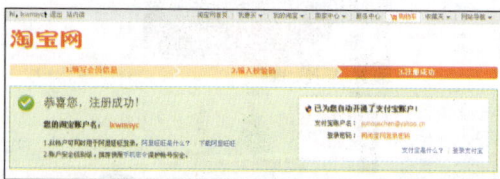

5.1.3 使用账号登录淘宝网

注册成为淘宝网会员后，即可登录淘宝网。登录淘宝网的具体操作步骤如下。

光盘同步文件

同步视频文件：\同步教学文件\第5章\5.1.3.mp4

第1步 ❶启动浏览器，在地址栏中输入http://www.taobao.com/，打开淘宝网首页，❷单击"请登录"超链接，如左下图所示。

第2步 输入用户名和密码，❸然后单击"登录"按钮，如右下图所示。

5.2 开通网上银行

网上银行是支持在网络上进行交易的虚拟银行，使用网上银行可以方便地实现支付宝充值、商品付款、转账等功能。

5.2.1 银行卡、网上银行和支付宝账户之间的关系

1. 网上银行与银行卡在实际操作中的特点

★ 银行卡存取款时，只需要一个简单的银行卡密码，网上银行则需要更复杂的登录密码，并且还需要U盾或电子银行口令卡等支付工具。

★ 银行卡存钱和取钱都需要到银行存取款机前，亲手输入银行卡密码来完成。网上银行存钱和取钱则只需在任何一台联网的计算机前，用鼠标和键盘操作完成。

★ 银行卡存的是现金、取的也是现金。网上银行存的是现金数字，取的也是现金数字。但这个数字一定要在银行卡中有对应的现金。

从网上银行和银行卡的操作特点中可以清楚地看出，网上银行的电子钱就等于银行卡中的实际现金，网上银行的账户就等于银行卡的账户。

2. 网上银行与支付宝账户的关系

我们已经知道网上银行里的电子钱与银行卡的现金钱是对应的，那么网上银行的电子钱与支付宝账户的电子钱的关系又是怎样的呢？

你在支付宝账户上的电子钱和你在网上银行的电子钱不是对应关系，而是可以方便流通的关系。我们可以把支付宝账户理解成去淘宝网买东西时，

必须要带上的电子钱包。这个电子钱包里必须要有钱，足够支付你拍下宝贝的货款。支付宝账户里的电子钱，是你从网上银行里存进去的，这一过程就叫做充值。支付宝账户里的电子钱，也可以方便地回到网上银行，这一过程叫做提现。

3. 支付宝的作用

有些电子商务交易平台，只需你开通网上银行，就可以直接用网上银行的电子钱进行网上购物了。但在淘宝网交易平台，为了保证买家的实际利益，要求交易双方都要成为支付宝会员，交易中流通的不是网上银行的电子钱，而是支付宝账户里的电子钱。多了支付宝账户这个资金中转站，购物程序会相对麻烦一些，但为了解除网上交易中人们常有的后顾之忧，这点麻烦就不算什么了。

5.2.2 办理网上银行

下面以在工商银行网站开通网上银行业务为例，讲述如何开通网上银行。

第1步 登录工商银行网站http://www.icbc.com.cn/，❶单击"个人网上银行登录"下的"注册"超连接，如左下图所示。

第2步 进入"网上自助注册须知"页面，❷单击"注册个人网上银行"按钮，如右下图所示。

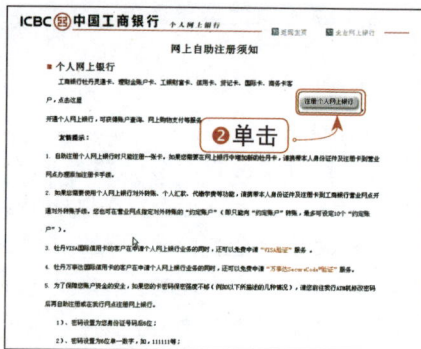

第3步 进入服务协议显示页面，❶阅读协议后单击"接受此协议"按钮，如左下图所示。

第4步 进入"用户自助注册"页面，输入卡号、密码及验证码，❷然后单击"提交"按钮，如右下图所示。

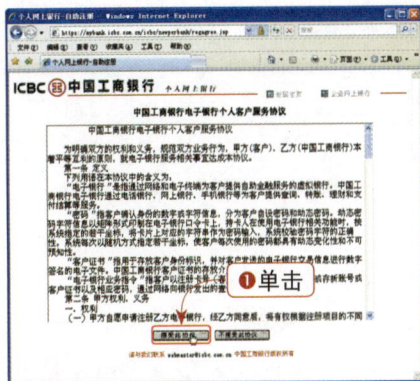

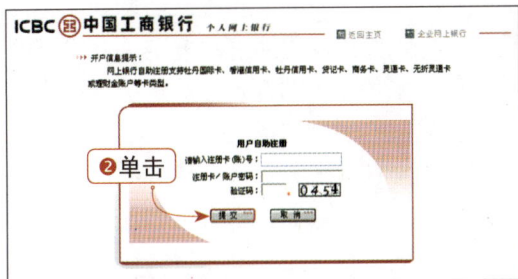

第5步 进入详细信息填写页面，认真如实填写个人信息，❶设置网银密码，输入验证码，确认无误后，❷单击"提交"按钮，如左下图所示。

第6步 进入"用户自助注册确认"页面，❸单击"确定"按钮，即可注册成功，如右下图所示。

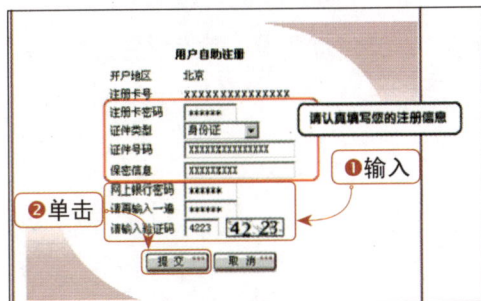

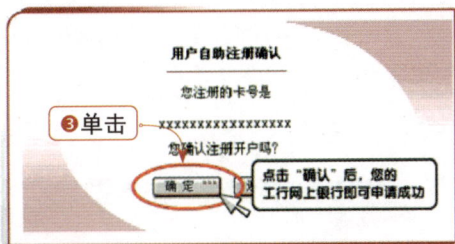

5.3 申请支付宝

支付宝作为国内领先的独立第三方支付平台，致力于为中国电子商务提供简单、安全、快速的在线支付解决方案，是淘宝网及其他平台在线交易的重要媒介。

5.3.1 了解支付宝

支付宝就像商店里的管理员，在淘宝网上的所有商务活动都需要通过它来进行协调和管理，所以在成功注册淘宝网会员后就可以注册支付宝会员了。

支付宝是淘宝网用来支付现金的平台，买家看中商品以后，把钱打到这里，然后淘宝网通知卖家发货，买家收到货后，通知淘宝网，淘宝网再把钱转给卖家。用支付宝进行交易，用户就可以放心地在网络上进行商务活动。支付宝庞大的用户群吸引了越来越多的互联网商家主动选择集成支付宝产品和服务，目前除淘宝网外，使用支付宝交易服务的商家已达几十万家，涵盖了虚拟游戏、数码通信、商业服务、机票等行业。这些商家在享受支付宝服务的同时，更是拥有了一个极具潜力的消费市场。

支付宝在电子支付领域稳健的作风、先进的技术、敏锐的市场预见能力及极大的社会责任感赢得银行等合作伙伴的认同。目前，工商银行、农业银行、建设银行、招商银行、上海浦发银行等各大商业银行以及中国邮政、VISA国际组织等各大机构均和支付宝建立了深入的战略合作关系，不断根据客户需求推出创新产品，成为金融机构在电子支付领域最为信任的合作伙伴。

5.3.2 激活支付宝账户

注册淘宝网会员时，用户可以选择自动创建支付宝账号。淘宝网将为用户自动创建一个以注册邮箱或注册手机号为账户名的账号。激活支付宝账户的具体操作步骤如下。

光盘同步文件

同步视频文件：\同步教学文件\第5章\5.3.2.mp4

第1步 登录淘宝网以后，❶单击"我的淘宝"超链接，如左下图所示。

第2步 进入"我的淘宝"页面，❷在页面中单击"实名认证"超链接，如右下图所示。

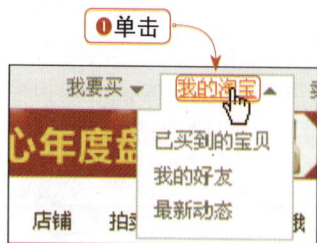

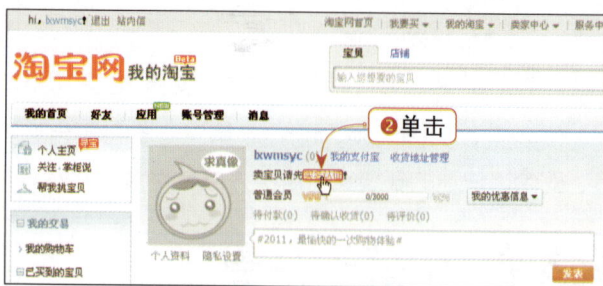

第3步 进入"支付宝补全账户信息"页面，填写相关信息，填写完毕后，单击"下一步"按钮，完成注册，如左下图所示。

第4步 支付宝账户名是注册淘宝网会员时所用的用户名，如右下图所示。

5.3.3 申请支付宝实名认证

支付宝认证后，相当于拥有了一张互联网身份证，可以在淘宝网等众多电子商务网站开店，出售商品。下面来看看新的支付宝认证系统有什么优势。

★ 支付宝认证为第三方认证，而不是交易网站本身认证，因而更加可靠和客观。
★ 由众多知名银行共同参与，更具权威性。
★ 除身份信息核实外，增加了银行账户信息核实，极大地提高了其真实性。
★ 认证流程简单并容易操作，认证信息及时反馈，用户实时掌握认证进程。

下面将介绍申请支付宝实名认证的方法，具体操作步骤如下。

第1步 登录淘宝网以后，进入"我的淘宝"页面，❶单击"实名认证"超链接，如左下图所示。

第2步 进入"支付宝个人实名认证"页面，❷单击"申请支付宝个人实名认证"按钮，如右下图所示。

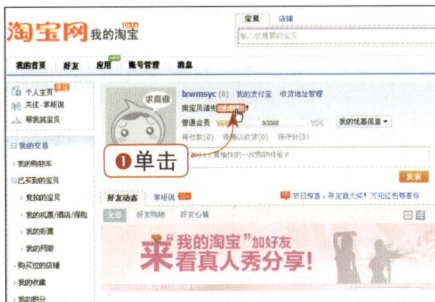

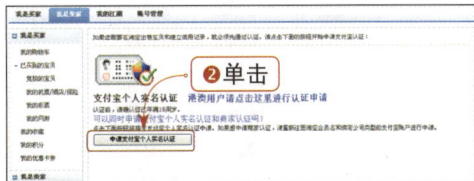

第3步 进入"支付宝实名认证"页面，❶单击"立即申请"按钮，如左下图所示。

第4步 进入"选择认证方式"页面，❷选择相应的开通方式，在这里选择"方式二：通过确认银行汇款金额来进行认证"单选按钮，❸单击"立即申请"按钮，如右下图所示。

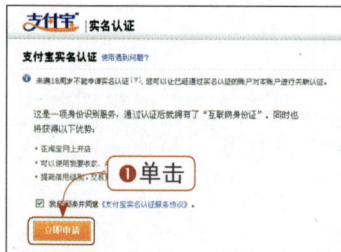

第5步 填写个人信息，❶填写完后单击"下一步"按钮，如左下图所示。

第6步 填写银行卡信息，❷填写完后单击"下一步"按钮，如右下图所示。

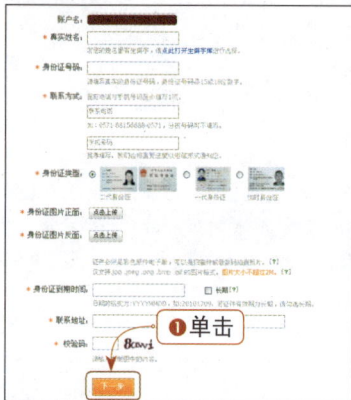

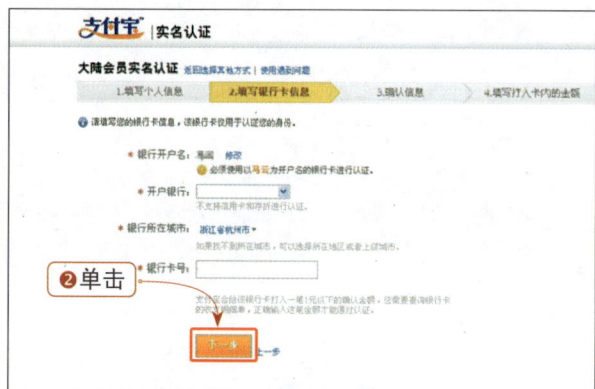

第7步 确认个人信息后，❶单击"确认信息并提交"按钮，如左下图所示。

第8步 ❷提示"认证提交成功，支付宝会在1~2个工作日给所绑定的银行卡打入一笔1元以下的确认金额"，即可认证成功，如右下图所示。

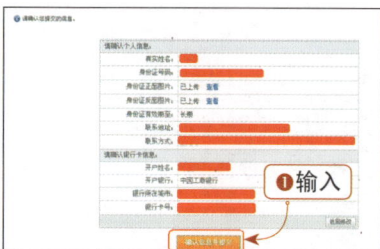

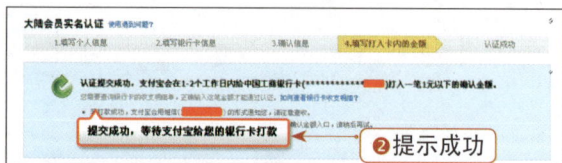

5.4 支付宝充值与余额查询

随着交易的增多，卖家要对自己的支付宝账户进行账目管理，如支付宝充值、从支付宝中提取现金、进行账户明细的查询等。

5.4.1 往支付宝中充值

光盘同步文件

同步视频文件：\同步教学文件\第五章\5.4.1.mp4

充值就是把银行卡上的现金转到支付宝账户上的过程，成功后可以进行付款。给支付宝账户充值的具体操作步骤如下。

第1步 打开浏览器，在地址栏中输入https://auth.alipay.com/，进入支付宝首页，❶在"账户名"文本框中输入账户名，在"登录密码"文本框中输入登录密码，❷单击"登录"按钮，如左下图所示。

第2步 进入"我的支付宝"页面，❸单击"充值"按钮，如右下图所示。

第3步 进入"支付宝充值"页面，在"请选择充值方式"中选择"网上银行充值"，❶单击"下一步"按钮，如左下图所示。

第4步 选择网上银行，这里以中国工商银行为例。选择网上银行"个人版"单选按钮，选择"中国工商银行"单选按钮，输入"充值金额"，❷单击"登录到网上银行充值"按钮，如右下图所示。

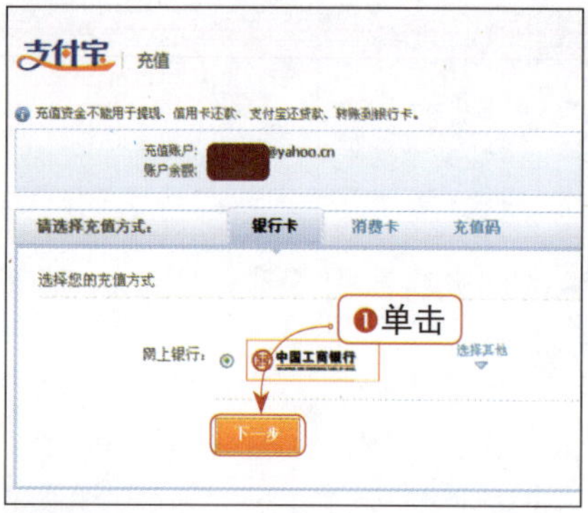

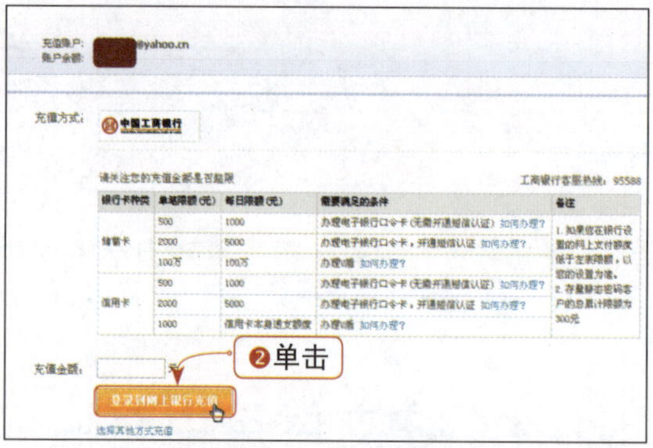

第5步 进入中国工商银行客户订单支付服务页面，❶输入"支付卡（账）号"，输入验证码，❷单击"提交"按钮，如左下图所示。

第6步 在银行预留信息页面中，❸单击"全额付款"按钮，如右下图所示。

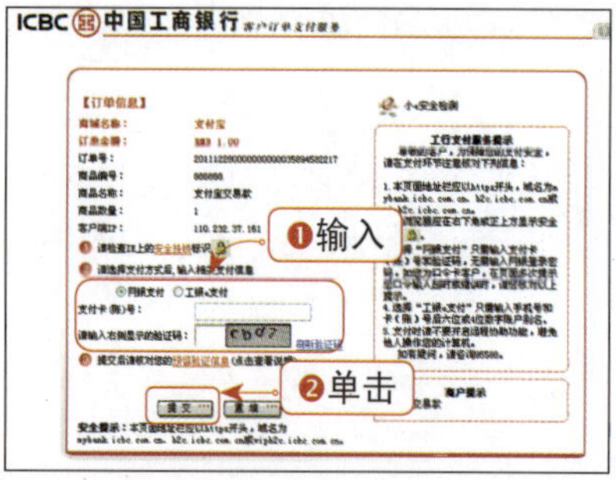

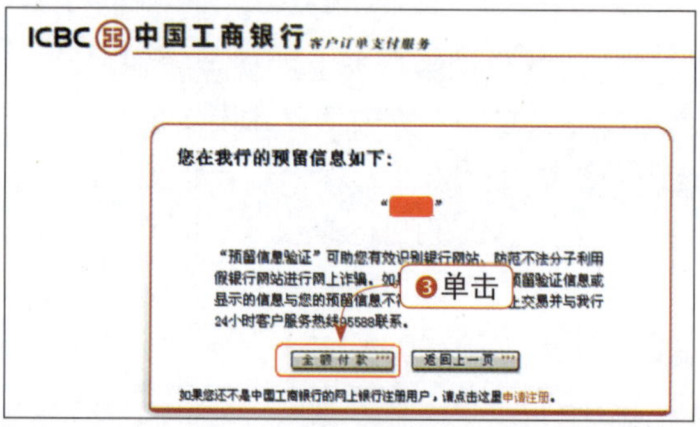

5.4.2 查询支付宝账户余额

登录我的支付宝，在页面的上部可以看到支付宝上的余额，如下图所示。

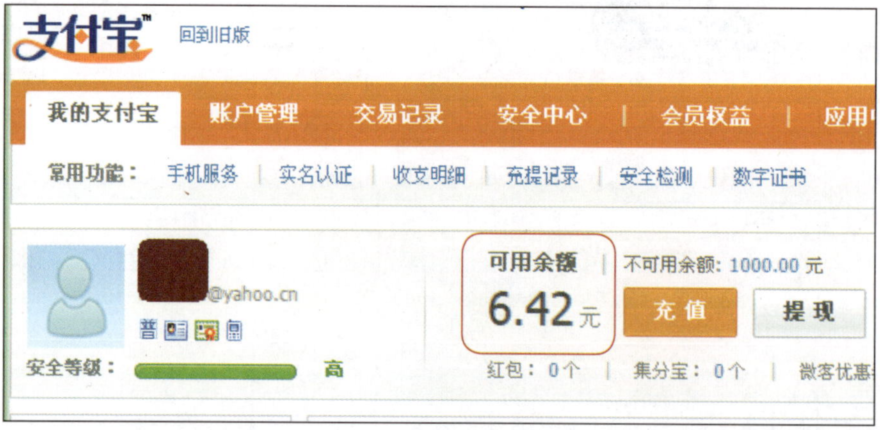

5.5 修改淘宝及支付宝账户密码

目前在使用支付宝账户的过程中，为了保障和提升账户安全度，经常使用的安全工具有淘宝账户登录密码、支付宝账户登录密码、支付宝账户支付密码、银行卡付款密码。支付宝登录密码用于会员登录支付宝账户，支付密码是涉及账户信息变动或资金变动时需要使用的确认密码。拥有淘宝和支付宝账户后，应该随时为账户加密，保护自己的经济利益。

5.5.1 修改淘宝会员密码

在淘宝网中，修改不安全的密码或定期更改密码，都可以减小密码被盗的可能性。修改淘宝会员密码的具体操作步骤如下。

第1步 打开淘宝登录网页，❶根据提示输入淘宝会员名和密码，❷单击"登录"按钮，如左下图所示。

第2步 进入"我的淘宝"页面，❸单击"账号管理"按钮，进入"账号管理"页面，❹单击"修改"超链接，如右下图所示。

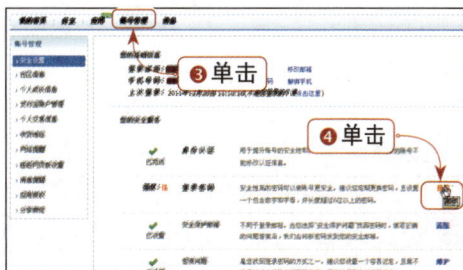

第3步 弹出"业务名称"对话框，选择验证方式，系统即可自动向指定手机发送一个验证码，❶输入验证码，❷单击"确定"按钮，如左下图所示。

第4步 单击左上角的"密码管理"超链接，或者单击下方的"登录密码"后面的"修改"超链接，进入"密码管理"页面，❸输入"当前密码"、"新密码"和"确认新密码"，❹然后单击"确定"按钮，即可成功修改密码，如右下图所示。

❶输入

❷单击

❸输入

❹单击

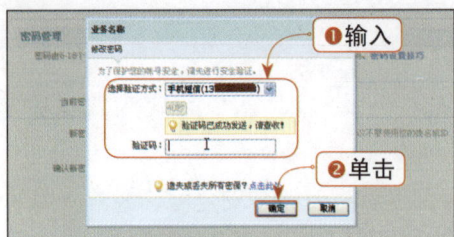

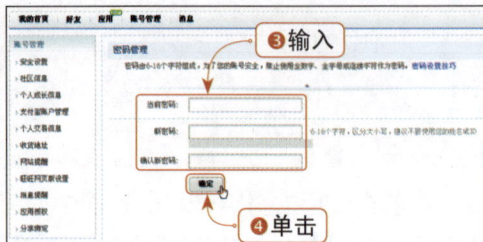

5.5.2 修改支付宝账户密码

修改支付宝账户密码的具体操作步骤如下。

第1步 在支付宝首页www.alipay.com上登录支付宝账户，❶单击"安全中心"按钮，如左下图所示。

第2步 进入安全中心页面，❷在安全信息下可以更改登录密码和支付密码，❸单击"登录密码"后面的"修改"超链接，如右下图所示。

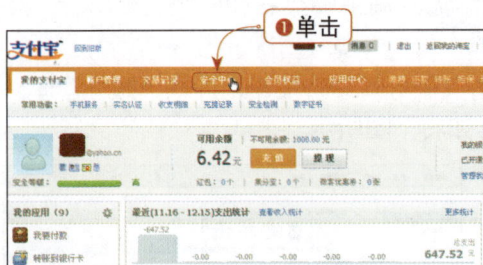

❶单击

❷单击

❸单击

第3步 打开"更改登录密码"页面，❶修改密码后单击"确认"按钮，如左下图所示。

第4步 单击"支付密码"后面的"修改"超链接，打开"更改支付密码"页面，修改支付密码，❷然后单击"确认"按钮，如右下图所示。

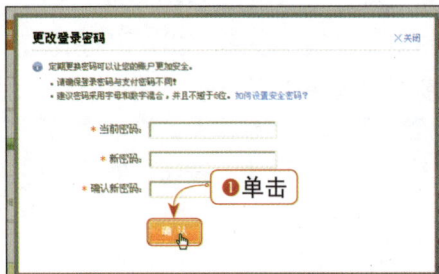

❶单击

❷单击

案例：85后女孩的淘宝创业故事

每个女孩心里，都有一个关于未来的梦；每个喜欢做梦的女孩心里，都有一个对类似机器猫这种"造梦机"的期盼。

她是一个平凡的农家女孩，从小患有弱听，面对择业她毅然决定放弃大城市返乡创业，用乐观的心态和创新的意识，寻找到一条通向自己梦想的路。

从2010年3月到6月，仅仅3个月的时间，她的淘宝店快速成长为3钻。"我要让来店里购物的人们享受到邻家小妹般温暖贴心的服务，如同在品尝一个家制的红豆馍馍一样随意自在。"这是一个85后女孩的创意和决心。

1　返乡创业从头做起，乐观看世界

因小时候被错打庆大霉素，弱听让赵雪一直模糊地觉得自己跟别人不一样，会走一条不寻常的路。她希望有一天能在自己把控的环境里工作和生活，而不会因为听力造成太多的障碍。但创业谈何容易，意识到梦想和现实的差距，赵雪不得不加入到大学生的择业大军中。

2008年，赵雪物流管理专业毕业，开始在北京四处寻找工作。一番周折之后她终于找到了一份在货运公司做销售的工作。但因为听力问题，赵雪的工作开展得并不顺利。底薪每月仅800元，而当时房租就要900元，在北京这样的大城市里，对赵雪来说是"压力多过诱惑"。她毅然决定：返乡！在家人的安排下，赵雪无奈地做起了银行柜台的工作，但听力不足仍然影响着她和别人面对面的交流。"我必须找到一个扬长避短的方式。"赵雪说。

2009年，赵雪从网上看到很多人通过淘宝开店，她一下被吸引住了。在互联网上交流，可以让她通过屏幕跟外界沟通，而免去了线下对话的尴尬，这不正是她所期待的么！8月的一天，赵雪应聘去杭州一家淘宝网店里工作。经过大半年的时间，在完全掌握网店的流程和技巧之后，2009年底，赵雪决定离开杭州，再次返乡，开一家自己的淘宝店。"在一些二三线城市，很多人知道网络购物，但还不怎么会用，这是一个等待被培育的市场，开店的思路肯定没有错。"赵雪自信而乐观，她认为相比线下开店，淘宝涉及的资金少，但面对的消费者更多。简单筹措到一些启动资金后，2010年3月，赵雪的淘宝店正式开张。好友王丹也被她的创业热情和想法感染，两人一起开始了创业之旅。

2　淘宝"造梦"，平凡女孩在路上

赵雪一开始需要在本地寻找货源，和王丹反复商量后，两人决定选择服装行业。虽然在淘宝上销售服装的商家非常多，但是服装的刚性需求是显而易见的，而且门槛不高，技术含量相对低。但是，服装的范围太广泛了，在淘宝目前的市场状况下，能迅速立足并建立自己信誉度的方法就是借助品牌。

寻找品牌成为赵雪不得不面临的一个难题。许多经销商都不愿意把东西批发给她，因为担心网络销售会给线下店造成影响。终于有一家经销商勉强愿意让赵雪代销产品，只答应给她3000件过季的囤货，但折扣很高。

赵雪如获至宝："品牌认知度比较高，这样市场培育成本就大大降低。"赵雪跟商家谈妥不做进货，只是先把照片展示在网上，如有人购买，就去拿货。

"那是开店后的第三天，是一个江西买家，拍了一件黄色T恤，成交价格25元。"回忆起当时，赵雪如数家珍，虽然只有25元，但是意义非凡，自己的积累终于得到了市场的回应，两个小姑娘很兴奋。有了一单、两单、三单……订单渐渐多了起来。20天过去了，"小雪出品"升了1钻，又过了30天，2钻……到5月20日的时候，店铺已经突破了3钻，这离她们开店3个月不到。面对这样的成绩单，赵雪知道自己已经找到实现梦想的路。

3 ▶ "回流"有道，大学生网上创业引发思考

"京、沪、穗、深"曾一度是大学生就业的首选之地。传统的就业观念中，大城市的机遇多，发展空间大，往往成为毕业生争相涌入的就业重镇。而这也催生了"蚁族"——大学毕业生聚居群体，被称为继农民、农民工、下岗工人之后出现在中国的又一群体。据统计，仅北京一地就有至少数十万"蚁族"。

曾为"蚁族"的赵雪对此感怀颇深。"那是迷茫和希望伴生交织的状态。拿着800元的收入，交着900元的房租。恋爱、婚姻、房子、车子，似乎充满希望，却又摸不到未来。"赵雪认为，大城市的机遇是多，但竞争也更加激烈，在学历和工作经验等都不占优势的前提下，所谓的机遇其实很难降临到自己身上。而中小城市同样遍布机会，并且很多在大都市已经充分饱和的领域，在小地方很可能还是空白。如何在这样的境况下寻找机遇，如何将在外的见识转化为返乡的工作优势，甚至是创业优势，恰恰是在外求学的毕业生们应该加强思考的。

如今，大城市持续增长的各种生活压力使得毕业生"回流潮"出现。一部分大学生开始理性地反思这种"唯大城市是从"的就业观念，并且反其道而行——回流中小城市。在中小城市，在自己的家乡，就业乃至像赵雪这样的85后"通过创业实现就业"，已经成为一个新的热门议题。

第6章

申请与简单装修淘宝店铺

本章导读

建立好店铺后，为了吸引更多的买家浏览店铺的宝贝信息，装修店铺就显得特别重要了。店铺装修是艺术和技术的综合体现，一个好的网上店铺本身就是一件优秀的作品，同时给买家带来赏心悦目的感觉。本章将介绍淘宝网店装修的基本知识。

知识要点

通过本章内容的学习，读者能够学习到发布具有吸引力的商品、申请店铺开张、简单装修店铺、推荐优势商品等的方法。学完后需要掌握的相关技能如下。

- 👑 发布具有吸引力的商品
- 👑 申请店铺开张
- 👑 简单装修店铺
- 👑 推荐优势商品

6.1 发布具有吸引力的商品

买家在网上购买商品的缺憾是无法真实地查看欲购买的商品，只能通过卖家的商品描述来了解商品相关信息。而卖家要想使买家一眼看中自己的商品，就需要使自己的商品具有足够的吸引力。

6.1.1 一定要配有清晰的图片

好的商品图片在网络营销中起着重要的作用，不但可以增加在商品搜索列表中被发现的几率，而且直接影响到买家的购买决策。那么什么是好的商品图片呢？好的商品图片应该反映出商品的类别、款式、颜色、材质等基本信息。在此基础上，要求商品图片拍得清晰、主题突出以及颜色还原准确等。

要把一件商品完整地呈现在买家面前，让买家对商品在整体上、细节上都有一个深层次的了解，刺激买家的购买欲望，一件商品的图片至少要有整体图和细节图。

1. 整体图

通过整体图买家可以对商品有一个总体的了解。特别是卖服装的卖家，可以先用1~2张整体效果图去告诉买家，穿上这件衣服的整体感觉，包括正面、侧面、背面整体效果。只有从整体上吸引了买家，买家才会产生下一步的行动。如左下图所示是商品的整体效果图。拍整体图时，应该注意以下几个方面。

★ 注意背景问题。在拍摄商品时，适当加上背景可以更好地展示商品。但图片的背景要尽可能简单，能够让买家一眼就看出你卖的是什么商品。右下图所示是添加了适当背景的图片。

★ 商品的配件。顾名思义，就是配点缀衬托商品的饰品，饰品不能太大，不然就喧宾夺主了。

★ 有条件的卖家推荐用真人模特。因为以上两点只是给买家一个纯物件的概念，真的佩带穿起来是什么效果，买家心里没底。如果有真人示范，就是给买家最好的定心丸。

★ 可以把其他买家对该商品的评价截图后直接放到商品详情中，这样更直观，对于那些新手买家可能更有冲击力。如左下图所示。

★ 如果店铺很有规模，有自己的工厂、仓库，或者有漂亮的办公环境，则可以用1~2张图片去介绍。当买家看到后，一定会增加对店铺的信任感。

2. 细节图

因为上面的几点讲到的图片只是整体上的，买家缺乏对细节上的了解，有可能放弃，所以适当加入1~2张商品的细节图有助于买家对商品的细节部位有所认知。右下图所示为商品细节图。

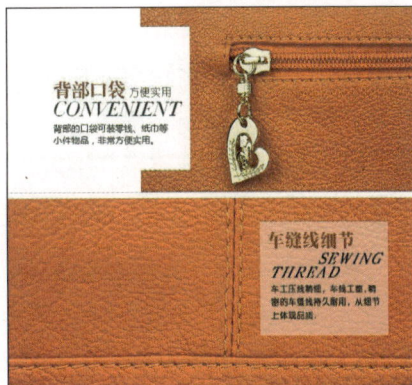

» 图片要清晰。包括画面清晰、主次分明。有的图片很模糊，看不清楚，买家当然没有购买的欲望，同时，图片不要喧宾夺主。

» 图片的清晰度跟图片大小也有关系。在保证一定质量的情况下，图片不要太大，否则会影响买家在浏览时的下载速度。

» 图片不要过于处理和修饰。要保证真实诚信，否则买家收到后的心理落差很大，自然也就不满意了。

6.1.2 写好宝贝描述，勾起买家的购买欲望

在网上销售商品，最重要的是把商品信息准确地传递给买家。图片传递给买家的只是商品的形状、颜色等信息，对于性能、材料、产地、售后服务等，则必须通过文字方面的描述来说明。文字描述包括商品名称和商品详细信息。

1. 吸引人的商品名称

淘宝网将商品名称的字数限定在30个汉字（60个字符）以内，关键字越多被搜索到的可能性就越大。一般商品名称使用的关键字主要有下面几种组合方式。

★ 品牌、型号+商品关键字。

★ 促销、特性、形容词+商品关键字。

★ 地域特点+品牌+商品关键字。

★ 店铺名称+品牌、型号+商品关键字。

★ 品牌、型号+促销、特性、形容词+商品关键字。

★ 店铺名称+地域特点+商品关键字。

★ 品牌+促销、特性、形容词+商品关键字。

★ 信用级别、好评率+店铺名称+促销、特性、形容词+商品关键字。

2. 详细的商品描述

在网上购物，影响买家是否购买的一个重要因素就是商品描述，很多卖家会花费大量的心思在商品描述上，但有些卖家经过一段时间就会发现，花费大量的时间在上面，收到的效果并不好，原因在什么地方呢？在填写商品描述信息时要注意如下几个方面。

★ 首先要向供货商索要详细的商品信息。包括材料、产地、商品规格参数、生产厂家、商品的性能等。对于相对于同类产品有优势和特色的信息一定要详细地描述出来，这本身也是产品的卖点。下图所示为商品的规格参数。

宝贝详情　评价详情(2)　成交记录(43件)　掌柜推荐　售后服务　留言簿

货号：11521	性别：女		款式：单肩包
背包方式：单肩斜挎手提	背包部位：肩部		质地：PU
PU特征：软面	肩带根数：双根		提拉手柄：软把
箱包开启方式：拉链	内部结构：拉链暗袋 手机袋		外袋种类：挖袋
流行元素：镂空	风格：欧美时尚		箱包外形：水饺形
箱包图案：纯色无图案	颜色分类：流行橘色 气质卡其		有无夹层：否
硬度：软	有无拉杆：无		可否拆叠：否
价格区间：100元以下	成色：全新		箱包场合：休闲/街头
包袋大小：中（最长边30-50cm）	品牌：其它品牌		

规格	尺寸约为：上宽36cm 下宽44cm 高35cm 厚11cm 手提把高16cm 斜背带长120cm（可调）
面料	PU皮+亮片
里布颜色	深色（因包包颜色，出厂批次不同，里布可能会有不同）
结构	主链拉链封口，内含1个拉链暗袋，2个小插袋，1个拉链夹层暗袋，背有1个拉链暗袋。
用途	手提/单肩/斜挎 三用
容量	可放入A4纸

★ 商品描述一定要精美。能够全面概括出商品的内容、相关属性，最好能够介绍一些使用方法和注意事项，更加贴心地为买家考虑。

★ 商品描述的直观性。商品描述应该使用文字+图像+表格3种形式结合来描述，这样让买家看起来会更加直观，增加了购买的可能性。下图所示为采用表格与文字相结合的商品描述方式。

品牌	华硕1215B　参数
处理器	AMD 双核 E450（华硕上网本目前最强处理器）
处理器主频	1.65G
二级缓存	1MB（华硕上网本目前最大缓存）
处理器描述	双核心
主板芯片组	AMD
内存容量	2GB
内存类型	DDR3 1333（目前内存频率最高）
内存描述	两个内存插槽
最大内存容量	8GB（华硕上网本目前最大扩展容量）
硬盘容量	500GB SATA接口、5400转（华硕上网本目前最大硬盘）
光驱描述	无
屏幕尺寸	12.1英寸（华硕上网本目前最大屏幕）
标准分辨率	1366×768　16:9（华硕上网本目前最高清标准）
背光技术	LED背光
显卡型号	集成AMD Radeon HD6320（华硕上网本目前最强性能显卡）
显存容量	共享系统内存
流处理器个数	80
DirectX 11	DirectX 11
扬声器	内置扬声器
摄像头	30万像素
麦克风	内置麦克风

无线上网	802.11b/g/n（300Mbps　目前最强无线信号）
有线上网	内置网卡
蓝牙	蓝牙3.0（目前最高蓝牙标准）
数据接口	最高USB3.0（最高USB标准，理论值：10倍USB2.0速度），2个USB2.0
视频接口	HDMI（外接高清显示设备，唯一享受1080P高清小本），VGA
音频接口	音频输出，麦克风输入
网络接口	RJ45网线接口
读卡器	多合1读卡器
指取设备	触摸板
安全功能	安全锁孔
电池规格	6芯5200毫安 锂电池（华硕上网本目前最大容量电池）
机身材质	复合材料
机身颜色	可选颜色：拉丝银，格纹红，磨砂黑
长度*宽度*厚度	296毫米*203毫米*37毫米
重量	1.45千克
操作系统	LINUX或DOS（我们可以代为安装WIN7系统及常用软件）
随机配件	6芯5200毫安 锂电池、电源适配器、说明书，驱动光盘
保修	两年主要部件全国联保，电池一年包保（需在官方注册）

★ 参考同行网店。可以去皇冠店转转，看看他们的商品描述是怎么写的。特别要重视同行中做得好的网店。

★ 在商品描述中可以添加相关推荐商品。如本店热销商品、特价商品等，让买家更多地接触店铺的商品，增加商品的宣传力度。下图所示是相关推荐商品。

★ 在商品描述中要注意服务意识和规避纠纷。一些买家平时都很关心的问题如有关发票、包装、保修、物流等都应该有。下图所示为买家须知。

6.2 申请店铺开张

卖家准备好库存商品及编辑好商品图片、相关文字说明后，即可申请开店。这节将介绍申请开店的具体方法。

6.2.1 一口价发布商品

发布商品可以直接在淘宝网上发布，也可以使用"淘宝助理"发布。本实例将讲述在淘宝网直接发布商品的具体操作步骤。

光盘同步文件

同步视频文件：\同步教学文件\第6章\6.2.1.mp4

第1步 登录淘宝网，❶单击"卖家中心"超链接，如左下图所示。

第2步 ❷单击"我是卖家"下方的"宝贝管理"下的"我要卖"超链接，如右下图所示。

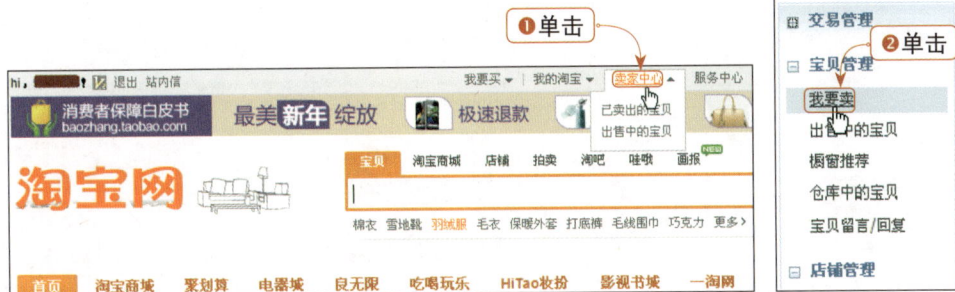

第3步 在打开的网页中，❶选择要发布宝贝的类目，❷然后单击"我已阅读以下规则，现在发布宝贝"按钮，如左下图所示。

第4步 在打开的页面中，❸根据提示选择宝贝的基本信息，如"宝贝类型"、"宝贝属性"，如右下图所示。

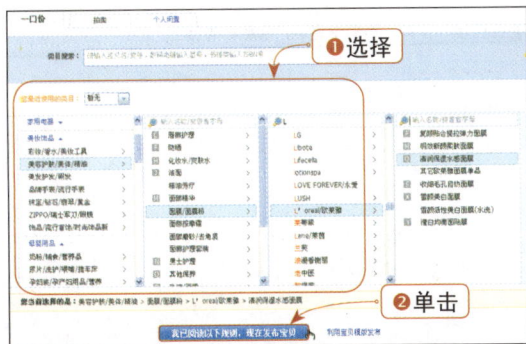

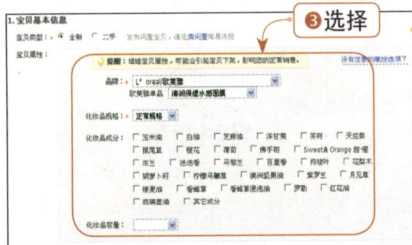

第5步 ❶接下来输入发布的"宝贝标题"、"宝贝价格"、"宝贝数量"、"宝贝图片"等信息，❷单击"上传新图片"按钮，即可上传图片，如左下图所示。

第6步 ❸输入宝贝详细的描述信息，这里的操作与Word文档中的操作相同，可以设置文本的格式，如右下图所示。

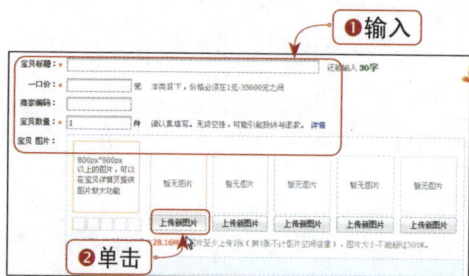

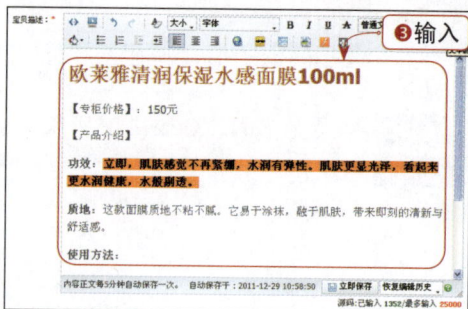

第7步 ❶接下来输入宝贝的物流信息，如左下图所示。

第8步 填写售后保障信息和宝贝的其他信息，❷然后单击"发布"按钮，如右下图所示。

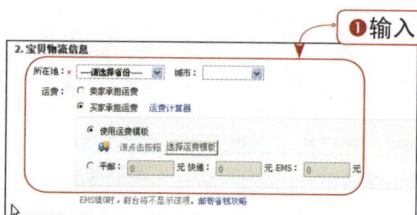

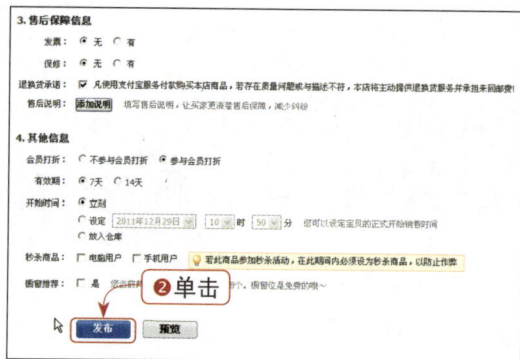

第9步 显示宝贝发布成功信息页面，如下图所示。

6.2.2　免费申请店铺

发布10件宝贝以后，在"我的淘宝"页面会出现"免费开店"文字，单击"免费开店"超链接，就可以建立一个属于自己的网上店铺。

光盘同步文件

同步视频文件：\同步教学文件\第6章\6.2.2.mp4

第1步 在"我的淘宝"页面中，❶单击"我是卖家"下的"免费开店"超链接，如左下图所示。

第2步 进入右下图所示的页面，❷单击"发布宝贝"按钮，发布宝贝。

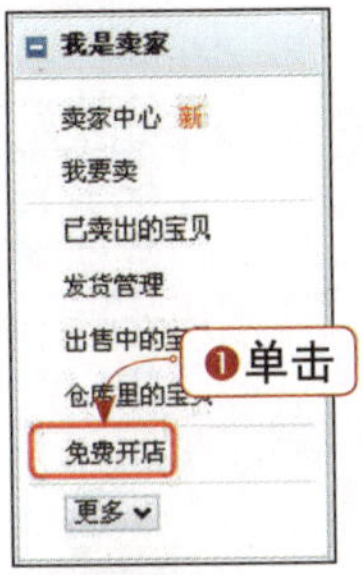

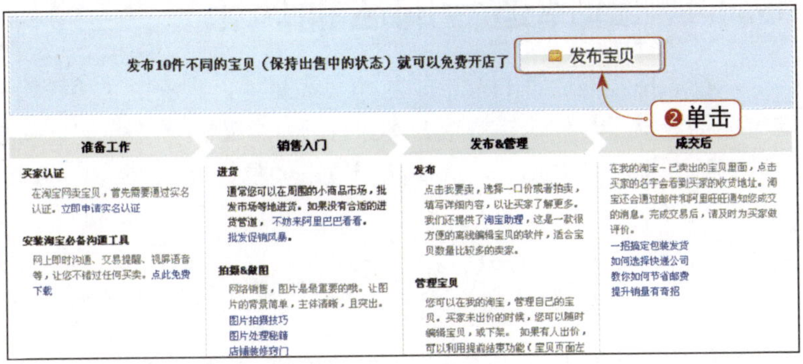

第3步 发布10件商品以后，店铺即可开张，如下图所示。

6.3 简单装修店铺，让店铺赏心悦目

有了自己的店铺，接下来就该装修店铺了。装修店铺不仅可以使卖家的店铺更加美观，而且还能表现出卖家对店铺的重视程度，让买家感觉到卖家是在用心经营店铺，从而加深买家对店铺的好感。

6.3.1 选择适合的店铺风格

店铺风格是指店铺的背景颜色和元素基调，它决定了店铺给人的直观印象。淘宝店铺提供了几种店铺模板，卖家在开店初期只要在自己已有模板相应的位置上传图片及文字信息即可。选择店铺风格的具体操作步骤如下。

光盘同步文件
同步视频文件：\同步教学文件\第6章\6.3.1.mp4

第1步 登录我的淘宝，进入"我的淘宝"页面，❶单击"卖家中心"下方的"店铺管理"下的"店铺装修"超链接，如左下图所示。

第2步 进入店铺"风格设置"页面，❷在页面中可以选择自己喜欢的店铺风格，❸单击"应用"按钮，如右下图所示。

第3步 即可将选择的店铺风格应用到店铺，预览店铺的效果如下图所示。

6.3.2 写好令人过目不忘的店铺公告

普通店铺的公告位于店铺首页的右上角，占据着很重要的位置。买家进入店铺以后，首先注意到的是店铺公告，所以设置一个好的店铺公告非常重要。公告可以包含店铺的促销广告、店铺的服务特色、店主的联系方式以及最新优惠信息等，这些信息可以在公告处及时更新，以方便进来的买家在第一时间看到。

店铺公告是店铺的第一印象，店铺公告中的内容可以是文字，也可以是图片。文字形式的公告是淘宝网默认的形式，实现起来非常简单，具体操作步骤如下。

第1步 进入店铺装修后台管理页面，❶单击店铺公告右上角的"编辑"超链接，如左下图所示。

第2步 ❷在弹出的对话框中输入文字信息，如右下图所示。

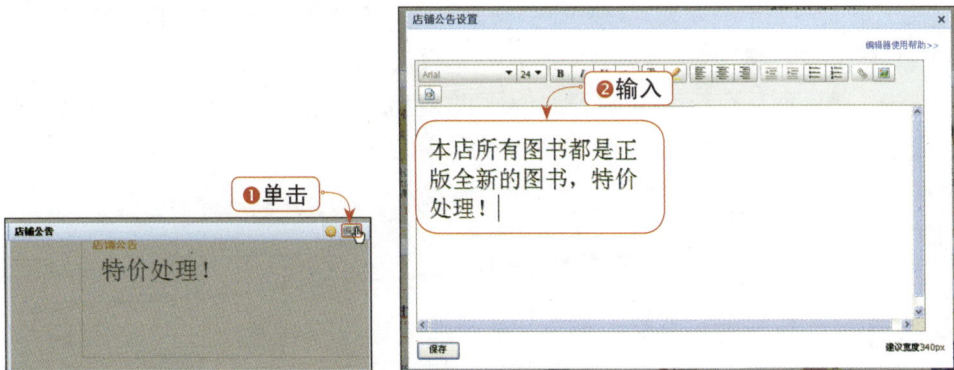

第3步 ❶设置文字的字体格式和颜色，如左下图所示。

第4步 ❷设置文字的段落格式，如右下图所示。

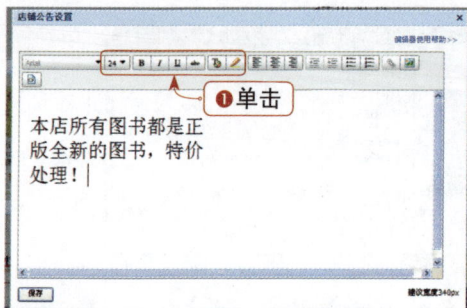

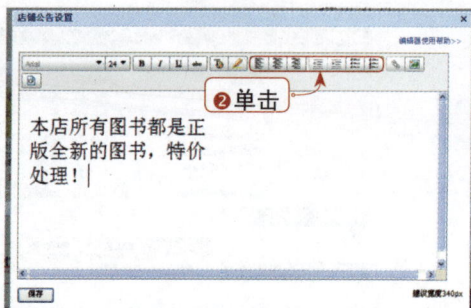

第5步 ❶单击🖊按钮设置超链接，❷单击"图片"按钮 🖼，如左下图所示。

第6步 弹出"图片设置"对话框，❸在对话框中设置图片的相关信息，然后单击"确定"按钮，即可在公告中插入图片，如右下图所示。

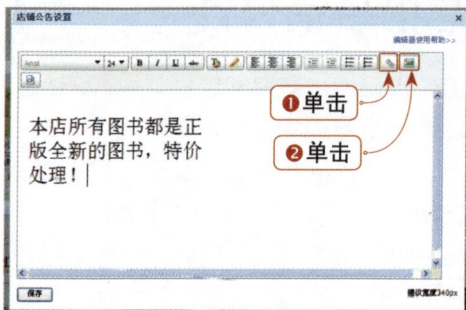

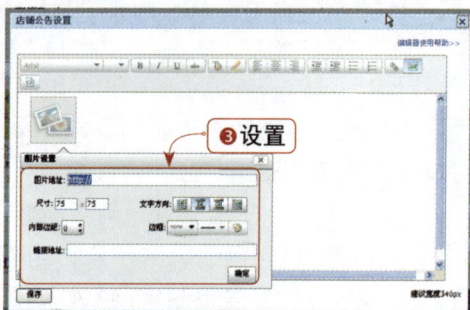

6.3.3 设置让你的店铺脱颖而出的店标

所谓店标是指店铺的标志性图片，一般在店铺的左上角出现。同时店标也可以作为个人空间里的头像。店标可分为静态店标和动态店标，文件格式为GIF、JPG、JPEG、PNG等，文件大小80KB以内，建议尺寸80px×80px。

一个精致而且有特色的店标能加深顾客对店铺的印象，提高店铺知名度，所以在网络店铺的个性化过程中，制作一个精美的店标是很重要的一项。

光盘同步文件

同步视频文件：\同步教学文件\第6章\6.3.3.mp4

第1步 首先登录我的淘宝，单击"我是卖家"|"店铺管理"|"店铺基本设置"，❶单击"上传图标"按钮，如左下图所示。

第2步 弹出"选择要加载的文件"对话框，在列表框中选择图片文件，❷单击"打开"按钮选择上传的图片，如右下图所示。

第3步 可在店铺基本设置中预览店标，如左下图所示。

第4步 单击"保存店铺基本设置"按钮，买家在浏览店铺时可以看到已上传的店标，如右下图所示。

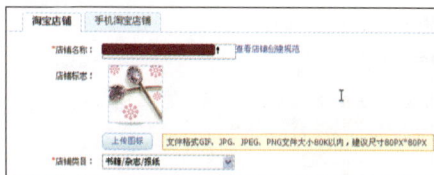

6.3.4 写好店铺介绍，赢得客户信任

在淘宝网打开某个店铺的主页时，同店铺并排有一个"店铺介绍"超链接，如左下图所示。

单击"店铺介绍"超链接进入"店铺介绍"页面，如右下图所示。页面信息主要是店主对网店经营的一种概括，让顾客在最短的时间内了解店铺。

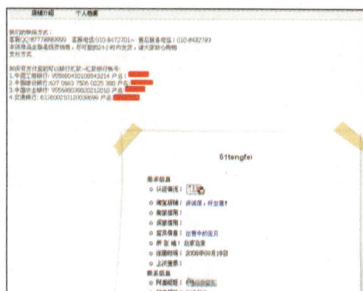

设置店铺介绍的方法是：首先登录"我的店铺管理"，❶在左侧的"店铺管理"下单击"店铺基本设置"超链接，打开店铺介绍管理网页，❷在"店铺介绍"文本框中输入店铺的介绍信息，如下图所示。

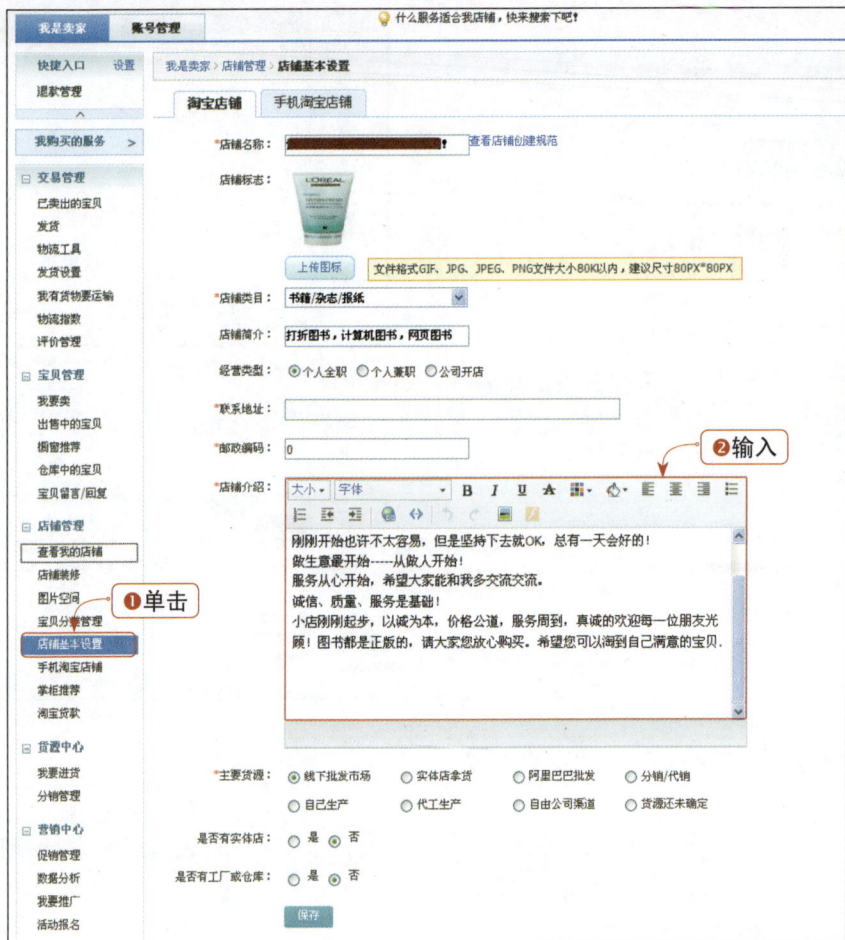

6.3.5 做好商品分类，让商品清晰有序

合理的商品分类可以使店铺的商品更清晰，方便卖家和买家快速浏览与查找到自己想要的宝贝。如果店铺发布的商品数目众多，那么合理地分类就显得尤为重要。好的商品分类，将会大大方便买家有针对性地浏览和查询。

光盘同步文件

同步视频文件：\同步教学文件\第6章\6.3.5.mp4

第1步 首先登录我的淘宝，单击"我是卖家"|"店铺管理"，❶单击"宝贝分类管理"超链接，如左下图所示。

第2步 在"宝贝分类管理"页面，❷单击"添加新分类"按钮，将在"添加新分类"按钮的上方出现一个宝贝分类，如右下图所示。

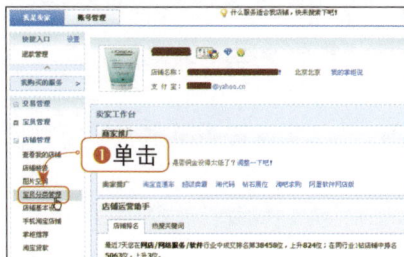

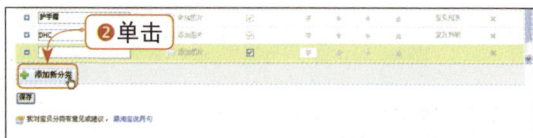

第3步 ❶单击"添加图片"按钮，将出现"图片地址"文本框，在文本框中输入图片的地址即可，单击"确定"按钮，如左下图所示。

第4步 如果要添加子分类，单击"添加子分类"按钮，❷在其下方的文本框中输入图片的地址即可，单击"保存"按钮，如右下图所示。

第5步 单击上箭头和下箭头可以将宝贝分类上移或下移，如左下图所示。

第6步 设置完毕，进入店铺页面，可以看到宝贝分类的效果如右下图所示。

6.3.6　为店铺添加背景音乐

　　一首好音乐可以动人心弦，触之以情，引起他人的共鸣。其实做淘宝店也是一样，好的背景音乐不仅可以增添店铺装修的效果，还可以促进顾客的购买欲望。具体操作步骤如下。

光盘同步文件

同步视频文件：\同步教学文件\第6章\6.3.6.avi

第1步 在网上搜索合适的音乐，右击链接地址，❶在弹出的快捷菜单中选择"复制链接地址"命令，如左下图所示。

第2步 进入"店铺管理平台"页面，❷在"促销产品"设置中单击"编辑"超链接，如右下图所示。

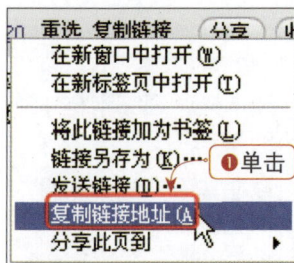

第3步 打开"促销产品设置"对话框，❶在对话框中单击"编辑HTML源码"按钮 🖼️ ，如左下图所示。

第4步 ❷输入代码"<bgsound src="歌曲地址" loop="-1""></ bgsound >"，如右下图所示。

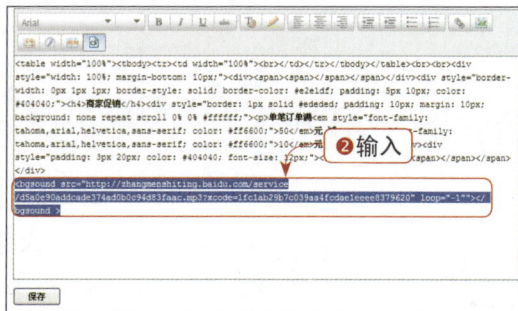

第5步 设置完成后，单击"预览链接"试听效果。确认无误后，单击"保存"按钮即可听到背景音乐了。

提示

经过一段时间后，可能背景音乐会失效，这是因为音乐文件的地址发生了变化，这时需要重新设置。

6.3.7 设置店铺计数器，统计店铺流量

如何更好地经营自己的网店，已经成为卖家整天冥思苦想的一个问题。学会使用统计分析系统对自己的店铺进行数据分析，制定出合适的推广方案，这样才能让自己的店铺脱颖而出，立于不败之地。给网店设置计数器具体操作步骤如下。

第1步 登录http://guanghua.cc/主页，❶在主页的右上角单击"注册"超链接，如左下图所示。

第2步 进入新用户注册页面，填写完注册信息，❷然后单击"注册"按钮，如右下图所示。

第3步 ❶单击计数器右边的"免费开通"按钮，如左下图所示。

第4步 进入"获取统计代码"页面，❷单击"复制"按钮，复制相应的代码，如右下图所示。

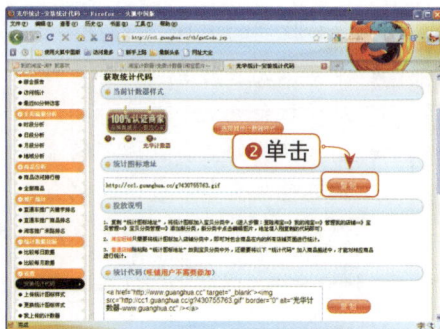

第5步 进入"宝贝分类"页面，❶单击"添加新分类"按钮，添加新分类，在"分类名称"文本框中输入"计数器"，单击"添加子分类"按钮，❷在弹出的文本框中输入复制的代码，单击"确定"按钮，如左下图所示。

第6步 ❸在店铺中查看计数器，如右下图所示。

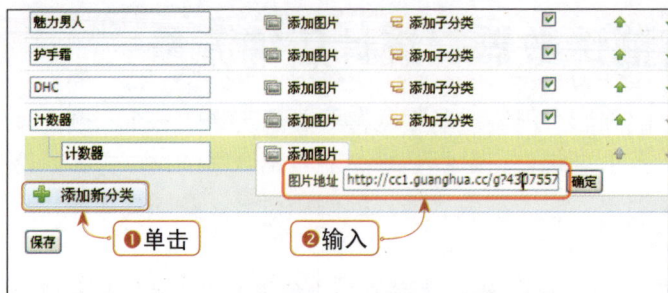

6.4 推荐优势商品

开网店和开实体店一样需要宣传推广，网店的宣传推广与实体店的广告有很大区别。在淘宝网上宣传，不仅需要技巧，而且还需要卖家全面深入地了解淘宝网这个平台，利用淘宝网提供的宣传工具，让自己的网店脱颖而出。

在推荐商品时，需要正确选择推荐的商品以及推荐的时间，充分合理地安排推荐位置。商品推荐的原则有以下几种。

1. 选对宝贝

进行商品推荐的宝贝可以说是店铺的橱窗，除了展示宝贝本身外，也有助于带动店内其他宝贝的浏览量。

> ★ 性价比高的宝贝，在同类产品中具有一定优势。
> ★ 命名很完善的宝贝，有着好名字的宝贝在淘宝网上被搜索到的几率更高，展示机会也更多。
> ★ 图片精美的宝贝，漂亮的宝贝可以吸引更多买家的注意，同时也会给店铺的其他宝贝争取展示的机会。
> ★ 低价的宝贝，根据买家喜欢按照价格高低搜索宝贝的习惯，低价位宝贝将得到优先展示的机会。

2. 选对时间

> ★ 将快要下架的宝贝设置为橱窗推荐，因为淘宝网是按照剩余时间由少到多显示宝贝的，剩余时间越少的宝贝排得越靠前。
> ★ 建议将商品上架的时间设置为7天一个周期，比14天一个周期多了一次最少剩余时间，可以拥有多一次排在靠前的机会。

6.4.1　使用橱窗推荐位，提高商品曝光率

　　橱窗推荐位是淘宝网为卖家设计的特色功能，是淘宝网提供给卖家展示和推荐宝贝的功能之一。买家在根据输入关键字或者按照类目搜索时，在所有宝贝里符合条件的且有设置橱窗推荐位的宝贝会优先排在前面，如果都设置了橱窗推荐位，发布剩余时间最短的会优先排在前面。

　　橱窗推荐位宝贝会集中在宝贝列表页面的橱窗推荐位中显示，每个卖家可以根据信用级别与销售情况获得不同数量的橱窗推荐位。合理利用这些橱窗推荐位，将大大提高卖家宝贝的点击率。

　　设置橱窗推荐的具体操作步骤如下。

光盘同步文件
同步视频文件：\同步教学文件\第6章\6.4.1.mp4

第1步 ❶单击"我是卖家"页面中的"宝贝管理"下的"出售中的宝贝"超链接，如左下图所示。

第2步 进入"出售中的宝贝"页面，会看到所有出售中的宝贝，❷单击宝贝前面的复选框，❸然后单击"橱窗推荐"按钮，如右下图所示。

第3步 进入"橱窗推荐"页面，列出所有推荐的宝贝，如下图所示。

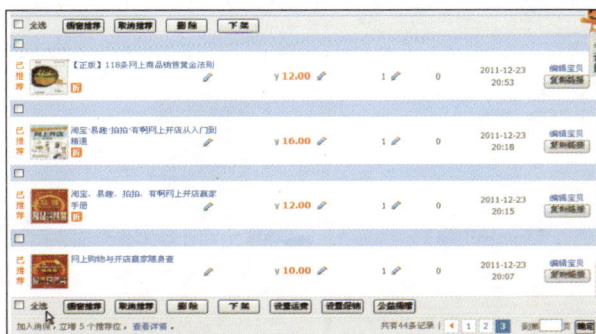

6.4.2 使用掌柜推荐吸引更多人气

掌柜推荐宝贝出现在每个宝贝介绍页面的底部，或者在店铺最中间的推荐位上，买家浏览宝贝及店铺时第一眼就能看到这些被推荐的宝贝。被推荐的宝贝同时也会出现在阿里旺旺对话框的推荐宝贝中，与买家聊天时，对方可直接在阿里旺旺对话框中看到被推荐的宝贝。

光盘同步文件

同步视频文件：\同步教学文件\第6章\6.4.2.mp4

第1步 登录我的淘宝，进入"我是卖家"页面，❶在"店铺管理"下单击"掌柜推荐"超链接，如左下图所示。

第2步 进入"掌柜推荐"页面，❷在页面中可以查看到出售的宝贝和已推荐的宝贝，如右下图所示。

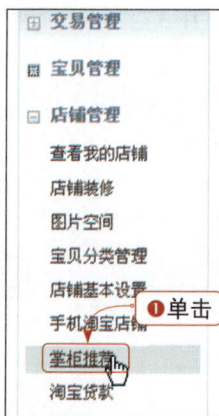

第3步 在"掌柜推荐"页面，单击"推荐"超链接，即可将宝贝放在已推荐宝贝列表中，如左下图所示。

第4步 把需要的宝贝推荐完成后，买家在浏览店铺的首页时就能看到掌柜推荐的宝贝，如右下图所示。

6.5 使用淘宝助理创建上传商品

淘宝助理是一款功能强大的客户端工具软件，可以使用它编辑宝贝信息，快捷批量上传宝贝，并提供了方便的管理页面。

淘宝助理具有以下特点。

★ 离线管理、轻松编辑商品信息。

★ 数秒内建立专业的宝贝销售页面。

★ 能一次性快速、成批上传大量的宝贝。

★ 能将常用的交易方式，存入当作模板反复使用。

要想使用淘宝助理管理商品，首先需要登录淘宝助理，具体操作步骤如下。

光盘同步文件

同步视频文件：\同步教学文件\第6章\6.5.mp4

第1步 在桌面上双击淘宝助理图标，或者单击"开始"|"所有程序"|"淘宝网"|"淘宝助理"，打开淘宝助理的登录页面，输入淘宝会员名和密码，单击"确定"按钮，如左下图所示。

第2步 如果是首次使用淘宝助理，系统将会提示"您没有在本地登录过，接下来需要连接到服务器进行身份验证才能登录，您希望继续吗"，选择"是"。密码验证成功后，系统将显示淘宝助理的主界面，如右下图所示。

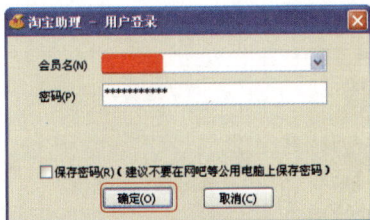

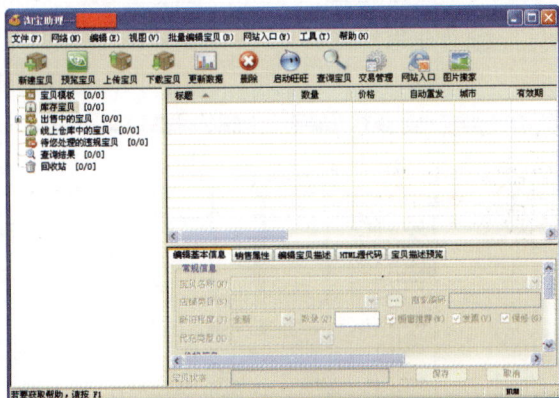

第3步 ❶单击"新建宝贝"|"空白模板",如左下图所示。

第4步 弹出"编辑单个宝贝"窗口,❷在窗口中输入宝贝的基本信息及宝贝描述,如右下图所示。

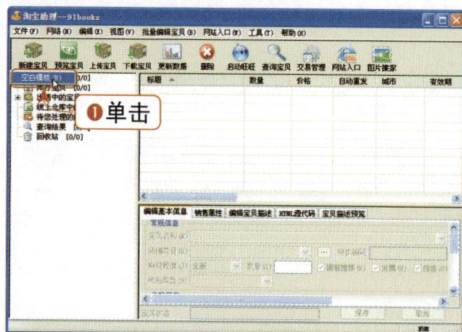

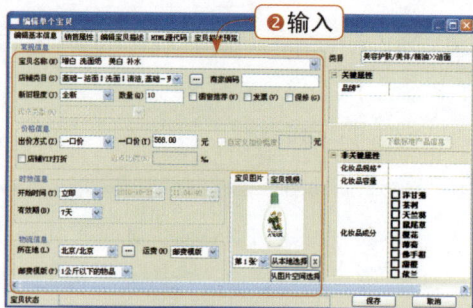

第5步 单击"保存"按钮,新建成功的宝贝将会放在"库存宝贝"目录中。如果想发布这件宝贝,在"库存宝贝"列表框中选中宝贝,❶单击"上传宝贝"图标,如左下图所示。

第6步 确认要上传的宝贝,❷单击"确定"按钮,如右下图所示,宝贝将发布到淘宝网。

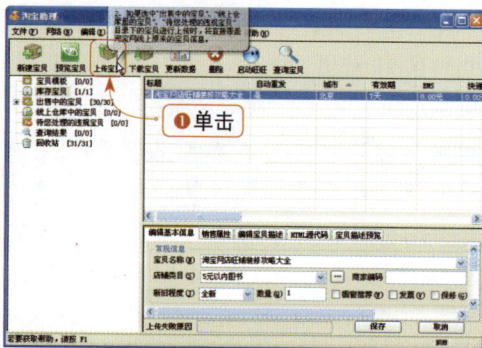

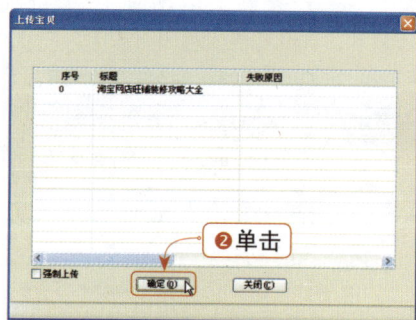

第7步 如果要预览宝贝,首先在列表框中选中要预览的宝贝,❶单击"预览宝贝"图标,如左下图所示,❷即可在淘宝网页面中预览该宝贝,如右下图所示。

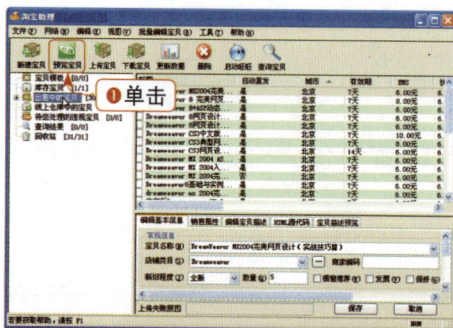

案例：兼职网上开店卖化妆品月赚1万元

网上电子商务早已不是一个人单打独斗的年代了，特别是对于很多兼职在网上开店的人而言，在做好本职工作的同时，如何能够把网店做好，成为最关心的话题。而且随着网店越开越大，要求网店内分工越来越细，一个人要做好财务、配送、进货等多项工作未免会力不从心。况且化妆品市场在网上竞争很激烈，要求卖家有更多的时间思考如何做，而不仅仅停留在具体操作上。

王芳在网上开化妆品店半年就招了一个帮手，现在她已经有3个要开工资的帮手了，而她却仍在兼职做网店的生意。王芳表示，既然兼职工作与正职工作之间不冲突，要顾及两边，必须要让一个团队完成兼职工作。

1　经营秘诀两头兼顾

在网上开店做得好的卖家，即便原来是有正职工作的，也会因为网店事情太多，两头无法兼顾而选择辞掉工作。这种做法并不适合王芳。王芳表示，3年前她开网店的时候就是兼职，现在一直没有变过。到现在她还兼着一个大公司的物流部门职位。

王芳在开网店半年左右的时间，就感觉到难以两边兼顾，虽然家里人也帮忙，但不是长远之计，所以王芳便开始找帮手，帮她处理配送等事情。王芳表示，刚开始找的一个人由于不够勤快被炒掉了，随后她便说服她的姐姐辞掉工作，帮助她一同做大网上化妆品店。王芳称，当时是花了双倍人工才挖角成功，虽然当时网店经营刚刚持平，但有人帮她不仅轻松，也可以集中精力做好网店的管理工作，而不必拘泥于琐事。

王芳表示，就算出国也可以通过互联网进行遥控。她一般上班时间的工作并不繁重，而且姐姐是自己的员工，所以现场交给她管理也很放心。

2　笼络老顾客

王芳表示，她开店的成本很低。现在办公地点也是利用家里的一个房间。而且最开始选择在网上开店，也是为了节约成本。王芳称，原来她在网下也开过店，但是收入中将近一半给了房东交房租，这样做生意不值得。

王芳节约成本的目的是为了回报老顾客。王芳说，她不会用价格战的方式来吸引老顾客购买，对于网上各个分类的大卖家而言，价格战不是一个好办法。她一般会给老顾客免掉邮费或者快递费用，这相当于给老顾客长期打了一个折扣。而一元起拍和特价区的优惠老顾客也可以同时拥有。至于买满200元加10元可以购买促销品的做法，则更多是模仿网下传统店铺的做法。

3　说服家里人

刚开始开店的时候，王芳家里人并没有认同她的做法。而且认为网上开店前景不明。这种也是很多新手碰到的情况，家里人反对或者阻挠的时候，再怎么说服都很困难。最好的办法就是靠着自己的资金来做好网店，有了赚钱的交易，家里人看到后自然就不会再过多怀疑网店的前景。

读书笔记

第7章 在淘宝网安全成交第一笔生意

本章导读

在淘宝网创建了自己的店铺，便可以进行第一笔交易了。在进行交易之前，卖家需要具备沟通与交流的基本素质，熟练运用淘宝网的交流工具，如阿里旺旺、站内信、回复留言等，掌握好这些工具之后有利于提高网店的成交率。

知识要点

通过本章内容的学习，读者能够学习到用好阿里旺旺、用阿里旺旺揽生意、使用其他方式与买家交流、与买家的沟通技巧等的方法。学完后需要掌握的相关技能如下。

- 用好阿里旺旺
- 用阿里旺旺揽生意
- 使用其他方式与买家交流
- 与买家的沟通技巧

7.1 用好阿里旺旺

阿里旺旺是将以前的淘宝旺旺与阿里巴巴贸易通整合在一起的新产品。它是淘宝和阿里巴巴为商人度身定做的免费网上商务沟通软件。它能帮你轻松找客户，发布、管理商业信息；及时把握商机，随时洽谈生意。

阿里旺旺是买家在淘宝网店购物的强大助手，双方聊天交流只是它功能极小的一部分，下面看一看它作为交易工具所发挥的巨大作用。在进行交易前，卖家需要学会与买家沟通，答复买家的问题。一个称职的淘宝网卖家首先应具备沟通交流的基本素质，并熟练运用淘宝网的交流工具。

7.1.1 制作阿里旺旺头像

推广无处不在，一点点小的积累都会成为大的收获，一个小小的头像也能帮你推广你的网店。个人头像可以是自己的靓照，也可以是产品图片，图片的格式支持JPG、GIF、BMP等，上传的图像文件应小于200KB，推荐的最佳尺寸为80px×80px。这个是很重要的，你也可以把头像设为动态的GIF图片。制作阿里旺旺头像的具体步骤如下。

光盘同步文件

同步视频文件：\同步教学文件\第7章\7.1.1.mp4

第1步 登录阿里旺旺，❶在阿里旺旺界面中单击头像，如左下图所示。
第2步 打开"个人资料"对话框，❷单击"修改头像"按钮，如右下图所示。

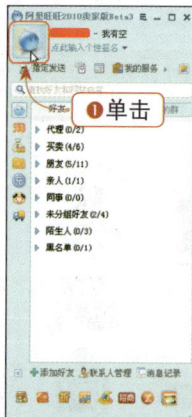

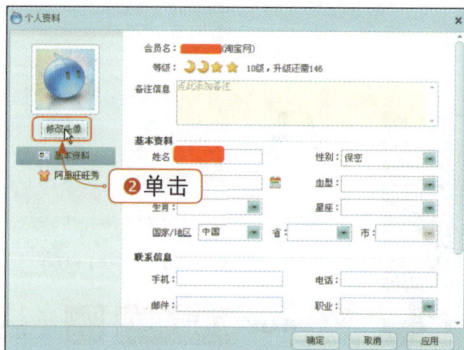

第3步 打开"修改头像"对话框，❶在"普通上传"页面中单击"浏览"按
钮，如左下图所示。

第4步 打开"选择要加载的文件"对话框，❷在列表框中选择要加载的图片文
件，单击"打开"按钮，如右下图所示。

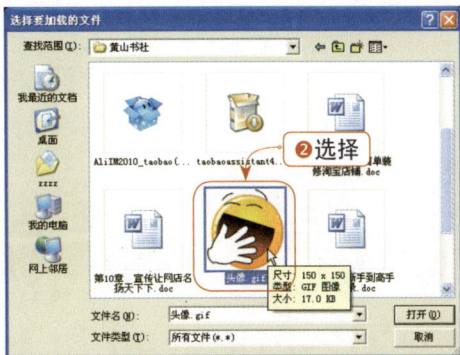

第5步 ❶在"修改头像"对话框中单击"上传图片"按钮，即可将图片上传，
❷单击"保存"按钮，如左下图所示。

第6步 在"个人资料"对话框中显示刚上传的图片，❸单击"确定"按钮，如
右下图所示。

7.1.2 查找并添加买家

阿里旺旺是一款即时聊天软件，集成了即时文字、语音视频、交易提醒、最
新商讯、群等功能。查找并添加买家的具体操作步骤如下。

光盘同步文件

同步视频文件：\同步教学文件\第7章\7.1.2.mp4

第1步 登录阿里旺旺，❶在阿里旺旺界面中单击"添加好友"超链接，如左下图所示。

第2步 弹出"查找/添加"对话框，如果不知道好友的旺旺号，可以选择"旺友速配"单选按钮，旺旺根据信息和地域帮您寻找好友；如果知道好友的旺旺号，选择"精确查找"单选按钮，❷在"会员名"文本框中输入好友的旺旺号，❸单击"查找"按钮，如右下图所示。

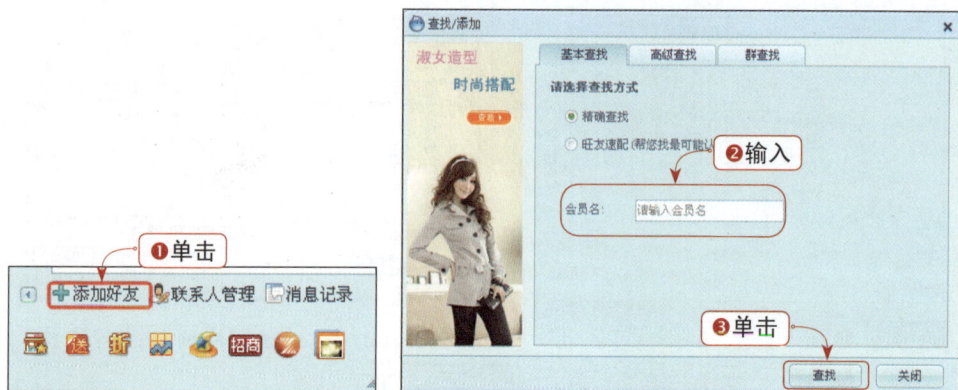

第3步 弹出如左下图所示的对话框，单击"加为好友"按钮。

第4步 弹出"添加好友成功"对话框，如右下图所示。

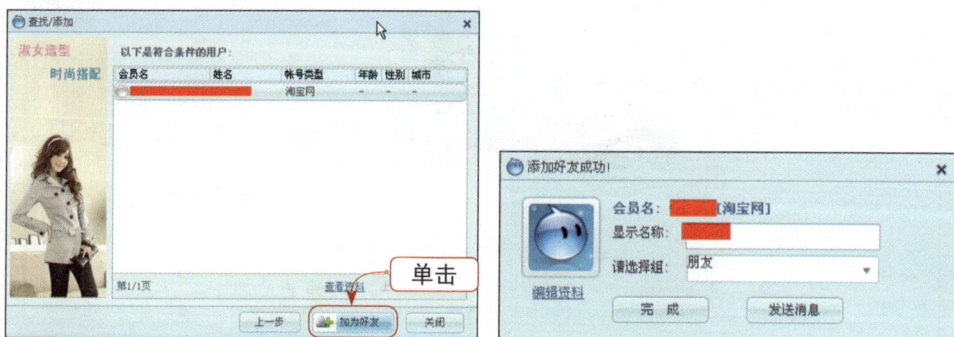

第5步 单击"请选择组"右侧的下三角按钮，❶在弹出的下拉列表中选择相应的组，单击"确定"按钮，如左下图所示。

第6步 ❷即可成功添加好友到相应的组，如右下图所示。

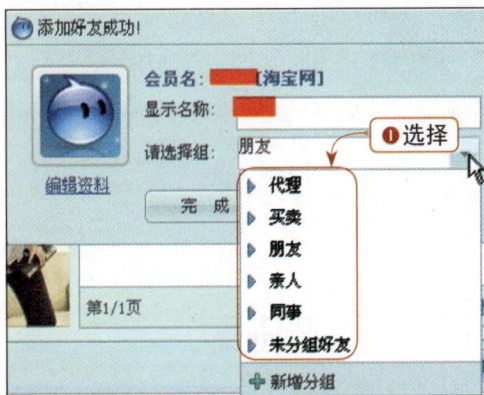

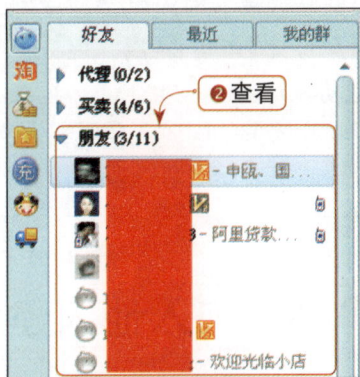

7.1.3 旺旺聊天的必备武器——旺旺表情

　　沟通是人与人之间、人与群体之间思想与感情的传递和反馈的过程，以求思想达成一致和感情的通畅。聊天工具里面的表情是卖家与客户沟通的好帮手，它能很快地制造出轻松的气氛，拉近大家的距离，灵动的旺旺表情，立刻让聊天气氛很轻松，初次交谈都能感受到心与心之间的撞击。

　　旺旺表情是每一位卖家都会经常使用的，一个微笑，一个眼神，或者一个动作，足以让你心花怒放。简单的几个表情，却代表着人生的喜怒哀乐，酸甜苦辣，百味人生。一双紧握的双手，不用说话就能表现出热情、友好的待人之道，如果旺旺表情运用得当，它能进一步增强买家对你的信赖感。旺旺表情如下图所示。

旺旺表情无时无刻都在使用，给这个购物平台增添了几许亮丽的风景线，拉进了彼此之间的距离，促成了交易，结识了朋友。它平添了用文字无法表达的生动。

使用表情的同时还需要配合合适的语言解答，这对交易是很有益的。在沟通交流时本身就隐藏着很多对顾客的心理分析，如果不了解买家的心理，交易很难成功。

7.1.4 加入他人建立的阿里旺旺群

阿里旺旺是仅次于QQ和MSN的第三大即时聊天软件，很多淘友都喜欢用它来聊天。自从淘宝推出了阿里旺旺群以后，很多人都加入了一些群。加入阿里旺旺群的具体操作步骤如下。

第1步 登录阿里旺旺，在阿里旺旺界面中单击"添加好友"超链接，弹出"查找/添加"对话框，❶单击"群查找"标签，❷在该选项卡中选择"按群号查找"单选按钮，在"请输入群号"文本框中输入相应的群号，单击"查找"按钮，如左下图所示。

第2步 弹出相应的群信息，如右下图所示。

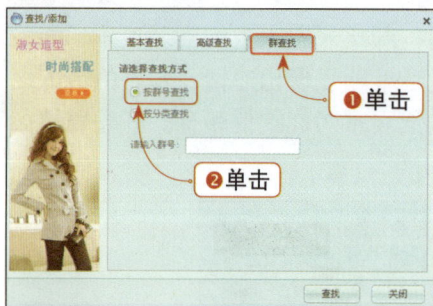

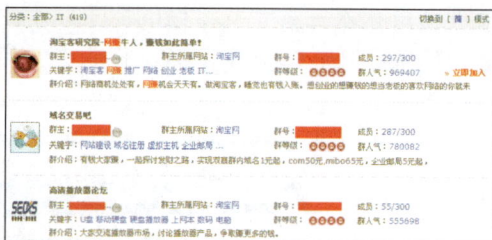

第3步 选择一个群加入，弹出如左下图所示的对话框。

第4步 单击"确定"按钮，即可成功添加群，如右下图所示。

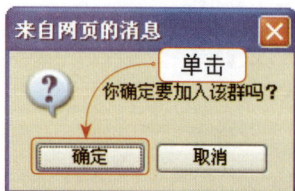

7.1.5 建立自己的买家阿里旺旺群

下面讲述怎样创建自己的群、设置群公告，在公告里添加自己的广告，具体操作步骤如下。

光盘同步文件

同步视频文件：\同步教学文件\第7章\7.1.5.mp4

第1步 要想开启阿里旺旺群，只需单击阿里旺旺主界面上的"我的群"标签，就可以看到未开启的群，❶双击"立即双击启用群"，如左下图所示。

第2步 弹出"启用群"对话框，❷在文本框中输入群名称及群分类，单击"提交"按钮，如右下图所示。

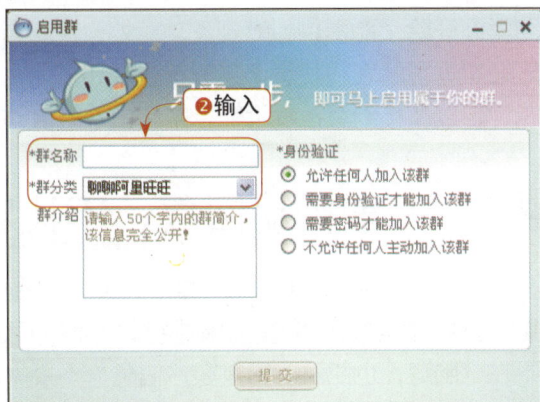

第3步 即可开通该旺旺群，如左下图所示。❶单击"完成"按钮，即可创建成功。

第4步 打开群资料对话框，单击"成员管理"标签，❷可以从好友列表中添加好友到群；也可以右击好友，然后在弹出的快捷菜单中选择"添加此联系人到我的群"命令，选择要添加到的群，即可把该好友加入到群。❸添加完成后，单击"确定"按钮，如右下图所示。

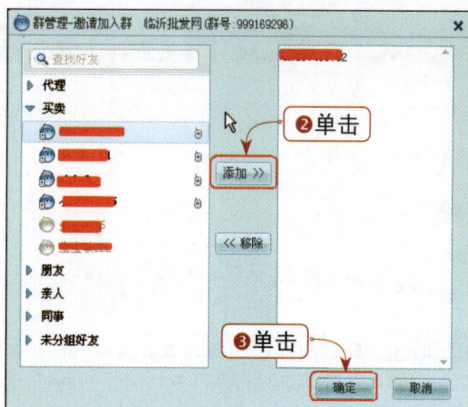

7.2 用阿里旺旺揽生意

阿里旺旺除了能提供即时聊天功能外，还能当作店铺管理工具来使用，只要阿里旺旺卖家显示在线状态，买家在店铺和商品上有留言、商品售出、顾客付款和收货评价以及接到举报投诉等，都会由系统自动弹出提醒。

7.2.1 设置自动回复，不让客户久等

阿里旺旺有很多小技巧，使用得当，会助你的网络交易更上一层楼。卖家离开电脑5分钟，阿里旺旺会变为闲置状态。利用阿里旺旺的自动回复功能，即使卖家不在电脑旁，也能及时回复客户信息，不丢失、不错过每一个客户。

卖家可以启动阿里旺旺自动回复功能，在阿里旺旺闲置时自动回复买家对店铺的咨询，具体操作步骤如下。

第1步 启动阿里旺旺，单击"点此输入个性签名"右侧的下三角按钮，❶在弹出的下拉列表中选择"设置"命令，如左下图所示。

第2步 弹出"系统设置"对话框，❷选择"自动回复、快捷短语"选项，❸单击"当状态为'不在电脑旁'时，启用自动回复"复选框，❹单击"新增"按钮，如右下图所示。

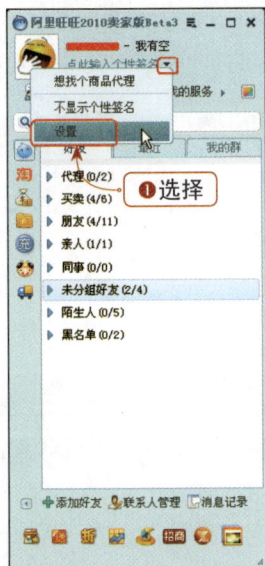

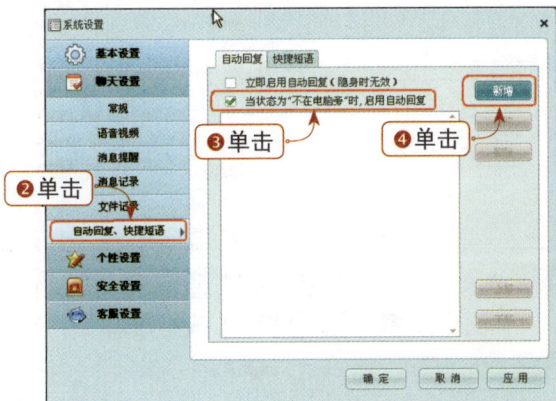

第3步 弹出"新增自动回复"对话框，❶在"请输入内容"文本框中输入回复语，❷然后单击"保存"按钮，如左下图所示。

第4步 ❸单击"确定"按钮，即可成功设置自动回复语，如右下图所示。

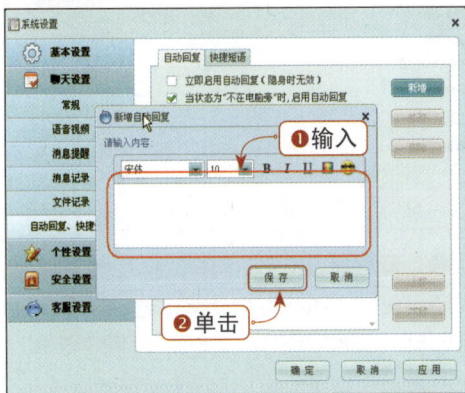

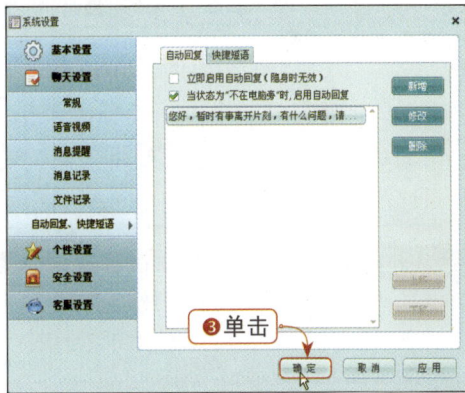

7.2.2 创建快捷短语，快速回复客户

有经验的客服人员会发现客户通过阿里旺旺咨询的有些内容是重复的，这时卖家可以选择快捷短语进行编辑，制作好快捷短语，在合适的场合，发出适当的快捷短语。创建快捷短语的具体操作步骤如下。

第1步 在消息框中单击"快捷短语"图标，❶在弹出的菜单中单击"添加/修改短语"命令，如左下图所示。

第2步 打开 "系统设置" 对话框，❷单击 "新增" 按钮，如右下图所示。

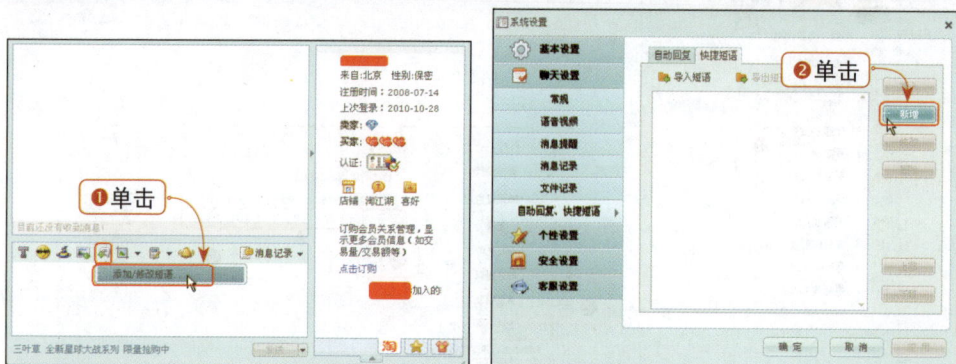

第3步 ❶弹出 "新增快捷短语" 对话框，在 "快捷短语内容" 文本框中输入快捷短语，❷单击 "保存" 按钮，如左下图所示。

第4步 即可创建快捷短语，❸单击 "确定" 按钮，关闭对话框，如右下图所示。

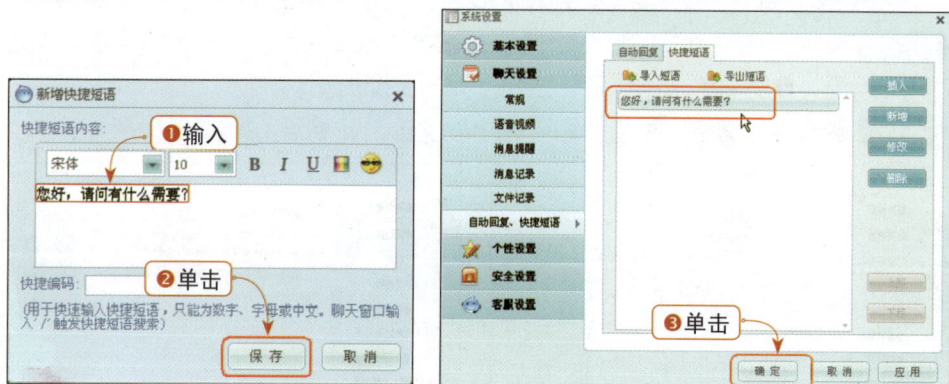

第5步 在消息框中单击 "快捷短语" 图标 🗨，❶在弹出的菜单中选择已添加的短语 "您好，请问有什么需要？"，即可在消息框中添加快捷短语，❷单击 "发送" 按钮，如左下图所示，即可将快捷短语发送，如右下图所示。

经验之谈——快捷短语常用的设置思路

1 买家初次打招呼时

设计一个问候语，这点很重要，既能够显示出自己的热情，又可以显示出自己的专业。可以根据自己的语言习惯、表达方式来定，如"您好！我们专门做出口绿色健康食品，有什么可以帮您！"

2 买家询问产品质量时

此时可以用："这点您放心，我们产品质量完全有保证，原材料来自……"（多数客户可能都需要问产品情况。事先做好准备，做好快捷短语，就不会让卖家每次都输入同样的内容了！）

3 买家问售后服务问题

先想想对方可能会经常问到的咨询内容，然后进行设计，如"我们承诺您7天无条件退货，一年保修"等，当客户问到售后保证时，可以第一时间发出这条短语，让客户放心。

4 在聊天结束时

无论对方是否购买您的产品，周到的结束语是有必要的，让客户感觉更贴心，为下次再来做好铺垫。如"您要的货物我们会通过中国邮政发出，预计4~7天到达，请耐心等候喔。如果有问题，请随时联系XXXX。合作愉快，欢迎下次光临！"

7.2.3 使用移动旺旺，随时随地谈生意

移动旺旺是阿里旺旺推出的"短信服务"。使用移动旺旺需要5.5或以上版本的阿里旺旺，并绑定手机。移动旺旺推出后很多卖家都使用此功能，有了移动旺旺就不会错过任何买卖。

★ 开通移动旺旺后，阿里旺旺标志将24小时显示在线。
★ 即使不在线，旺旺标志仍然吸引旺友给你发短信，不错过任何买卖。
★ 手机使用移动旺旺在线时间长，可提高"活跃度"，增加你使用移动旺旺的各种权限。

免费开通移动旺旺，具体操作步骤如下。

第1步 在阿里旺旺主界面中，❶单击"移动旺旺"图标，如左下图所示。

第2步 在弹出的"发送手机短信"窗口中，❷单击"绑定手机"按钮，如右下图所示。

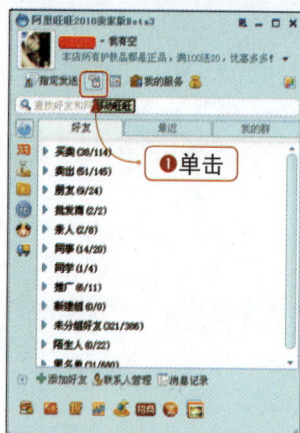

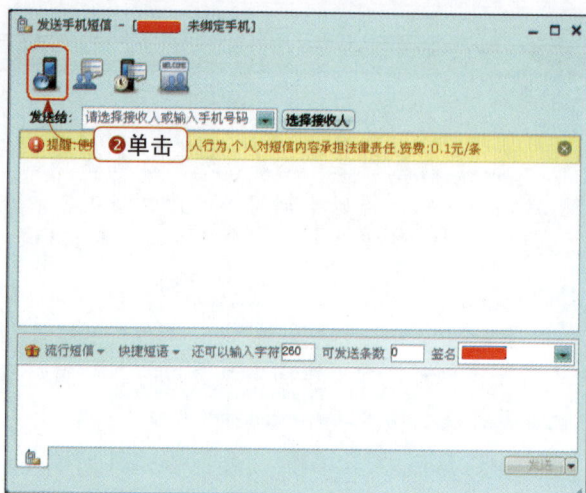

第3步 弹出"绑定手机"窗口，❶选中"我已经阅读并同意用户协议"复选框，❷单击"下一步"按钮，如左下图所示。

第4步 打开"输入手机号码"界面，❸在文本框中输入手机号，然后单击"下一步"按钮，如右下图所示。

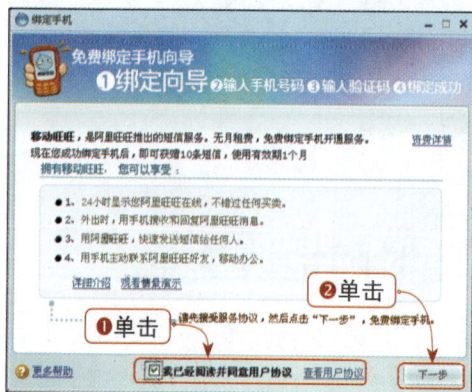

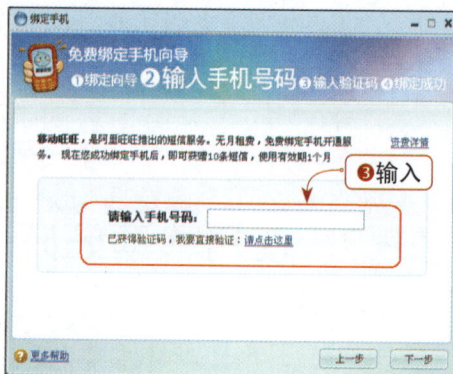

第5步 将打开"输入验证码"界面，此时卖家的手机会收到系统提供的验证码信息，输入验证码，即可成功绑定手机。

7.2.4 妥善保存聊天记录

聊天记录非常重要，建立客户档案，总结交流经验，查找承诺过的口头协议，发生纠纷时的取证，都离不开聊天记录。保存聊天记录的具体操作步骤如下。

第1步 ❶单击阿里旺旺主界面中的"消息记录"按钮，如左下图所示。

第2步 打开"消息管理器"窗口，在窗口的左侧选择需要的分组，将列出分组中所有联系人的名字，任意选中一个联系人，在窗口的右侧会显示最近的聊天记录，❷单击"另存当前页"按钮，如右下图所示。

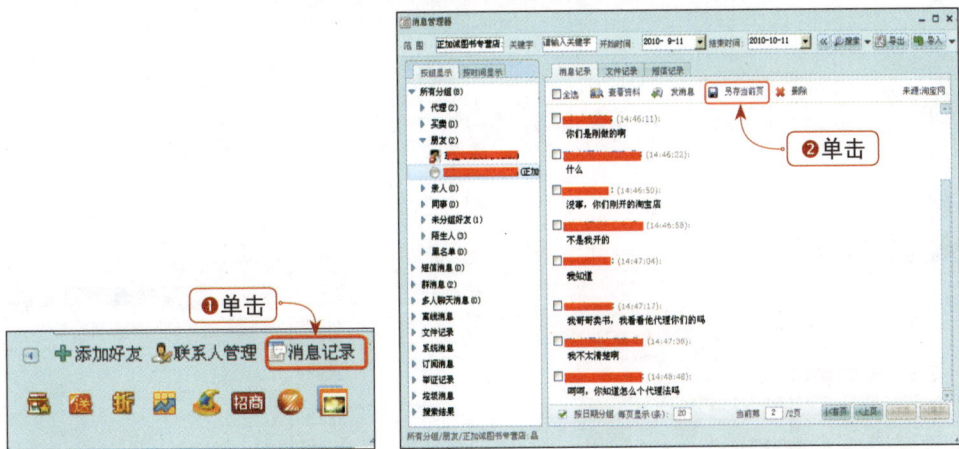

第3步 弹出"另存为"对话框，选择保存的位置（如桌面）及输入文件名进行保存，如左下图所示。

第4步 在桌面找到该文件并双击，即可打开保存的文件，如右下图所示。

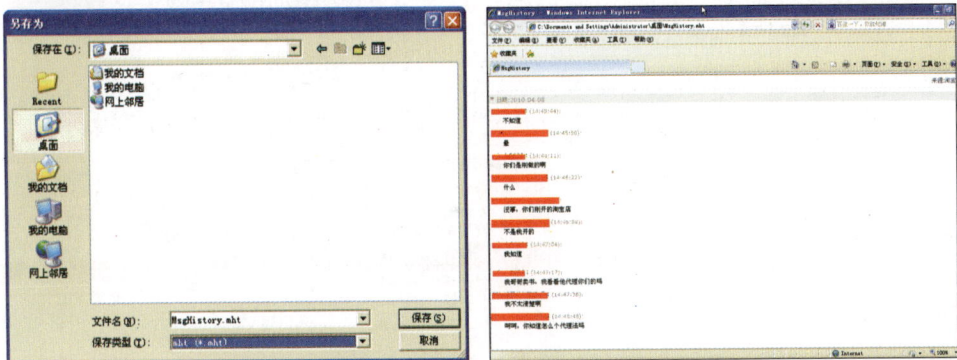

7.3 使用其他方式与买家交流

淘宝网有多种交流方式，除了可以使用阿里旺旺外，还可以使用站内信、留言板等与买家交流，下面分别进行讲解。

7.3.1 用站内信回复买家

为了方便与买家沟通，淘宝网为所有的会员都提供了一个站内信箱。回复买家站内信件的具体操作步骤如下。

光盘同步文件

同步视频文件：\同步教学文件\第7章\7.3.1.mp4

第1步 登录我的淘宝，❶单击"站内信"超链接，如左下图所示。

第2步 打开"站内信箱"页面，❷即可查看站内的信件，如右下图所示。

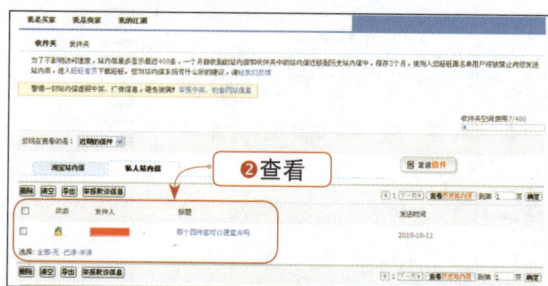

第3步 单击要回复的信件，在打开的页面中，阅读所选的邮件内容，❶然后单击 回复该信件 按钮，如左下图所示。

第4步 打开"发送新信件"页面，❷在"内容"文本框中输入需要回复的信息，在"校验码"文本框中输入校验码，单击 发 表 按钮，如右下图所示。

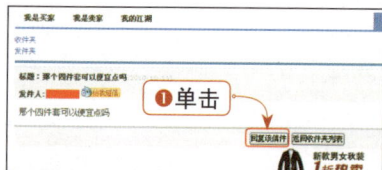

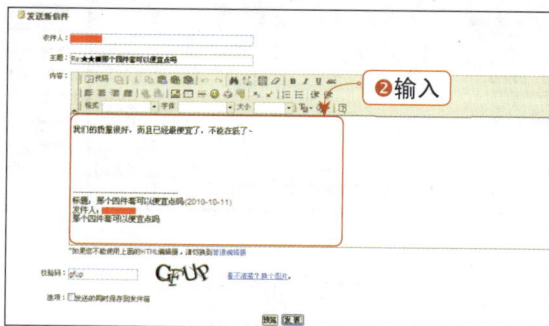

第5步 经过以上操作，即可成功回复信件，如右图所示。

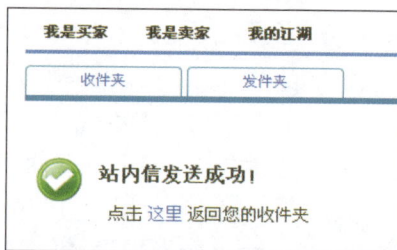

7.3.2 回复买家对宝贝的留言

宝贝留言有补充宝贝描述的作用，买家进入宝贝留言页面后，可以从众多宝贝留言中得到更多关于宝贝的信息。回复宝贝留言的具体操作步骤如下。

光盘同步文件

同步视频文件：\同步教学文件\第7章\7.3.2.mp4

第1步 登录我的淘宝，❶单击左侧的"宝贝管理"|"宝贝留言/回复"，进入"宝贝留言/回复"页面，❷单击"等我回复"按钮，如左下图所示。

第2步 进入"留言簿"页面，❸单击"回复此留言"按钮，如右下图所示。

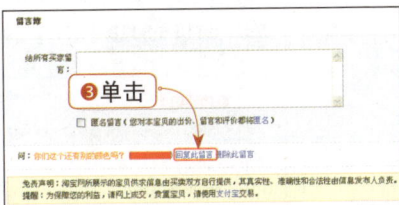

第3步 进入"回复留言"页面，❶在"留言"文本框中输入留言的内容，❷单击"确定"按钮，如左下图所示。

第4步 显示回复留言成功的页面，如右下图所示。

7.3.3 活用店铺交流区

在店铺中有"店铺交流区"版块，该版块有发表帖子的功能，卖家可以充分利用该版块的功能与客户交流。

光盘同步文件

同步视频文件：\同步教学文件\第7章\7.3.3.mp4

第1步 单击"店铺管理"下的"查看我的店铺"超链接，打开该页面，在该页面的底部可以看到顾客的留言信息，❶单击"查看详情"超链接，如左下图所示。

第2步 进入信息管理页面，❷在"发表回复"文本框中输入回复的内容，如右下图所示。

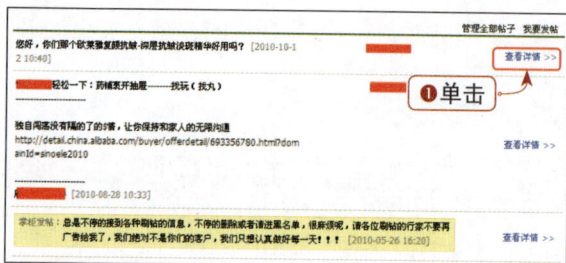

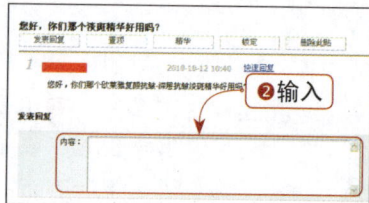

第3步 单击"确定"按钮，即可成功发表回复，如下图所示。

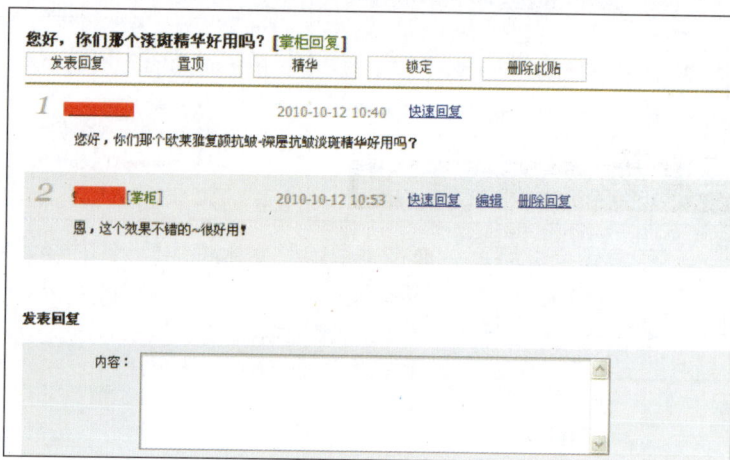

7.3.4 电话联系

在所有的通信工具中，最快捷、最直接的通信工具当属电话，轻松几分钟即可将问题解决。

在店铺中留下自己的电话号码，以便买家在使用QQ、阿里旺旺等网络聊天软件找不到自己的情况下，用电话及时将需要的宝贝情况传达给自己。在网上交易的过程中，也需要知道买家电话，在写买家的收货地址和联系电话时，一定要索要买家的联系电话，这样不仅在发快递的时候方便快递公司联系，卖家也能利用电话与买家联系。有的买家平时并不上网，所以能及时联系买家的就是手机了，还可以在节假日发些问候的短信，让买家对自己的印象好上加好。

7.4　与买家的沟通技巧

卖家与买家的沟通要有技巧、艺术，好的沟通可以促进生意的成交。

7.4.1　不要随意打扰阿里旺旺上的客户

客户加入你的阿里旺旺后，如果大家有同时在线的习惯，这样方便大家沟通。认识前先了解一下客户的大致情况。比如，客户一般什么时候在线，如果在你的店铺停留的时间比较长，可先发份E-mail了解一下联系方式。不要一看到客户在线就去与他交流，这样会打扰到客户，引起客户反感。

7.4.2　客户服务的意义

1．塑造店铺形象

对于网上店铺而言，客户看到的都是商品的图片，无法了解店铺的实力，往往会产生距离感和怀疑感。这时通过客服在网上与买家的交流，让客户切实感受到商家的服务和态度。客服的一个笑脸或者一个亲切的问候，都会让客户感觉他不是在跟冷冰冰的电脑和网络打交道，而是在和一个善解人意的人在沟通。这样会帮助客户打消心里的戒备，从而在客户心目中树立店铺的形象。

2．提高成交率

现在很多客户都会在购买前针对不太清楚的内容询问商家，或者询问优惠措施等。客服在线能够随时回复客户的疑问，可以让客户及时了解详情，从而立即达成交易。有的时候，客户不一定对产品本身有什么疑问，仅仅是想确认一下商品是否如实等，这时在线的客服就可以打消客户的很多顾虑，促成交易。

同时，对一个犹豫不决的客户，一个有着专业知识和良好销售技巧的客服，可以帮助客户选择合适的商品，促成客户的购买行为，从而提高成交率。

有时候客户拍下商品，但是并不一定是着急要的，这时在线客服可以及时跟进，通过向买家询问汇款方式等督促买家及时付款。

3．客户回头率

当买家顺利完成一次交易，不仅了解了卖家的服务态度，也对卖家的商品、物流等有了切身的体会。当买家需要再次购买同样商品的时候，就会倾向于选择他所熟悉和了解的卖家，从而提高客户再次购买的几率。

4．更好的服务客户

如果把网店客服服务仅定位于和客户的网上交流，那么只能说这仅仅是服务客户的第一步。一个有着专业知识和良好沟通技巧的客服，可以给客户提供更多的购物建议，更完善地解答客户的疑问，更快速地对买家售后问题给予反馈，从而更好地服务于客户。

7.4.3　不同类型客户的沟通技巧

1．顾客对商品了解程度不同，沟通方式也有所不同

（1）对商品缺乏认识，不了解。这类顾客对商品知识缺乏，疑虑且依赖性强。对于这样的顾客，需要像朋友般地细心解答，从他的角度考虑给他推荐商品，并且告诉他你推荐这些商品的原因。对于这样的顾客，你的解释越详细，他会越信赖你。

（2）对商品有些了解，但是一知半解。这类顾客对商品了解一些，比较主观，易冲动，不太容易信赖。面对这样的顾客，这时需要控制好情绪，有耐心地回答他的问题，向他展示你丰富的专业知识，让他认识到自己的不足，从而增加对你的信赖。

（3）对商品非常了解。这类顾客知识面广，自信心强，问题往往都能问到点子上。面对这样的顾客，要表示出你对他专业知识的欣赏，表达出"好不容易遇到懂行的了"，用朋友的口气和他探讨专业知识，给他来自内行的推荐，告诉他"这个才是最好的，你一看就知道了"，让他感觉到自己被当成了最内行的朋友，而且你尊重他的知识，你给他的推荐肯定是最衷心的、最好的。

2．对价格要求不同的顾客

（1）有的顾客很大方，说一不二，你说不还价就不跟你讨价还价。对待这样的顾客要表达你的感谢，并且主动告诉他优惠措施，会赠送什么样的小礼物等，这样会让顾客感觉物超所值。

（2）有的顾客会试探性地问问能不能还价，对待这样的顾客既要坚定地告诉他不能还价，同时也要态度缓和地告诉他物有所值，并且谢谢他的理解和合作。

（3）有的顾客就是要讨价还价，不讲价就不高兴。对于这样的顾客，除了要坚定重申自己的原则外，还要有理有节地拒绝他的要求，不要被他各种威胁和祈求所动摇。适当的时候建议他再看看其他便宜的商品。

3．对商品要求不同的顾客

（1）有的顾客因为买过类似的商品，所以对购买的商品质量很清楚，这样

的顾客是很好打交道的。

（2）有的顾客将信将疑，对于这样的顾客，要耐心给他们解释，在肯定是实物拍摄的同时，也要提醒他难免会有色差等，让他有一定的思想准备，不要把商品想象得太过完美。

（3）还有的顾客非常挑剔，在沟通的时候就可以感觉到，他会反复问：有没有瑕疵？有没有色差？有问题怎么办？怎么找你们等。这个时候就要意识到这是一个要求很完美主义的顾客，除了要实事求是地介绍商品外，还需要真实地把一些可能存在的问题都告诉他，告诉他没有东西是十全十美的。如果顾客还坚持要完美的商品，就应该委婉地建议他选择实体店购买需要的商品。

7.4.4　应对不同性格的买家

随着行业的发展和营销理念的深入，市场也越来越成熟，现在的淘宝皇冠已经随处可见了，连金冠都不是什么新鲜事了，可见竞争是何其大。在网络销售买家看不到产品的先决条件下，客户服务显得特别重要。那么，如何来推进客户服务呢？客户分类是其关键环节，只有对客户实施有效合理的分类，才能进行个性化和差异化的营销服务，进而提高客户的满意度和忠诚度，增加网店的核心竞争力。下面主要研究买家的性格。把买家分为九大类型，根据每种类型的买家选择相应的方式。

第一种：理智型买家

🔵 **特点：** 原则性强、购买速度快、确认付款快。

这类买家一般受教育程度比较高，买东西有原则、有规律。他们通常是在生活中很负责任的人，所以自己买东西前也比较理智，大多数会认真研究要买的东西，逐一对比哪一种最适合自己，然后才选择购买。他们一般最关心产品本身的优缺点及自己是否需要。通常会本着对卖家负责的态度及时确认付款，会给好评，而且会在好评里简短描述，他们是大多数卖家最喜欢的类型。

🔵 **应对技巧：** 要打动买家的心，一定要给予买家想要的东西。

面对理智型的买家，客服一定要做理性诉求。因为这类买家在购买前多数心中已有了定论，需要的是卖家以自己的专业知识，分析产品的优劣帮他们确定购买。如果强行向他们推销宣传，容易引起这类买家的反感，而且如果无法以理性的态度处理，客户将会认为该卖家的专业知识不够，从而失去客户的信任。这类客户通常信守诺言，也要求卖家信守诺言，所以各位卖家一定要对症下药，因为理智型的买家也是最忠诚的买家。

第二种：贪婪型买家

特点：砍价狠、挑剔。

随着淘宝不断地发展壮大，这样的顾客已经不是个例。买家在购买时的语言和行为都能够表明他的性格或人品，淘宝网的文化是强调客户至上、维护良好的网络购物环境，在这样的前提下，卖家也需要擦亮双眼来保护自己。想赚贪婪型买家的钱不容易，首先他们永远抱着不相信你的初衷，购买时最关注的是价格，其次才是质量，而到评价时往往以各种理由挑剔，或者以差评、中评相威胁来获取赔偿。

应对技巧：对于这样的买家，如果店铺本身没有绝对自信的质量和服务优势，建议不要接下生意。因为时间和人力都是成本，这样的买家，贪婪往往没有止境，一味地满足他们的要求，店铺所耗费的精力要远远大于收益。如果一定要接受交易，也要注意保留旺旺记录、图片、发货记录等证据。

第三种：冲动型买家

特点：不看疗效看广告。

这种买家购物时完全被冲动战胜理智，经常买一些用不着的东西，广告及旁人的意见会影响他们的买卖决定。这种买家买东西时完全凭借着一种无计划的、瞬间产生的一种强烈的购买渴望，以直观感觉为主，新产品、新服务项目对他们吸引力较大。并且这种顾客一般对接触到的第一件合适的商品就想买下，而不愿做反复比较选择，因而很快做出购买决定。

应对技巧：商品要让买家有一看就想要的冲动。

由于此类买家在选购商品时，易受商品外观质量和广告宣传的影响，所以毫无疑问，做好商品的描述和店铺装修就成了重头戏。人的信息量80%来源于视觉，就算不是冲动型的买家也喜欢逛漂亮的店铺。

第四种：盲从型买家

特点：跟着别人买。

这类买家有一个鲜明的特点：他们不仅关心商品本身，还关心有多少别的买家买了这个商品，关心别人对这个商品是怎么看的。这类买家非常在意周围人对商品的评价，所以他们的购买行为常受他人意见的左右。比如在淘宝，以前带有"瑞丽"字样的衣服非常好卖；淘宝还提供了一个功能，可以看到别的买家在看某件商品的同时还看过什么商品，这些都是根据买家"从众"心理而研发的。

应对技巧：大家好才是真的好。

既然这类买家的购买决定易受外界刺激的影响，那么客服就要用积极的态度，给予买家强有力的正面暗示。而且，遇到这种顾客，不仅可以把商品的功能、外界的广告宣传尽量显示，而且也可以把商品销售以来别人的好评展示出来。另外，淘宝还有"超级买家秀"这个功能，很多有旺铺的店铺专门把"超级买家秀"作为一个页面展示出来，这都是在增强买家的信心，同时也能起到很好的口碑相传效果。

第五种：谨小慎微型买家

特点： 凡事必想"可靠吗？"

这类买家疑虑重重，生来行动谨慎，挑选商品时动作缓慢，左右比较拿不定主意，还可能因犹豫而中断购买，甚至购买后还疑心上当受骗。对这样的顾客，应该怎么办呢？

应对技巧： 我是你最诚实而热情的朋友。

如果在网下购物，销售人员首先需要观察客户的表情，有针对性地鼓励客户，给客户亲切的感觉。在淘宝网上，买家看不到卖家的笑脸，但是店铺的界面一定要做得友好，客服一定要让买家"感觉"到自己的笑脸，可以寻求相互之间的共同点，让买家把自己当成朋友，从而排除客户的疑虑心理，尽量让买家放松下来。然后再中肯地介绍自己的产品，注意不要过于夸大其词，否则会适得其反。另外，也可以通过一些有力的证据向买家证明自己的实力。比如有的卖家把自己的进货单和实体发货单都拍了照片发到网上等，这些方法都可以试一下。

第六种：习惯型买家

特点： 不问就买。

有些商品确实有独特性，会让买家形成思维定势不断地重复购买。什么是习惯型买家呢？比如购买点卡、充值卡等。有些网络游戏的玩家在淘宝买点卡的时候是习惯性的，他们在第一次选择后，往往出于方便，凭以往的习惯和经验购买，这种买家不容易受他人影响，而且一般很少和卖家沟通，交易的过程也十分迅速。尤其是淘宝网对点卡类产品支持自动发货功能，习惯型的买家购买过程中不需要等待，就更容易增加购买的几率。

应对技巧： 习惯型买家是每个卖家梦寐以求的交易对象。对于这类买家，卖家必须保持自己店铺产品的特性、品质及良好的服务，还需要经常了解客户购买和使用产品的情况。

第七种：感情型买家

特点： 他们是你最忠诚的客户。

这类买家对个人感情看得极重。从购买心理的角度分析，这类买家同卖家之间的交往以亲情、热情和共同喜爱为特征。

应对技巧： 每个买家都是我最好的朋友。

研究发现，感情型买家通常比深思熟虑的买家购买的更多，其流失率比较低。因此，打造符合店铺自身特色的品牌文化和情感氛围，也显得尤为重要。互联网使交往变得更加容易，却常常造成人与人之间直接接触的机会丧失。让买家认为你们彼此的关系已经超越了交易本身，是吸引感情型买家的关键点。掌柜们应该和这类顾客逐渐熟识，全身心投入谈话并且保持自己的个性，另外可以经常联络，或者在特殊日子送上小礼物，哪怕是一句真心的问候。

第八种：随意型买家

○ **特点**：老实人，好商量。

这类买家缺乏购买经验，或者平时购物没有主见，往往是随意购买或奉命购买。这类买家通常喜欢得到别人的指点，尤其是得到客服的帮助，也乐于听取客服的介绍和建议，因为他们对商品一般不过多挑剔，所以很少亲自去检验和查证商品的质量。

○ **应对技巧**：提出你的意见，帮他拿个主意。

淘宝网也发现了这类买家的特点，提供了"掌柜推荐"功能，旺铺模式的掌柜推荐页面，会出现在每个宝贝描述的下方或者在店铺最中间的推荐位上，买家浏览商品及店铺时第一眼就能看到这些被推荐的商品。同时，淘宝还提供了橱窗推荐功能，当买家选择搜索或者单击"我要买，根据类目搜索"时，橱窗推荐商品就会出现在页面中。橱窗推荐同商店外边摆的物品一样，更容易被大家看到。

如果买家已选择了你的店铺，但是却不知道自己到底要买什么产品而咨询客服，那么能不能留住客户的关键就在于能否提供中肯而有效的建议。这类买家通常自己拿不定主意，所以客服可以视情况帮他下决心，这样一来既可节省时间，又可增强对方的信心。

对待不同性格的买家，应采取不同的接待和应对方法，只有这样，才能博得买家的信赖。

7.5 成交第一笔生意

卖家经过铺货、申请店铺开始销售，即可耐心地等待买家来关注自己的商品，不要轻易放弃每个对自己商品感兴趣的买家，也许其中就会有成功的交易。

7.5.1 宝贝被拍中，与买家沟通

买家通过浏览或搜索的方式找到卖家的商品后，最常见的是使用阿里旺旺与卖家交流洽谈。

如果卖家长时间保持旺旺在线，就可以大大提高商品的销售量。买家通过阿里旺旺联系会自动弹出阿里旺旺聊天窗口，如下图所示。

7.5.2 支付宝查看买家付款

如果买家拍下自己的商品，就可以耐心地等待买家付款，直到买家付款后，自己的商品才算卖出去了。

登录我的淘宝，在"交易管理"下单击"已卖出的宝贝"超链接，可以看到"买家已付款"字样，如下图所示，即可确认买家已付款。

7.5.3 使用淘宝推荐的物流发货

买家付款后，所卖宝贝的交易状态会变成"买家已付款"，此时卖家便可以联系物流提供发货服务，具体操作步骤如下。

光盘同步文件

同步视频文件：\同步教学文件\第7章\7.5.3.mp4

第1步 在"已卖出的宝贝"页面，❶在要发货的商品后面单击"发货"按钮，如左下图所示。

第2步 进入发货页面，❷确认买家收货地址及物流取货信息，如右下图所示。

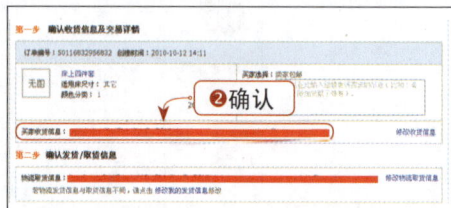

第3步 ❶确认取货时间和地点，使用网上下单服务，还可以预约物流公司工作人员，确定上门取件时间，如左下图所示。

第4步 选择相应的物流服务并输入运单号码，❷单击"确认"按钮，即可操作成功，如右下图所示。

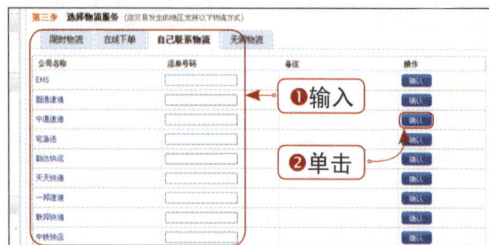

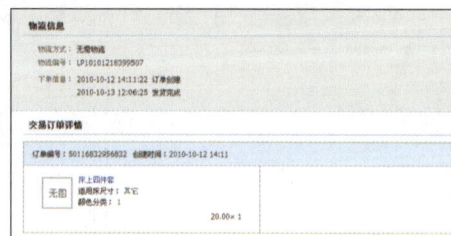

7.5.4 给买家评价

买家收到货后将货款支付给卖家，卖家应及时对买家做出评价。只要交易顺利，就不妨多将"好评"给买家，买卖双方互给好评，"好评"要日积月累，店铺才能越做越大。卖家要遵循"顾客就是上帝"的原则，细心周到地处理好每一笔交易。

第1步 ❶单击"已卖出的宝贝"超链接，在"已卖出的宝贝"页面，❷单击需要评价商品后面的"评价"超链接，如左下图所示。

第2步 进入"评价买家"页面，在"评价"选项组中根据实际情况选择相应的评价，❸然后单击"确认提交"按钮，如右下图所示。

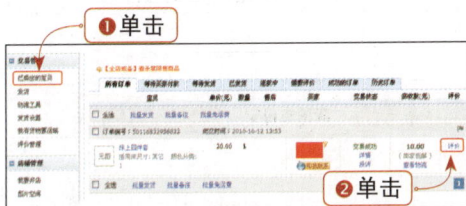

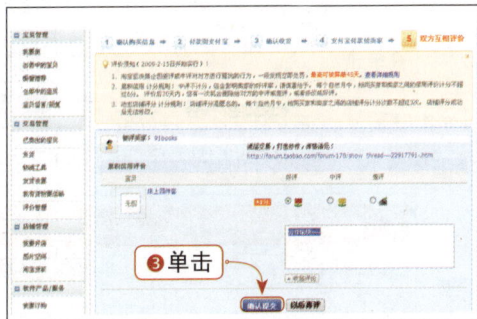

第3步 成功发表评论，如下图所示。

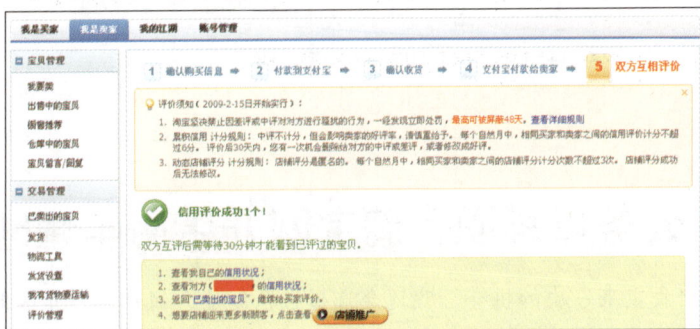

7.5.5　从支付宝中提取货款

从支付宝提现是指将支付宝账户中的款项提取到银行账户中，可以将退款到支付宝账户中的钱款和别人打款到你支付宝账户中的钱进行提现。该服务目前暂不收费，24小时都可以申请。从支付宝提现的具体操作步骤如下。

第1步 登录支付宝，❶单击"提现"超链接，进入"申请提现"页面，❷输入

"提现金额"和"支付密码"，❷单击"下一步"按钮，如左下图所示。

第2步 弹出"请确认您的提现银行信息"页面，❸单击"确定提现"按钮，如右下图所示。

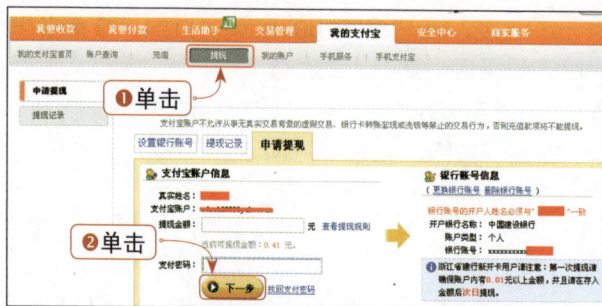

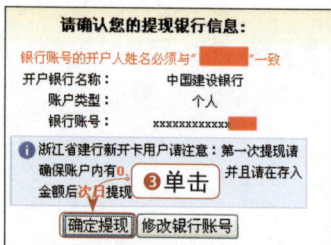

第3步 打开提现申请提交页面，如下图所示。

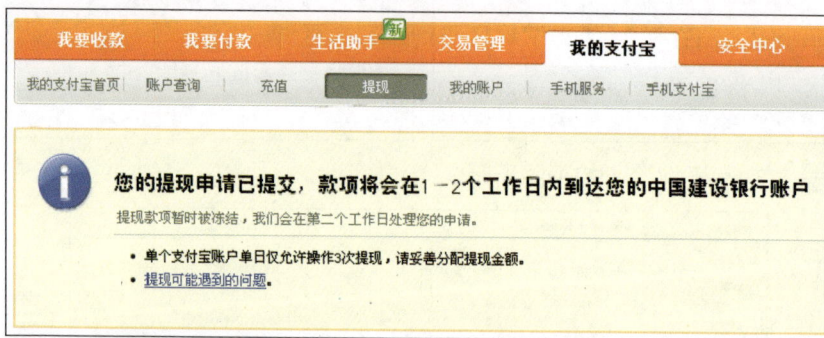

案例：公务员辞职，淘宝网开店两年赚50万元

"如果给我重来一次的机会，我还会选择自己创业。短短两三年的时间里，张亚已经从一名涉世未深的在读研究生，成长为一家注册公司的老板。回忆起自己这几年的创业经历，张亚感慨良多。

1 当上公务员却辞职读研

张亚原本有着令一般人羡慕的职业。2004年7月，张亚从工业大学毕业后，进入市组织部，成了一名公务员，还认识了同是公务员的女友秀丽，两人约定一起到高校深造。2006年底，张亚和女友秀丽参加了当年的研究生考试，并且双双考取了研究生。

然而，单位不能带薪读研。经过商量，张亚和秀丽决定一起辞职，用工作积攒下来的几万元存款交了学费，开始了半工半读的生活。

张亚回忆，靠着给中学生当家教、在外打零工，加上学校每人每个月的200元生活补助，两个人每个月的收入平均在1500元左右，日子过得紧巴巴的，于是张亚一直在寻找可以赚钱的机会。

2 经验不足，半年没有赚钱

"当时还是太冲动了，经营上欠缺实战经验。"张亚第一次创业是在研二。得知做化妆品生意比较赚钱后，他找了当时一个人气比较旺的化妆品品牌做代理销售。

2008年6月，张亚第一次向家里伸手，找父亲借了3万元，在商场租了间几平米的小门面，做起了化妆品零售生意。

没有想到，由于知名度不高，再加上对化妆品行业完全陌生，他经营的品牌在商场里面完全卖不动，第一个月就亏了1000多元。接下来的两个月，张亚成天忙着做宣传、向顾客推荐产品、学习化妆品的相关知识，虽然摆脱了亏损，但仍旧只能赚回本钱。半年下来，基本没有赢利。当年年底张亚和秀丽商量后，决定停止营业。

3 网上处理积货发现商机

停止经营实体店后，手里一批保质期有限的化妆用品怎么办？张亚打算在网上开店处理存货。2008年，他在淘宝网上注册了一家网店。

让人意外的是，由于商品价格比一般的网店都便宜，一时间，张亚手中积压的商品竟然被抢断了货，而且小赚了一笔。张亚感觉到巨大商机。

于是张亚用卖出存货的近1万元又进了40多种化妆品，近乎零利润的价格在网上销售，积累人气。不到两个月，张亚在淘宝上的网店信用度猛增，回头客也越来越多。第三个月开始，就有了微薄的利润。两年下来，竟然赚了50万元。

4 获得爱情和事业双丰收

张亚没有安于现状，他在自己租住的小单间里面放了一个二手货柜，做起了网店的实体店经营，由秀丽负责日常事务。这让淘宝网上的本地买家十分欣喜，上门光顾的顾客也越来越多。

2010年1月，张亚租下了一套三室一厅的写字楼做门店并聘请了两个营业员。同年5月，张亚注册了自己的公司，并有了自己的商标。

他们的网店在淘宝网上成了人气最旺的化妆品店之一。张亚告诉记者，他还准备发展连锁加盟经营模式。而他和秀丽7年的爱情长跑也迎来了收获，牵手进入婚姻殿堂。

读 书 笔 记

第8章

拍摄精美照片展现商品

本章导读

　　大家都知道网店的销售最重要的是商品通过图片形式来展现，买家首先看到的不是你的店，也不是你的商品说明，而是你的商品图片。好的商品图片，是吸引买家浏览和购买的最重要因素。所以，拍摄出漂亮真实的图片是网店销售重要的一个环节。只要掌握好拍摄技巧，完全可以拍摄出精美的、吸引人的图片。

知识要点

　　通过本章内容的学习，读者能够学习到拍摄商品图片的准备工作、在户外拍摄商品、在简易摄影棚中拍摄商品、拍摄实例等的方法。学完后需要掌握的相关技能如下。

- 拍摄商品图片的准备工作
- 在简易摄影棚中拍摄商品
- 在户外拍摄商品
- 拍摄实例

8.1 拍摄商品照片的准备工作

网店不同于实体店，因为在网店买家无法看到真实的商品，只能通过网店上的照片来看，为了增加商品的成交率，卖家就需要在图片的拍摄与处理上下一番工夫了。

8.1.1 选择合适的摄影器材

下面大致介绍数码相机的种类。数码相机的种类众多，大致可分为3种：普通数码相机、高档数码相机和专业数码相机。

1. 普通数码相机

普通数码相机的特点是价格低廉，这类相机适合于拍摄家人、朋友、宠物或旅行照片。这是数码相机中的主流产品，价格在1000~10000元之间，它们照的图片效果确实不错，而且生产这类相机的厂家众多，有足够的余地挑选。拍摄网店商品图片，使用普通的数码相机就足够了。

2. 专业数码相机

专业数码相机的售价高达数十万元，并且需要受过良好训练的专业人员以及一台SGI或非常高档的Mac图形工作站与之相配合。许多专业数码相机缺乏在内部存储图片的功能，必须通过数据线与计算机相连接。

3. 高档数码相机

高档数码相机的价格一般都在万元以上，生产高档数码相机的厂家相对较少，比较著名的品牌有Canon、Nikon等，通常Canon公司的数码相机是以Canon EOS的机身为基础，Nikon公司所生产的数码相机是以Nikon F4机身为基础。它们可以更换镜头，使用连闪闪光灯，如果配上多用途附件可以用在更多的场合。右图所示为高档数码相机尼康D90。

下面讲述数码相机选购时的一些注意事项。

★ 品牌。影响相机的成像效果除了像素、镜头等因素外，主要的因素还是厂家在成像质量方面的整体技术水平，像佳能、索尼、三星、尼康、柯达等厂家在相机整体成像技术上做得就比较专业。在选购时，不要选择那些刚推出的新品，而是要买那些在市场上推出比较长时间的机型，因为新的机型价格高，降价空间大，而成熟机型降价空间不大，买来后不会像新机型一样大幅度降价。

★ 像素。现在主流的数码相机都是上千万的像素。当然像素越高，照片质量会越好，但是拍摄网络图片800万像素相机就足够用了。现在市场上大部分的相机都在1000万像素以上，像佳能IXUS80、IXUS950，索尼的S730、W110、W120，三星的ES55等。下图所示为三星ES70，它拥有千万像素的成像能力，配备了3倍光学变焦镜头，以及数字图像稳定功能和2.7英寸LCD显示屏。

★ 购买时要在电脑里观看，在选购数码相机时，购买者一般都会随便拍几张照片，在数码相机的液晶屏上看过后觉得效果可以就算了。其实这种方法是不正确的，因为数码相机的液晶屏很小，效果好坏并不能看出来。正确的方法是拍出来后在电脑屏幕上确认一下，并注意看照片有没有色差。因此尽量到配备有电脑的经销处购买。

★ 数码相机镜头往往比像素和CCD更重要，尽量选择名牌的，如佳能、尼康、美能达等，变焦控制在3~4倍以内，有些定焦的效果可能更好，因为镜头变焦越大，镜头镜片数量就会更多，而数量多就会影响画质，更可怕的，造成更大的玄光、糟点、丢失暗补细节以及影响整个变焦范围的画质。

★ 外型。数码相机最好便携，大部分人喜欢卡片机，这个携带是非常方便的，而像有些个头较大的机子，就不是太受欢迎了。

★ 防抖。现在的主流机型都配备了光学防抖的功能，而不防抖的机型就不受欢迎了，不过，个人认为，不防抖的机型与防抖的也差不了多少，只要学会最基本的持机方式，都可以拍出清晰的照片，不防抖的相机价格要低不少，所以可以选择不防抖的机型。

当然购买的时候，也要注意商家是否提供正规经销商，是不是正品行货，是否全国联保等。这些是解除我们后顾之忧的保证。

8.1.2 用普通数码相机拍出好照片的技巧

虽然数码相机总是标明操作简单使用方便，但这并不表示它随随便便就能拍出好照片。其实不管是傻瓜相机、数码相机，都需要拍摄者动脑。好的照片不会凭空而降，所以多增加一些专业知识可以真正发挥先进设备的功能，从而拍出好的照片。

下面讲述使用普通的数码相机拍出好照片的一些技巧。

一般我们在拍摄商品照片的时候最好用M手动模式，把相机微距打开，这样商品的细节就可以很清楚地展现出来。左下图所示为使用M手动模式把相机微距打开拍摄的物品。

在拍摄的地方放一张白纸，将相机设置为手动白平衡，然后将镜头对准白纸，使白色充满相机屏幕中间的框，按下设置键，如右下图所示。（不同的相机有不同的设置键，在相机屏幕上有提示。）

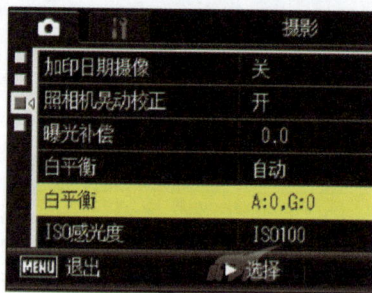

这时你会发现，相机中看到的白纸和刚刚看到的白纸颜色有了变化。这说明设置成功了。然后在刚刚放白纸的同一个地方，放上商品拍摄，白平衡就正确了。如果换一个地方拍摄，那么就需要重新设置手动白平衡。左下图所示为拍摄的商品效果。

很多照片拍不好是因为手在抖动相机。拍照时可用右手拿稳相机，左手轻扶相机底部。不过现在的相机越做越轻巧，而且有合乎人体工程学的设计，握好相机不算吃力，所以一定要拿稳。还有拍照时，不要让配件或手指遮住镜头及闪光灯。

注意正确的曝光，注意光线是否充足。若非要达成特殊效果，尽可能避免逆光拍照，应让光线照在拍摄物上，拍摄者要站在光线来的方向。应使用柔和光源，如阴天或阴影处。选择适当的光圈及快门速度，光圈的大小是以数字表示，数字越大光圈越小，数字越小光圈越大，光圈越大进入镜头的光线越多。光线不足处就要使用闪光灯，但应注意所使用闪光灯的有效距离，一般闪光灯有效范围只有3~4米。

相机的曝光补偿功能可以在相机拍摄时进行调节，补充光线不足或光线过于强烈时会引起曝光不足和过曝。右下图所示为使用曝光补偿功能拍摄的照片。

总的来说要拍出好的照片，首先在相机设置方面要正确，尽量使用手动模式，设置正确的白平衡和曝光补偿，在拍摄环境方面尽量使用单色背景，尽量找光线亮色干扰小的地方。

> **经验之谈——网上商品拍摄有什么要求呢？**
>
> 商品拍摄的总体要求是将商品的形、质、色等充分表现出来，而不夸张。
>
> （1）形：指的是商品的形态、造型特征以及画面的构图形式。
>
> （2）质：指的是商品的质地、质量、质感。商品拍摄对质的要求非常严格。体现质的影纹层次必须清晰、细腻、逼真。尤其是细微处，以及高光和阴影部分，对质的表现要求更为严格。
>
> （3）色：商品拍摄要注意色彩的统一。色与色之间应该是互相烘托，而不是对抗，是统一的整体。在色彩的处理上应力求简、精、纯，避免繁、杂、乱。

8.1.3　光线的运用

光是摄影的生命，没有光线就不可能存在摄影。摄影的艺术是光与影的艺术。大家都知道，风景中的景物和其他东西一样，有了光线的照射；才会产生明暗层次、线条和色调。

拍摄风光，主要是以太阳光作为光源。太阳光线是一种变化多端的东西，它照射在景物上，能产生各种不同的效果。它时强时弱，而且还会随着季节和气候的不同而变化，景物就因为它的不同变化而受到不同影响。因此，我们拍摄景物时，就先要了解每种光线的来源和光线的强弱给予的影响，从而很好地加以运用，才能充分表现景物的光线效果。风光照片拍摄得成功与否，与光线运用得是否得当有很大关系。因此，熟悉光线在景物上的一切变化，是拍摄风光照片的一个关键问题。

1. 正面光对景物的效果

用正面光拍摄景物，可使景物清朗而具有光亮、鲜明的特征。但正面光照射在景物上过于平正缺乏明暗之分，往往会使景物主体与背景的色调互相混淆，缺乏景物的立体效果。

2. 侧光对景物的效果

利用侧光拍摄景物，由于光线斜照景物，景物自然会产生阴影，显现明暗的线条，使景物有立体的感觉。景物有了立体感，立体背景的色调就不易互相混淆，但拍摄侧光景物，要注意阴暗部分色高的深浅，以阴暗部分确定光时间，但最好以中性灰为侧光基调，使景物阴暗部分的层次能够充分显示出来，使画面层次丰富。侧光是几种基本光线中最能表现层次、线条的光线，也是最适宜拍摄风光照片的采光。

3. 逆光对景物的效果

逆光照射景物，景物中被光线照射的部分，都会产生光亮的轮廓因而就能使物体与物体之间都有明显的光的界线，不会使主体与背景互相混合成一片深黑色的色调。

逆光是从景物背后照射来的，我们拍摄的对象必然是没有直接光线照射的阴暗部分，因而也就不容易表现出景物的明暗层次和线条。但是逆光照射在一切物体的背后，如果物体与物体之间距离不很远，就有互相反射光线的作用。拍摄逆光景物往往会因光亮的轮廓和镜头前面的光照影响拍摄者的视觉，容易造成曝光不足。因此，拍摄逆光景物必然以景物的阴暗部分或中性灰来确定曝光时间，才能充分显示出景物的层次。另外，逆光照射下的平地、水面以及一切仰面物体，自然会产生一片强烈的白色反光，为了避免这部分与其他物体色调反差过大，以运用柔和的光线拍摄较为适宜。

4. 高光对景物的效果

太阳升至在天空垂直地照射大地时，就是高光。高光是一天中阳光最强烈的时候，因此，光线强烈，阴影必深。同时高光又是从高空垂直照射下来的光线，除了能表现由上到下的阴暗层次外，并不能表现出物体的质感，这种光线不是拍摄风光的理想光源，非必要时拍摄的景物，应尽量避免采用。

5．散射光、低光、反光对景的效果

除了以上介绍的正面光、侧光、逆光和高光4种基本光线类型之处，有时也要在散射光下拍摄景物。散射光就没有直接阳光照射，在这种光线下拍摄，被摄的一切物体必须没有明暗的线条界线，不能产生阴影。因此，我们也就不利用光线来变化景物主体及背景调的深浅。散射光下拍摄景物只能显示出平淡的物体影像和阴沉的气氛，不能在景物上产生明暗的层次和线条的美。因此，有时需要拍摄景物而遇到散射光的天气，那就只有尽可能缩小景物范围而采取较近距离的中景或局部场面，才可获得稍为清晰的效果。场面越大，灰暗的气氛越浓；场面越小，灰暗的色调越小。

太阳刚出或将落的时候，是一天中最柔和的低光光线，由于光线从低角度直接照射景物，也可在不同的方面而获得正面光、侧光或逆光等光线的效果。因此，利用低光拍摄风光照片，不但能获得极其柔和的效果，而且富于变化。但低光属于光谱中的红色成分，表现出来的颜色呈黄、橙色，对景物原有色调会有一定影响。因此利用低光拍摄景物，首先要注意光线对景物色调的影响，然后决定是否适合运用滤色镜拍摄，使有色的低光光线不至于影响景物原有色调。

反射光是间接的光线，比直接的低光更柔和，但它只能对景物中物体的阴暗部分起反射作用，因为反射范围是有限度的，所以它除去能辅助物体本身阴暗部分的表现外起不了很大作用。

光线对景物的层次、线条、色调和气氛都有着直接的影响，景物在照片中能否表现得好，全赖于运用光线。因此，我们必须了解每一种光线对景物的作用，才能获得理想的效果。只有经常地观察各种光线在景物中的自然变化和影响，才有助于我们对光线效果的认识。

8.1.4　使用模特与道具

为了实现营销目标，使用模特和道具拍摄的商品，更能吸引顾客、激发顾客的购买欲望，从而达到销售的目的。模特对于品牌服装就更显得重要，一个精美的模特实拍，可以在短短几秒钟内吸引买家。

利用模特摄影时，首先要计划好到底要拍摄什么效果的照片。如果事先不做任何计划，只按照临时的想法单纯依靠模特，不但会拖延摄影时间，而且也无法达到满意的效果。而模特的使用时间越长，费用也越高，会增加经济负担。

拍摄服饰类商品的方法有很多种，其中，利用模特实际穿上衣服的方法最自然，因为衣服是用来穿的。模特摄影大致可以分为室内摄影和室外摄影两种。二

者最大的区别就是照明，也就是使用自然光和人工光的区别。

拍摄时要拍全身，背景要多一些，这是为后面的照片处理打基础，这也是单反的一个优势所在，像素够，图片大且清楚。拍摄时，摄影师要蹲下来，拍摄者是在离模特5米远的地方由下仰望着模特。这样的好处就是：照片上模特的腿就会显得较长，增加图片的美观度。

8.2 在户外拍摄商品

商品拍摄离不开光线照明，在众多人类可以利用的光源之中，户外的太阳光是免费又好用的自然资源。一般来说，经营服装店的卖家为了能从众多搜索图片当中脱颖而出，需要使用真人在室外拍摄展示自己的商品。

8.2.1 寻找适合的光线

不同方向的光线、不同长度的阴影、不同的色彩感觉会带来不同的效果。要选择最合适气候下的最合适的时间去进行拍摄。

在一天当中，自然光线的品质和方向都会发生变化，在不同的天气状况下，这种变化就更加明显。通常的情况下，太阳的光线在清晨和傍晚的时候，因为较暖的色调和较长的阴影而更能给人愉悦的视觉感受，甚至在阴天的情况下，不同的云层和太阳的状况也会给画面提供不同的效果。有的时候，阴天的散射光线仍然可以非常刺目，而平常柔和的光线会为底片提供丰富的色彩和相当不错的饱和度。

如果在海滩上拍摄模特，你很有可能会去选择阳光明媚的日子而不去选择龙卷风的天气。选择合适的天气和一天中合适的时间进行拍摄，有助于增强画面语言的生动性。设想一下，模特躺在海浪冲刷的岸边，暖洋洋的阳光笼罩着整个海滩，下午晚些时候的海水是深蓝色的，暖白色的沙滩被海浪冲出了漂亮的波纹，模特拖着长长的影子，低角度的太阳为模特勾出了金黄色的轮廓。

> **经验之谈——在户外拍摄商品时，选择光线时的注意事项**
>
> 人物摄影选择合适的背景，尽量不要选择茂密的树下，否则人的身上、脸上容易产生阴影。
>
> 尽量选择简洁的画面构成，避免景物过多，过杂，干扰主体的表现。

强烈光线下，尽量不要穿反光过强的服装，否则容易造成反光，不利于人物和服饰的表现。

户外顶光时，人物摄影尽量避免站在水泥地上，因为这时地面会形成较强的反射光，这种光线其实就是所谓的"脚光"，容易将人物置于恐怖氛围之中。

明亮的阳光下注意补光的运用。因为这时光线强，景物的反差就会很大，为了减少反差常常需要补光，但是切记要把握好分寸，让光线在被摄体上过渡自然。

一般情况下上午9～11点，下午3～5点，是比较适合的拍照时间。避免中午阳光直射，在头顶和脸上形成不均匀的光斑。光线不足的情况下，很多普通的相机拍不出好看的图片，所以大家尽量选择下午5点前的光线来拍照。

不少摄影爱好者在户外拍照喜欢使用自动曝光档，殊不知这种自动曝光档只能处理一些普通的情况，而遇到阴阳面各半或逆光等情况便会变"傻"，所以还得见机行事，根据具体情况进行适当的曝光调整。

8.2.2 拍摄场景布置

常用的道具有太阳镜、太阳帽、纱巾、毛公仔、花、手机、椅子和沙发，当然，石头、树枝、汽车、摩托车、自行车甚至灯杆也可以利用。场景的选择方面，类似有柳树、草坪、花丛、走廊、墙壁以及柱子的场景也容易得到好照片。道具和场景的配合，应根据商品来处理，选择更能发挥出模特最美一面的道具进行组合。

一般说来，经营服装网店的卖家为了能从众多搜索图片当中脱颖而出，使用真人展示自己的商品是最好的选择。那么真人服装模特拍摄过程中对于拍摄地点究竟有什么要求呢？

1. 公园拍摄

寻找一些可以免费进入的公园，毕竟现在稍微有些名气的公园景点，票价都不低。而且公园通常面积都比较大，最好是能开车前往，既解决了模特换衣服的困扰，也不必担心东西太多，拿不了。公园随处设立的长凳可以成为理想的拍摄场地。

2. 在商场、大型超市拍摄

可以拍摄一些具有都市气息的模特逛街照片。而且在商场里面拍摄的照片比较贴近生活，可以给顾客十足的亲近感，利于商品的销售。但是在拍摄的时候要注意画面的干净简洁，尽量不要将不相关的拍摄进去，在这类场景中拍摄很容易犯这样的错误。最后要注意的是，在这类场景中拍摄，因为周围的照明光线比较复杂，有时候因为色温的缘故使商品颜色出现色差，所以尽量不要选择在过于偏黄的光线下面拍摄。

3. 河边拍摄

河边也是好的拍摄地点，阳光可以给您特殊的颜色和场景。黄昏，夕阳西下，阳光能将景物变得金黄，这些都是好的照片需要的因素。

4. 树林下拍摄

寻找一些树林，在秋天的时候拍摄，可以很好地烘托出秋冬的气氛。色调方面也比较好搭配，不太容易出现不协调的色彩。

5. 在花草中拍摄

在公园里，花草植物会比较多，所以在具体选择地点的时候要考虑到服装鞋帽以及配饰的颜色是否和背景花草相配。其次，让模特与背景之间保持一定的距离，将背景虚化也是不错的选择。拍摄前需开启微距拍摄功能，并尽量拉近与拍摄者之间的距离，留意相机和手是否挡住了自然光线，它会影响被拍摄物体的亮度。

6. 在大学里拍摄

首先可以尝试在照片背景里面加入一些学生的活动场面，很容易体现出一些具备校园风的服装鞋帽的特色。其次大学里的一些大型建筑（如图书馆、主教学楼）也是不错的场景，使用镜头广角端拍摄，将大型建筑的线条和模特一并清楚地拍摄下来，也十分具有视觉冲击力。最后大学里面的运动球场通常都比较空旷，也是很好的拍摄场景。

7. 在酒吧街拍摄

一般酒吧街装修都比较有格调，在酒吧街上可以拍出异国风，但要注意背景不要过于杂乱，尽量选择比较单一的背景（如窗台、大门、太阳伞下）。如果有相熟的酒吧，进入里面拍摄也是不错的选择，无形当中增加了许多时尚元素。一般下午前去，店里不会有很多客人，既不会影响店家，也可以获得不错的拍摄环境，但是要注意室内的光线，可以考虑在窗口附近拍摄或者使用闪光灯补光。

8.3 在简易摄影棚中拍摄商品

要想准确地拍出商品的颜色和细节，不仅要重视曝光值，而且要重视照明的作用，假设我们要把带有红色的灯光打在白色的商品上进行拍摄。由于人类的视觉具有顺应性，即使在上述照明条件下，人眼在一段时间过后也能准确分辨出白颜色。然而，数码相机却并不具备这一特性。因此，数码相机无法在上述照明条件下准确拍出白色商品的原有颜色。当然，相机可以通过调节白平衡功能来解决，但是很多时候人们无法利用该功能达到完美拍摄效果。那么，采用怎样的照明方式才能拍出最为准确的颜色呢？组建一个摄影棚是非常有必要的，如果拍摄的商品对颜色要求很高，那就一定要使用摄影棚。

摄影棚是在室内拍摄商品最主要的场所。摄影棚无非是灯光、布景、照相机加上与镜头相适应的景深空间，房间最好有一定宽度和深度，现在的数码相机配合镜头可以在很狭小的空间拍摄到高质量的照片，需要的大小完全可以根据拍摄的商品来决定。

在拍摄商品器材店中，亮棚的售价不高，如果商品不是很大可以买一个现成的简易棚。左下图所示为淘宝上卖的简易摄影棚。

但是专业的摄影棚需要较大的空间和较专业的摄影灯光，对于一般的卖家来说无非是一笔高昂的支出。对于一切都紧巴巴的新开店的人来说，无疑又是一笔不小的支出。毕竟新开的店，还没有赚到几个钱。自己能做一个，肯定是最好。如下图示所其主要是由一个白纸粘贴在内部的大箱子，节能灯管两个，插头及灯座。

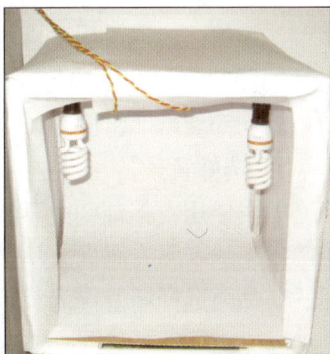

8.4 拍摄实例

在网店，商品的图片是灵魂，一张好的图片胜过千言万语。如果你的图片让人看了不能产生购买的欲望，就意味着失去了很多顾客。可见在网络交易中，商品图片的质量对成交的成败起了多么关键的作用。前面讲述了商品拍摄的基本知识，下面就分类讲述各种类型的商品拍摄实例。

8.4.1 服装商品拍摄实战

服饰类商品最吸引人注意的肯定是图片，买衣服的买家第一眼看的肯定是商品的图片，不会是面料，尺码等，因此吸引人注意的图片非常重要。下面讲述服装商品的拍摄实战。

1．拍摄前要整理熨烫好

整理衣服时先了解下本次拍摄中的所有衣服质地和颜色，把它们区分开来，这样有助于后面的拍摄，省去重新调整和变换拍摄方式。可以按照深色和浅色，粗棉、细棉、毛、丝和混纺几个类别来分类。

刚进货的衣服由于折叠会比较皱，可以先用熨斗把它烫平整再拍摄，图片的效果会更好。使用普通的家用熨斗就行，当然如果有专业的熨斗更好，如右图所示。

2．商品摆放好

拍摄服装图片时，有的卖家可能觉得有一点不整齐没人会看出来，问题不会太大，或者可以通过后期修复来处理。其实这么做往往得不偿失，因为这样拍摄出来的照片需要花不少时间进行后期处理。摆放好商品是很简单的事，摆放好了，后期处理就非常简单了。商品摆放要一步到位，如左下图所示。

3．选好背景

如果使用衣架辅助或平铺拍摄，则最好选择墙壁或木质的地板为背景，这样拍摄出来的衣服在画面上不会显得呆板，同时可以让衣服显得更时尚。右下图所示的商品为选择墙壁作为背景。

4．搭配饰物

如果是单件服装很难拍出动感的一面。可以借助包包、项链等，给服装来个漂亮的搭配。如果你搭配得足够漂亮足够打动买家，那么你一套服饰的销售就不会有困难了。不同的服装要有不同的配饰来搭配。右图所示的服装图片，店主在摆放衣服时选择了不同的配饰，如小礼帽、鞋、小配件等。

5．细节图不可忽略

实物拍照时，最好配有细节拍照，细节拍照很重要，不是每个卖家都敢给细节拍照的。看到有细节拍照的卖家，买家首先可以放心了。包包、服饰类商品都需要进行细节拍摄，以体现服饰的材质和做工。一般来说，只需要拍摄出买家最关心的几个部位就可以了，如衣领、衣袖、扣子、拉链、包口等部位。右图所示为包的细节图。

6．模特实拍

商品最好采用模特拍摄，这样才能完全展现出商品的立体造型，从而激起买家的购买欲，毕竟放在地上的衣服和穿在身上的衣服给人的感觉是完全不同的。有条件的卖家可以请个专职的模特，这样拍出来的图片效果会比假人模特和平铺拍摄好许多，甚至可以请个模特拍一段视频，视频能比图片更好地展示服饰的各个细节。当然，如果经济条件不允许，可以采用假人模特的方法。

7．学习经验

复制和模仿可不是剽窃，初学者要多借鉴别的店铺的经验，多向开店拍摄的高人取经，看看他们拍的精美图片，学习和模仿他们的搭配原则和方法，从中领悟和创造出更好的造型和图片。

8.4.2 数码商品拍摄实战

数码产品带给我们全新的视听体验，让我们享受到前所未有的便利，五花八门的产品多得数不清，由于网络销售的价格优势，有很大一部分买家都习惯在实体店中查看喜欢的数码产品后，再到网上购买。虽然买家们已经看过实物，作为卖家，提供全面真实详细的产品实物照片是必不可少的。下面着重介绍其中几种数码产品的拍摄技巧，如MP3、数码相机、笔记本电脑等。

1．MP3

MP3非常小巧，可以随身携带，让我们把音乐带在身边。MP3不仅体积很小，而且设计感十足，大部分产品面向的是时尚一族。当然每款产品的定位也有所不同，拍摄的图片主要表现出MP3的形体和颜色，以及它的设计感。在拍摄前要找出该产品的特点，确定好角度，再进行拍摄。

由于MP3采用的材质大部分比较光滑，反光又很强，所以在拍摄的时候，要注意其表面的反光，由于其体积较小，用光的时候比较难控制。建议在拍摄时使用柔光，这样产品表面看起来会比较细腻、柔润。右图所示为拍摄的MP3。

控制好产品上的反光大小，有利于表现其质感，比如在屏幕上出现一道利索的反光，对表现屏幕的质感是很有帮助的，这也是当前数码产品广告里常用的手法。制造这种反光，可以借助白纸来实现。调整白纸的位置，就可以改变反光在产品上的位置。在拍摄时要注意如下事项。

（1）清洁产品。由于数码产品反光较强，在拍摄前一定要注意清洁，否则在后期修片的时候非常麻烦，并且最好能带手套操作。

（2）将产品放到静物台上，找适合的拍摄角度，确定机位。

（3）开始布光。布光的时候建议使用柔光，光线太硬的话，产品会显得生硬，而且硬光还会在产品上产生高光点。摄影者可以从不同角度拍摄产品，展示产品的不同方面。

2．数码相机

数码相机的大体形状是一个立方体，立方体通常由6个面组成。在拍摄的时候，要分析哪个面是数码相机的独特之处，哪个面是这款相机的特色，哪个面是要着力表现的。我们做分析的主要原因还是想更有针对性地拍摄出表现产品最大特征的照片，将其用做主画面，它传递给受众的信息价值会更高一些。当然，也可以每个面都去拍摄，这种照片可以极好地辅助说明相机的各种规格，让受众对产品有一个比较全面的了解。

我们已经知道，数码相机一般有多个面，在拍照片的时候，要多拍几个面，面数越多，拍摄出来的画面越有立体感，这是毋庸置疑的，同时展现的面数越多，越能描述相机的真实外观。下图所示为拍摄的数码相机的各个面。

拍摄数码相机这类产品，应该把握住产品的几个基本要点。

（1）镜头表现。尝试使用不同的附件，镜头上产生的光晕也有所不同。

（2）产品立体感的表现。立体感的表现，就要求将相机不同的面用不同的亮度区分开来。

（3）如果可以，对相机的按钮和图标进行具体地讲解，免去买家看说明的麻烦。

（4）LCD屏是相机的关键，展示其尺寸是细节图必不可少的。

3. 笔记本电脑

笔记本电脑的结构虽然简单，就好似放大的翻盖手机一样，但是拍摄起来并不容易。首先笔记本电脑的体积都较大，这就加大了灯光处理的难度。如果灯光照射不均匀，那么拍摄出的照片效果一定不理想。

拍摄整机时，可以用常规角度来拍摄，而拍摄键盘时，我们可以加大倾斜角度来拍摄，这样效果会更好。下图所示为拍摄的笔记本电脑。

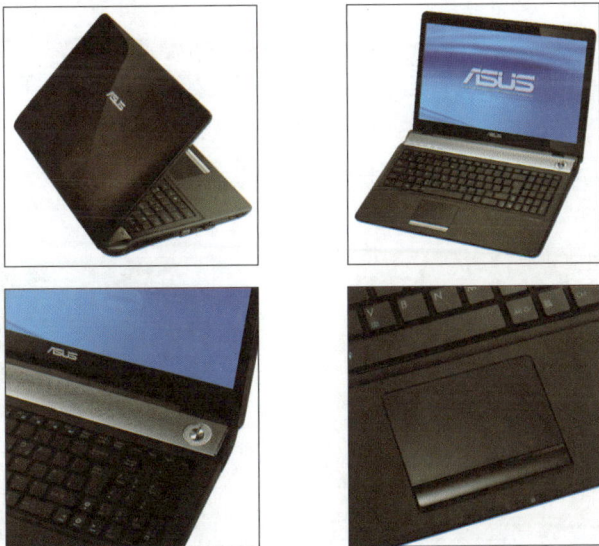

下面总结几点笔记本电脑的拍摄要点。

（1）清洁笔记本电脑。笔记本电脑有一块很大的屏幕，很容易沾上指纹，操作的时候一定要戴手套。

（2）寻找拍摄角度。找到自己想要突出表现的面，确定相机的位置。

（3）无论是笔记本电脑本身的摆放角度，还是我们的拍摄角度，都可以加大倾斜度来拍摄。

（4）虽然笔记本电脑不同于相机，没有那么多的面需要拍摄，但是各个地方的插孔都是需要我们展示的。所以我们需要用最少数量的照片来全面展现笔记本电脑上的各个接口、插槽等。

（5）拍摄笔记本的整体外观及光滑的表面，要注意灯光的控制。

（6）键盘的细节拍摄很重要，掌握好照明，拍摄到位，让买家通过画面"体会"到舒适的手感。

8.4.3 饰品商品拍摄实战

女人一般经不起饰品的诱惑，在网上浏览各式各样的饰品，心理上会有很大的满足感，很容易就被漂亮的图片所吸引。当然饰品的拍摄是有很多技巧的，不然，摆在眼前平平的饰品，怎么成了图片就立马变的光彩照人了呢。

拍摄手表和首饰通常有两种常用手法。

1. 将首饰单独构图

这也是卖家主要使用的手法。采用首饰单独构成画面的拍摄手法时，首先要将宝贝摆放好。由于首饰的种类和质地比较复杂，因此很难有特定的布光规则。

在左下图所示的宝贝图片中，使用的是背景布，两个台灯分别从前方和上方打光，普通数码相机可以使用自动白平衡功能。如果有手动白平衡的调节功能，可以逐一实验，选择效果最好的一张，确定该使用哪种白平衡设置。

把宝贝直接放在背景布上，拍摄出来的图片在视觉上很单一，没有衬托物，太单调了。下面把宝贝放在叶子上，图片的层次感就出来了，如右下图所示。

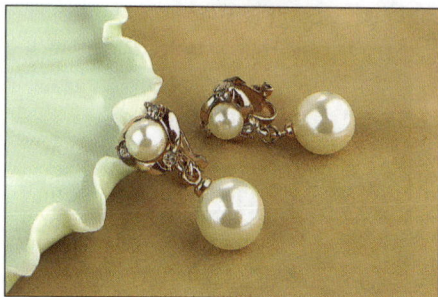

2. 采用模特佩戴首饰

以模特作为陪衬来突出首饰，如右图所示。如果用模特拍摄，模特的身体部位一定要美，否则很难与首饰相映成趣。用这种手法拍摄时，一般在构图上采用特写，在用光上控制光照范围，将手表和首饰区域稍微照亮，而首饰以外的区域稍暗，以形成首饰与模特间的明暗对比，尽可能地突出手表和首饰。

在拍摄饰品时注意如下事项。

（1）别用反光背景。如果背景是光面的，光线照射到背景面后，反射出来的光会形成白色的晕，会让首饰局部曝光过度，失去质感。

（2）如果没有摄影灯，尽量采用太阳光。如果在家用电灯、日光管等光源下拍摄首饰，白平衡很难调整，而大多数用的是普通的傻瓜数码相机，也没有购置专业的摄影装置。一般来说，用台灯等作为光源，拍出来的照片大多偏暖色调，有一层薄薄的橙红色，很多光管的光则会使照片蒙上一层薄薄的淡蓝。

（3）尽量准确曝光，减少用Photoshop修饰图片的必要，最大限度呈现饰品的真实性。如果完完全全对着饰品确定曝光，因为饰品有金属光泽，深色背景可能曝光过度，使画面过于光亮，失去细节；如果是淡色背景，相对会显得很黯淡，整体效果也会偏黑。在饰品和背景之间要选取一个最佳平衡点。

（4）珠宝类首饰表面光泽性都很好，具有很好的反光性，因此拍摄时四周用吸光性比较好的物品；不要堆放一些杂物，避免被反射进去，这样宝贝看起来有黑点，影响美观。用单一颜色物品衬托，照片拍出来就更纯、更透。多选几个角度拍摄，尽量减少反射和阴影，当然要做到完全没有是很难的，但可以把影响降到最低。自己慢慢尝试，自然能悟出其中奥妙。

（5）一般来说，金银首饰使用柔光照明，对于多面的水晶、宝石，则用直射光布光。布光的时候，一定要注意首饰的质感能否得到很好地体现，首饰的每个面、每条棱线是否达到理想的明亮度等。若不理想，一定要努力，细心地调整到完美。把宝贝真实的一面更好地展示出来，让顾客看了就有想买的欲望。

8.4.4 化妆品拍摄实战

对于拍摄护肤品来说，要把色彩绚丽的瓶瓶罐罐拍得美不胜收，拍摄的角度是很重要的。护肤品的包装一般都很精美，无论从材质，还是颜色来看，都很精致，要把它们表现得尽善尽美，要考虑的应该是灯光和拍摄角度的问题。灯光的运用相当重要，根据拍摄体的性质——反光与否、形状、材质来决定灯光的柔和度。

可以根据产品的颜色来选择背景的颜色，使画面的色彩更加丰富。选择一些漂亮的配景也可以提升产品的格调，使画面富有情趣。可以买一些比较流行的时尚杂志，在里面选择合适的背景，如左下图所示。

护肤品的合理摆放，也是拍摄中的关键。如何体现出层次关系、画面平衡与色彩搭配，直接影响到照片的可看性，这其实是对自身构图水平的一个练习。对于一些造型特殊的护肤品来说，要尽量从能体现它们自身特点的角度进行拍摄。宝贝要搭配不同的配饰，并多角度拍，这样才能搭配出不同的风格、不同的效果，最后再选择好的照片贴出来。右下图所示为多角度拍摄。

拍照时可选择单件商品进行拍摄，也可选择多件商品一起拍，一起拍的商品最好是同品牌的、同一种风格的。左下图所示为多件商品一起拍摄。

要想把香水拍好，并非是一件容易的事。因为香水大部分是透明的，这种材质最大的特点是它能"透过"光线，稍有疏忽，就会曝光过度，所以拍摄时尽可能在展现其通透性上下工夫。一般采用偏后侧的逆光照明为主，拍摄的重点是表现香水瓶晶莹剔透的质感。右下图所示为拍摄的香水。

我们在拍摄香水瓶时一般都使用黑色背景纸或白色背景纸。黑色背景下拍摄的香水给人一种神秘、诱惑的感觉，白色给人一种干净、清新的感觉。可以根据不同的感觉来使用不同的背景以及配景。

拍摄口红的时候，要注意使用遮光板，因为口红的外包装基本都是金属材质，所以很容易产生反光，我们一般都使用柔光箱来进行拍摄。一般都是在静物台上进行拍摄，也可以将口红放在桌子上用白纸作衬拍摄，白底可以使画面非常干净、雅致。

卖家在拍摄口红这类化妆品时，一定要在摆放上多下工夫。摆放方法该如何呢？拍摄口红时，若是将口红立直拍成一排，画面会显得非常单调、乏味，摄影者可以以灵活的方式将其重新摆放。比如，一支放高，一支横放在平面上，形成一个错落有致的画面；还可以搭配花朵或其他的配景进行拍摄；也可以利用口红的外包装，将其作为配景，使画面更加丰富。右图所示为拍摄的口红。

案例：网店催生"摄手"职业，拍照1天可赚5000元

1 网店催生"摄手"

商品有靓照更能揽人气，"网店摄影师"应运而生，干这个活"钱途"无限，有人一天拍照200张赚进5000元。

小陈在义乌著名的"淘宝村"做围巾生意，冬天正是围巾的销售旺季。这段时间，小陈每周都要进货，自己忙不过来只好请摄影师拍照。

小陈和义乌一家专业淘宝摄影店有合作，小陈说："我每次都把样品拿过去，上次摄影师拍了4个小时左右，总共拍了140多张照片，花了2500元，还算给我们优惠了。"

浙中小商品市场的繁荣给电子商务提供了肥沃的土壤。每家网店都绞尽脑汁希望能吸引人气，卖家对好照片的需求，催生了"网店摄影师"这种新职业。

婚纱摄影师、摄影爱好者、摄影专业的学生，甚至半路出家的网店老板纷纷摇身一变成为"摄手"，网络摄影风生水起。

2 网店老板学摄影，销量多八成

小宇的经历很具有代表性，她本来只是一个网购狂，习惯网购后自己开了一家网店，为了网店生意红火，她又拿起了照相机。

2006年4月，小宇在淘宝网上开店卖衣服。一开始网店生意平平，小宇琢磨，生意红火的网店都有出挑的照片，产品有模特展示，照片背景不是美景就是情调小店。而她只用普通数码相机拍衣服，照片不够吸引买家。

为此，她专门花了1万多元买了单反相机，报班学摄影和图片后期处理，还和表妹相互当模特。小宇的拍照技术渐长，好照片也让她的网店点击率蹭蹭往上跳，每个月的销量比以前多了80%。

为了防止自己辛辛苦苦拍的照片被盗用。小宇借鉴其他网店的做法，在照片上打上自己店名和英文名的水印，让买家认准自家的东西。"我是赚了钱也赚了手艺。"小宇笑着说，做业余摄影师的感觉很不错。

3 婚纱摄影师转型，专拍网店新品

很多淘宝店家没有时间和精力去给产品拍照，就委托给专业的摄影师。

小谢玩摄影已经有8年了。2005年，小谢在金华开了一家摄影工作室，主拍婚纱和写真。2008年初，义乌一家卖包的网店找到小谢，希望他能为包包拍照。既要一两张模特展示的照片，也要有几张包包的细节照，每套照片报酬50元左右。

这是小谢接的第一个网店订单。这家店专售个性包包，半年多就上了六七次新货，每次新货都有20~30个包。每个包拍一套照片，半年时间，小谢就赚了七八千元。

三十而立的小谢现在很重视网店摄影这个新兴市场。两年来，他已和多家大型网店达成合作，拍摄的产品类型多样，有服装、包、饰品等。

只要这些网店上新货，他就有的忙了，从拍摄到修照片到排版，他一个人全包了，"卖家只要直接把照片上传到网页上就行了"。

很多商户慕名而来，2011年6月，小谢开了一个工作室专门从事淘宝产品摄影，还添置了4万元左右的摄影灯、电影灯、产品台等摄影器材。

4 和普通摄影有何区别？

网店摄影是一种产品摄影，除了美感以外，还需要生活化、真实化、自然化，让人看着舒服、清晰、有新意。举例来说：秋冬季节来了，为一家皮衣网店拍照片，一共有70个款式的皮衣，每套都需拍15张左右的照片。

（1）找模特——这批皮衣很高端，售价每件千元，为了拍出质感，特地找了一个1.8米的高个女孩做模特，还请了专业造型师。

（2）街拍——为了显示衣服的档次，到商场门口取景，以大气前卫的建筑为背景，突出大牌皮衣的时尚感。

（3）注重细节——除了要拍出皮衣的整体效果，买家也很关注皮衣的细节。还要拍摄衣服的Logo、成分标签、防伪标码等细节，甚至一颗扣子都要拍出质感，一张好照片就是最好的产品广告。

网店摄影师能赚多少钱？照片要求不太高的2~3元/张，中间价位15~30元/张。图片质量要求高的要50~60元/张，最高的200元/张。

如果外拍的话，拍摄6小时起步价就3000元，老杨最多一天拍了200张照片，赚了整整5000元。在一般单位，这是一个月工资。

第9章

让你的宝贝照片夺人眼球

本章导读

　　不管是淘宝开店还是其他的网上商店都少不了要拍商品图片，一幅好的图片胜过千言万语，有经验的卖家都会正视商品图片在网络销售中的重要性。现在同一行业店铺越来越多，竞争越来越激烈。卖家若要突破重重困境开店，就必须有自己独特的方法，其中店铺宝贝照片的处理是重中之重，宝贝好，还要照好，更要处理好，这样才能给顾客留下较好的印象，你的宝贝受青睐程度才会提高。

知识要点

　　通过本章内容的学习，读者能够学习到简单的照片处理、调整照片效果、为照片添加水印和边框、抠取图像等的方法。学完后需要掌握的相关技能如下。

- ♛ 简单的照片处理
- ♛ 调整照片效果
- ♛ 为照片添加水印和边框
- ♛ 抠取图像

9.1 简单的照片处理

网上商店精美的商品图片使人产生愉悦的快感，增加产品销售的成交率。很多卖家拍完自己的商品照片后，不知道如何进行必要的美化和处理。下面通过实例手把手教你使用Photoshop做出赚钱的好照片。

9.1.1 调整拍歪的照片

在拍摄照片的过程中，难免会出现一些拍歪的照片，下面讲述调整拍歪的照片的具体操作步骤。

第1步 启动Photoshop，选择"文件"|"打开"命令，打开"茶壶.jpg"图像文件，如左下图所示。

第2步 按Ctrl+A组合键，全选图像，如右下图所示。

第3步 选择"编辑"|"自由变换"命令，调整图像的位置，如左下图所示。

第4步 按Enter键，确认变换，如右下图所示。

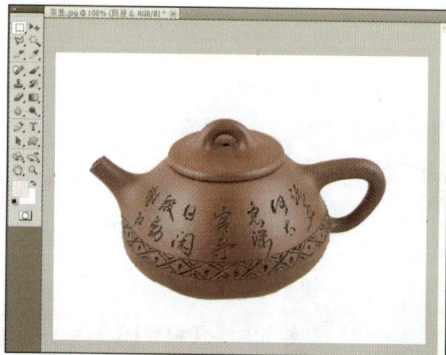

9.1.2 设置图片大小

现在数码相机的像素都非常高，图片非常大，需要调整图片大小。如何在保证原图质量的情况下，将这些图片变小，成为很多初涉网络的店主头疼的难题，下面讲述设置图片大小的具体操作步骤。

第1步 启动Photoshop，选择"文件"|"打开"命令，❶打开"小熊.jpg"图像文件，如左下图所示。

第2步 ❷选择"图像"|"图像大小"命令，弹出"图像大小"对话框，在该对话框中设置相应的"宽度"和"高度"，❸单击"确定"按钮，调整图像大小，如右下图所示。

9.1.3 自由裁剪照片

下面讲述自由裁剪照片的具体操作步骤。

第1步 启动Photoshop，选择"文件"|"打开"命令，❶打开"鼠标.jpg"图像文件，如左下图所示。❷选择工具箱中的"裁剪工具"，如右下图所示。

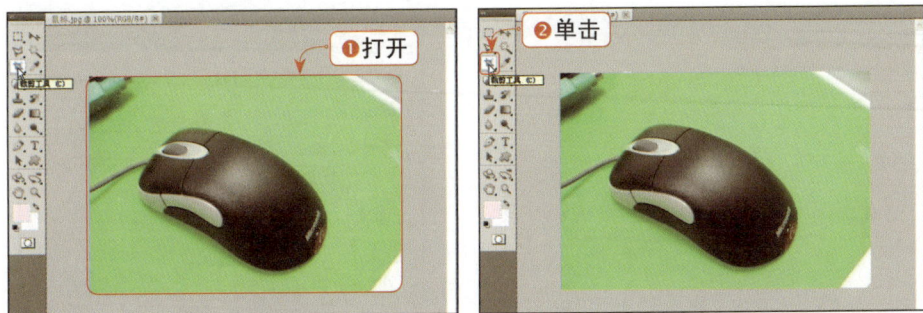

第2步 ❶按住鼠标左键，在图像窗口中选择裁剪区域，如左下图所示。

第3步 ❷在所选区域内双击鼠标，即可裁剪图像，如右下图所示。

❶选择　　❷双击

9.1.4　将照片保存为GIF格式

下面讲述将照片保存为GIF格式的具体操作步骤。

第1步 启动Photoshop，选择"文件"|"打开"命令，打开"小熊.jpg"图像文件，如下图所示。

第2步 选择"文件"|"存储为"命令，弹出"存储为"对话框，❶在"格式"下拉列表框中选择GIF选项，单击"保存"按钮，如左下图所示。

第3步 弹出"索引颜色"对话框，在该对话中设置相关参数，❷单击"确定"按钮，如右下图所示。

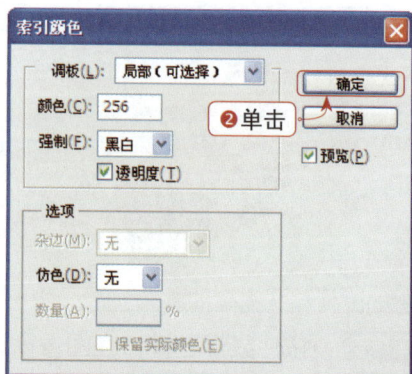

❶选择

❷单击

第4步 弹出"GIF选项"对话框,"在行序"下单击"正常"单选按钮,如右图所示。然后单击"确定"按钮,将文件保存为GIF格式。

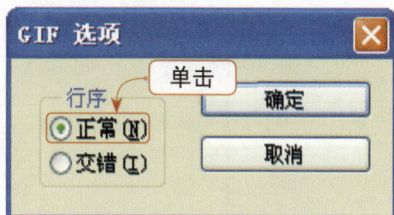

9.2 调整照片效果

由于光线不足、拍照技术、照相设备等原因,许多卖家拍摄出来的宝贝图片往往不尽人意:有的图片因曝光不足而偏暗,有的图片的清晰度不太理想,有的宝贝图片因曝光过度而偏亮等各种问题。如果精心拍摄的图片存在诸如此类的问题,就可以使用图像处理软件(如Photoshop)来进行处理,从而使照片达到真实效果。

9.2.1 调整曝光不足的照片

通常拍出来的照片最常见的问题就是曝光过度或者曝光不足,以及因雾气等原因造成的缺乏对比度。下面讲述调整曝光不足的照片的具体操作步骤。

第1步 启动Photoshop,选择"文件"|"打开"命令,❶打开"衬衣.jpg"图像文件,如左下图所示。

第2步 选择"图像"|"调整"|"曝光度"命令,弹出"曝光度"对话框,❷在该对话框中向右移动滑块设置相应的参数,单击"确定"按钮,如右下图所示。

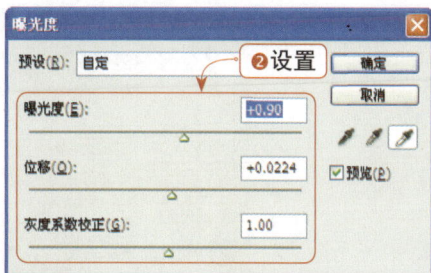

第3步 调整图像曝光度不足后的效果如下图所示。

9.2.2　调整曝光过度的照片

下面讲述调整曝光过度的照片的具体操作步骤。

第1步 启动Photoshop，选择"文件"|"打开"命令，❶打开图像"沙发.jpg"，如左下图所示。

第2步 选择"图像"|"调整"|"曝光度"命令，弹出"曝光度"对话框，❷在该对话中往左移动滑块设置相应的参数，如右下图所示。

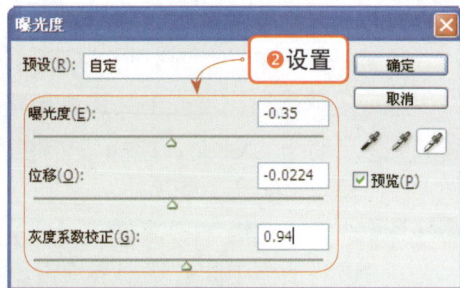

第3步 单击"确定"按钮，调整图像曝光度，如下图所示。

9.2.3 调整模糊的照片让细节更明显

　　网店卖东西主要对宝贝进行实拍，尽量给客户提供最真实的图片。但由于相机，显示器等问题，拍出来的效果和实物肯定会有所差别。下面讲述调整模糊的照片让细节更明显，具体操作步骤如下。

第1步 启动Photoshop，选择"文件"|"打开"命令，❶打开图像"模糊
　　　　.jpg"，如左下图所示。

第2步 ❷选择"图像"|"模式"|"Lab颜色"命令，如右下图所示。

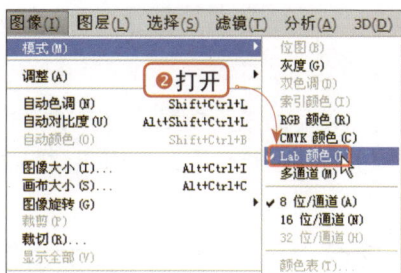

第3步 打开"图层"面板，❶在该面板中将背景层拖动到"创建新图层"按钮
　　　　上，复制背景图层，如左下图所示。

第4步 选择"滤镜"|"锐化"|"USB锐化"命令，❷弹出"USB锐化"对话
　　　　框，设置相关参数，如右下图所示。

第5步 将图层模式设置为柔光，不透明度
　　　　设置为70%，如右图所示。

第6步 如果图片还不够清晰，还可以复制相应的图层，调整到清晰为止，如右图所示。

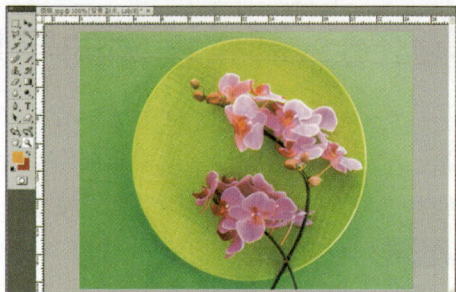

9.3 为图片添加水印和边框

为商品拍完大量照片并通过处理后，通常需要为图片添加水印效果以防止图片被侵权使用，同时也需要添加边框使照片更加美观。

9.3.1 为图片添加水印防止他人盗用

自己辛辛苦苦拍下的图片，在网站很容易就被别人盗用了。怎么办？当然有办法了，为照片添加水印就可以防止别人盗用了。下面介绍一种快速添加水印照片效果的方法，具体操作步骤如下。

第1步 启动Photoshop，选择"文件"|"打开"命令，❶打开"手机.jpg"图像文件，如左下图所示。

第2步 选择工具箱中的"横排文字工具"，❷在图片上输入文字"金源数码"，如右下图所示。

第3步 选择"图层"|"图层样式"|"投影"命令，弹出"图层样式"对话框，❶在该对话框中设置相应的参数，❷单击"确定"按钮，如左下图所示。

第4步 设置图层样式后的效果如右下图所示。

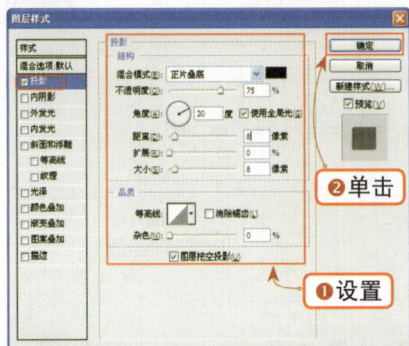

第5步 打开"图层"面板，将不透明度设置为30%，如下图所示。

9.3.2 给图片加上相框

    photoWORKS是一款专为自动添加照片边框而开发的软件。除了它自带的众多边框效果外，也可以把边框模板改造成自己的风格，并且还可以在边框上加上签名、EXIF信息等。软件预设有二百多个边框样式，大部分边框样式非常漂亮，完全可以满足一般需要。

第1步 首先从百度上搜索photoWORKS软件，下载后安装此软件。安装成功后在桌面上双击photoWORKS图标，打开photoWORKS窗口，如左下图所示。

第2步 单击窗口中的"载入文件"按钮，在电脑中选择图片文件，载入需要添加边框和文字的图片，如右下图所示。

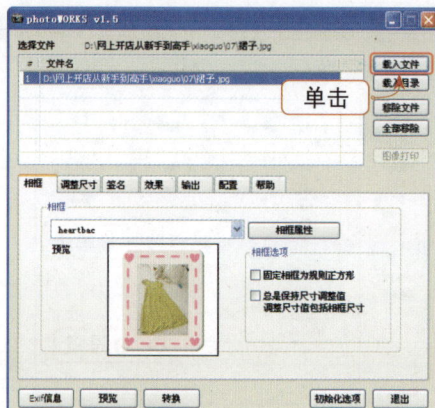

第3步 单击"相框"下拉列表框,选择满意的相框样式,❶单击"相框选项"
下的复选框,❷单击"预览"按钮,如左下图所示。

第4步 预览添加相框效果,预览效果满意,❸然后单击"转换"按钮,如右下
图所示。

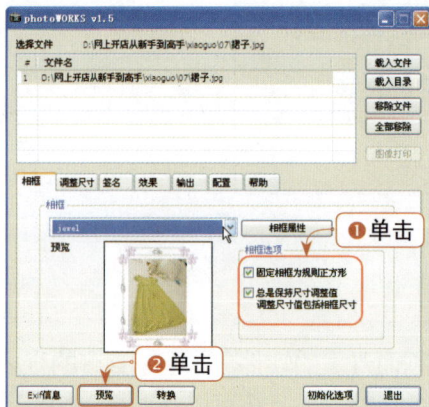

第5步 在对话框中显示"转换成功完成"信
息,如右图所示。

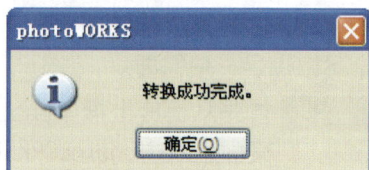

9.4 抠取图像

开网店的朋友都知道,处理宝贝照片的时候,需要用到抠图的处理技巧,例

如，给宝贝换个好看的背景，增加照片的吸引度等。不过很多店家对抠图并不了解，甚至非常陌生，下面介绍抠图的一些技巧。

9.4.1　把照片中的产品抠出来

抠图是在图像设计中最常用到的技术之一，在Photoshop中主要有3种抠图方法，分别利用工具箱中的"魔术棒"工具和"磁性套索"工具以及滤镜菜单中的"抽出"滤镜。把照片中的产品抠出来的具体操作步骤如下。

第1步 在Photoshop中打开一图像文件，❶在工具箱中选择"魔术棒工具"，如左下图所示。

第2步 在"工具选项栏"中的"容差"文本框中输入合适的值，❷在图像中单击背景颜色，选择白色的背景，按住Shift键，单击没有被选中的背景区域，将背景选颜色全部选中，如右下图所示。

第3步 选择"选择"｜"反向"命令，❶将照片中的产品选中，如左下图所示。

第4步 选择"选择"｜"修改"｜"羽化"命令，弹出"羽化选区"对话框，❷在"羽化半径"文本框中输入0.5，如右下图所示。单击"确定"按钮，即可羽化选区。

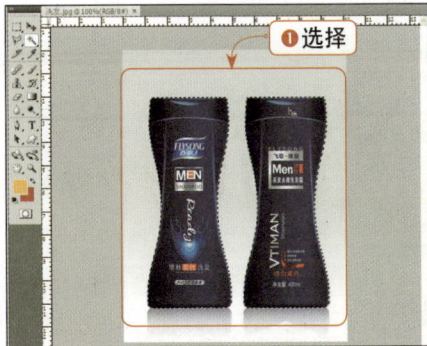

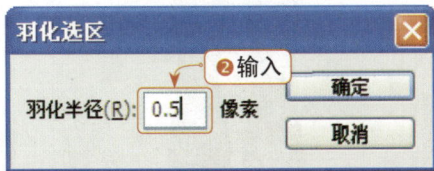

第5步 选择"编辑"|"剪切"命令,剪切图像,新建一透明文档,选择"编辑"|"粘贴"命令,❶将剪切的图像粘贴到背景图像上,如左下图所示。

第6步 选择"文件"|"存储为"命令,弹出"存储为"对话框,❷在"格式"下拉列表框中选择GIF选项,单击"保存"按钮,即可保存该文件,如右下图所示。

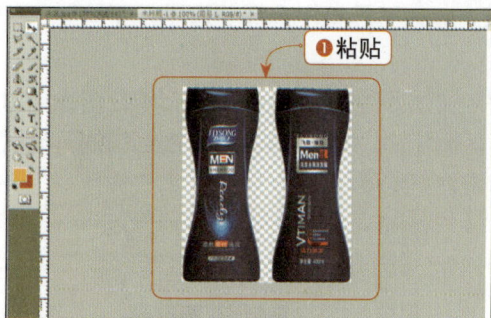

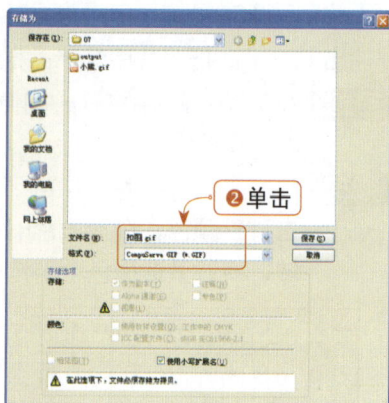

❶粘贴

❷单击

9.4.2 把抠出来的照片合成在一起

抠图就是把宝贝从它的背景中选择出来放到需要的背景中。大家有时候能看到有些卖家的宝贝背景全白色,很干净,整齐。把抠出来的照片合成在其他背景中的具体操作步骤如下。

第1步 选择"文件"|"打开"命令,打开一图像文件,按Ctrl+A组合键全选图像,选择"编辑"|"拷贝"命令,复制图像,如左下图所示。

第2步 打开一图像文件,作为新背景,选择"编辑"|"粘贴"命令,将复制的图像粘贴到新背景图像上,如右下图所示。

第3步 选择"编辑"|"自由变换"命令，将产品自由缩小，然后双击鼠标，即可完成图像的合成效果，如下图所示。

案例：农民开网店，年销售超过千万元

虽然只是初中毕业，也不懂得开网店的任何技巧，曾被买家称为"最菜的菜鸟"，但是如今30岁的刘贵国已被评为当地的优秀创业青年。

1 村子里的小富翁

从年赚2万元到年赚数百万元，转变源自2007年底。刘贵国在叔叔的鼓励下，试着在淘宝网卖自家的服装。

其实，在"触网"之前，刘贵国的收益并不好。1998年，刘贵国在一家商场开了一个服装精品店做销售代理，没想到辛苦攒下的钱竟被自己信任的朋友骗了。之后，刘贵国再次创业，到2007年，刘贵国的服装加工厂已经有20多名员工了。但是由于自己生产的都是低附加值的产品，剔除日常开销外，每年只能赚一两万元。

就在这时，刘贵国的叔叔看到其他人在网上开店很赚钱，于是鼓励他在网上也开一个店。抱着试试看的心态，刘贵国借了一台数码相机，拍了几张简单的照片放到网上。没想到，竟然第一天就开张了，当天就卖了500元。如今的刘贵国还清晰记得，"网上交易省下了中间商的费用，利润一下子提高很多倍，当天就赚了200多元。"这大大激发了他的热情，一年后，刘贵国网店的营业额已经超过实体店。

2 从实业到网店

看的人多，买的人少。创业一年多，刘贵国发现，虽然自己的店面每天浏览量很高，但是交易额却并不高。

朋友的一句话点醒了这个聪明的年轻人。朋友说："你可以只做羊绒线啊，让自己在一个专业领域内成为第一，这样可以带来很高的人气。"

刘贵国先是调整网页的产品目录，将主要业务集中在羊绒线。在看到有效果后，他又调整了自己的工厂设备，把生产男装的机器全部都给了亲戚，自己专门做羊绒线。"2008年做完调整后，如果在淘宝网上搜索羊绒线，10张图片中有8张都是来自我的店，因为那时专门在网上做羊绒线的店太少了。这样，有意想买羊绒线的人一搜就会找到我的店，交易额增长得非常快。"刘贵国得意地说着自己当时的决策。

3 将流量变成买主

做了10多年买卖都没买车，开了两年网店竟然买了3辆车。村民们开始琢磨了，他能开网店，自己为什么不能开呢？就这样，在刘贵国的带领下，他们村成为一个名副其实的"淘宝"村。淘宝网、易趣、拍拍都成了村民们的阵地。

谁都没有想到，网络竟改变了多年的发展模式。"以前发一箱货物的利润也就是500元，而现在利用网络，利润至少可以达到两三千元。"

4 400户村民一起开网店

从销售额只有两三万元，到30万元，再到超过1000万元，刘贵国的网店就靠羊绒线，只用了两年多的时间就实现了跨越式的发展。而在他的带领下，村里家家户户开网店创富。

5 创富秘诀——为获人气舍得砸钱

其实，在刘贵国之前，已有一些村民在网上卖羊绒制品，不过，他们的规模并没发展起来。"舍得砸钱"是刘贵国的成功诀窍。

从2007年11月到2008年过年之前，刘贵国在网上的交易量仅有两三万元，到了2008年，他已将营业额做到了30多万元，而在2009年，这一数字已上升至1000多万元。在刘贵国看来，这不光是幸运。

首先，刘贵国打出与其他网店不同的退货口号——承担邮费。"其实，遇到退货的情况非常少。所以这个承诺打出去以后，增加了人气和信誉"。

而最重要的是，刘贵国决定花钱做广告。刚踏入网店经营的刘贵国很舍得花钱，2009年他在广告上最少花了几十万元。例如，他在淘宝网上用一个名为直通车的推广工具，一天的广告费最高的时候要8000多元，最少的时候也需要投入2000多元。刘贵国说，这样的投入使自己的人气直线上升，是在2009年突破千万元的助推器。

第10章

自己DIY装修
精美店铺

本章导读

　　网店商品固然非常重要，但是也不能忽视网店的装修。网店的美化如同实体店的装修一样，让买家感觉到店主是在用心经营店铺，并且能够最大限度地提升店铺形象，提高浏览量，增加顾客在网店停留的时间。漂亮恰当的网店装修，给顾客带来美感，顾客浏览网页时不易疲劳，自然会细心察看你的网店。好商品在诱人装饰品的衬托下，会更加有利于促进成交。

知识要点

　　通过本章内容的学习，读者能够学习到网店装修的好处，店标设计的原则，制作公告栏，分类导航设计，了解淘宝旺铺，设计店铺招牌，设计精美个性化的淘宝旺铺促销区等。学完后需要掌握的相关技能如下。

♛ 网店装修的好处　　　　　♛ 制作公告栏

♛ 设计时尚店标　　　　　　♛ 了解淘宝旺铺

10.1 网店装修有什么好处

时下再好的东西也需要"包装",更不要说网上卖东西了。如何从众多竞争对手中脱颖而出,让买家注意你的店铺,网店装修是非常重要的。

网店装修能够带来什么呢?许多人都会在装修之前打个这样的问号。对从事市场经济活动的人来说,每一项活动都要视为我们的一项投资,网店装修也是从事电子商务活动的一笔投资。开网店的目的,对于大多数人来说是为了赚钱,没有人会在开始就想拿着钱来玩。网店装修的最终目的是为了赚钱,同时好的网店装修的确能够带来网店销售量的增长。

当前网店经营很好的店主,都会重视网店装修。网店装修至少能够带来4个方面的收益:增加顾客在网店停留的时间、增加网店的诱惑力、提升网店的形象、打造网店强势品牌。

装修好的精品网店,传递的不仅是商品信息,还有店主的经营理念、文化等,这些都会给你的网店形象加分,同时也有利于网店品牌的形成。左下图和右下图所示分别为装修好的店铺和没有装修的店铺,可以看到装修后的店铺大大提高了店铺的美观性和人气,网店销售量也有了很大的提高。

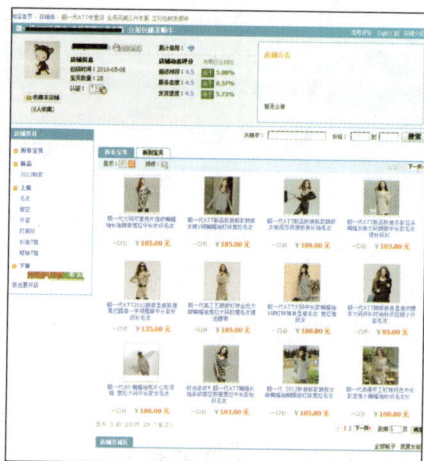

10.2 设计时尚的店标

店标是店铺的标志，大部分是动态图片，由产品图片、宣传语言、店铺名称等组成。漂亮的店标与签名可以吸引买家进入店铺。

10.2.1 店标设计的原则

一个好的店标设计，除了给人传达明确信息外，还在方寸之间表现出深刻的精神内涵和艺术感染力，给人以静谧、柔和、饱满、和谐的感觉。

要做到这一点，在设计店标时需要遵循一定的设计原则和要求。

1. 选择合适的店标图片素材

店标图片的素材通常可以从网上或者素材光盘上收集，通过搜索网站输入关键字可以很快找到很多相关的图片素材，也可以登录设计资源网站，找到更多精美、专业的图片。选择图片素材时要选择尺寸大的，清晰度好的，没有版权问题的，并适合自己店铺的。

2. 突出店铺的独特性质

店标是用来表达店铺的独特性质的，要让买家认清店铺的独特品质、风格和情感，要特别注意避免与其他网站的LOGO雷同。因此，店标在设计上需要讲究个性化，让店标与众不同、别出心裁。下图所示是一些个性的店标设计。

3. 让自己的店标过目不忘

设计一个好的店标应从颜色、图案、字体、动画等几方面入手。在符合店铺类型的基础上，使用醒目的颜色、独特的图案、精心的字体，以及强烈的动画效果来给人留下深刻的印象。

4. 统一性

店标的外观和基本色调要根据页面的整体版面设计来确定，而且要考虑到在其他印刷、制作过程中进行放缩等处理时的效果变化，以便能在各种媒体上保持相对稳定。

10.2.2　制作店标的方法

对于网上店铺的店标,按照其状态可以分为动态店标和静态店标,下面分别介绍其制作方法。

1.制作静态店标

一般来说,静态店标由文字、图像构成。其中有些店标用纯文字表示,有些店标用图像表示,也有一些店铺的设计既包含文字也包含图像。

2.制作动态店标

对于网店而言,动态店标就是将多个图像和文字效果构成GIF动画。制作这种动态店标,可以使用GIF制作软件完成,如Easy GIF Animator、Ulead GIF Animator等软件都可以制作GIF动态图像。

设计前准备好背景图片和商品图片,然后添加需要的文字,例如,店铺名称或主打商品等,然后使用软件制作即可,如右图所示使用Photoshop制作GIF格式的店标。

10.2.3　设计网店的店标

下面讲述设计网店的店标的具体操作步骤。

第1步 启动Photoshop,选择"文件"|"新建"命令,弹出"新建"对话框,如左下图所示。

第2步 ❶将"宽度"设置为100像素,"高度"设置为120像素,❷单击"确定"按钮,新建一空白文档,如右下图所示。

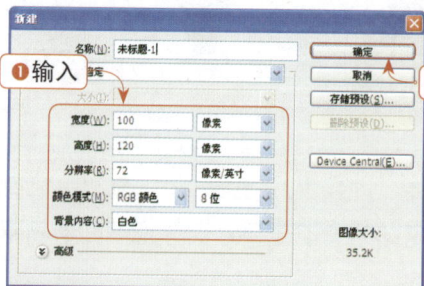

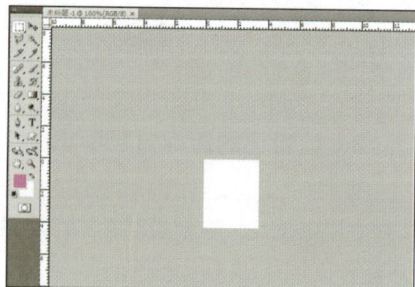

第3步 ❶选择工具箱中的"圆角矩形工具",在选项栏中将填充颜色设置为#ff16ba,❷按住鼠标左键在图像窗口中绘制圆角矩形,如左下图所示。

第4步 选择"图层"|"图层样式"|"描边"命令,弹出"图层样式"对话

框，❸在该对话框中将"大小"设置为1，"颜色"设置为#ff1e1e，单击"确定"按钮，如右下图所示。

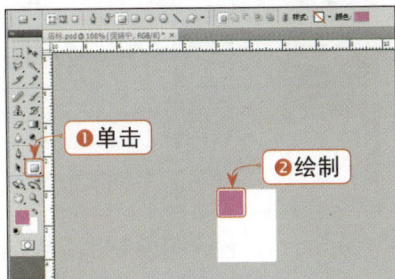

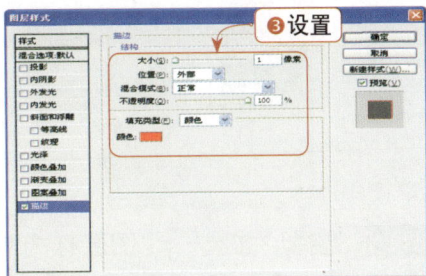

第5步 ❶设置后的图层样式，如左下图所示。

第6步 ❷选择工具箱中的"横排文字工具"，❸在图像窗口中输入文字"2010时尚"，在选项栏中设置相应的参数，如右下图所示。

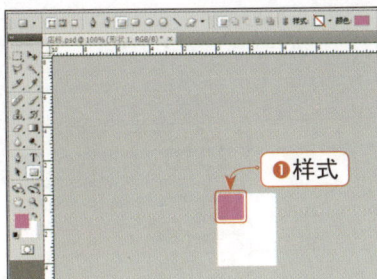

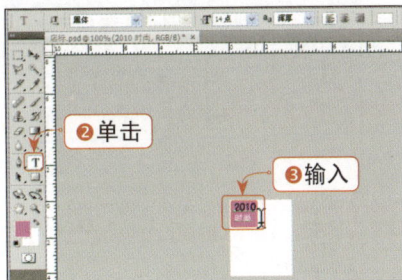

第7步 ❶选择工具箱中的"自定义形状工具"，❷在选项栏中选择相应的形状，将填充颜色设置为#93ff90，❸按住鼠标左键在图像窗口中绘制形状，如左下图所示。

第8步 选择"图层"|"图层样式"|"混合选项"命令，弹出"图层样式"对话框，在左侧的列表中选择"样式"选项，❹在右侧的列表框中选择相应的样式，然后单击"确定"按钮，如右下图所示。

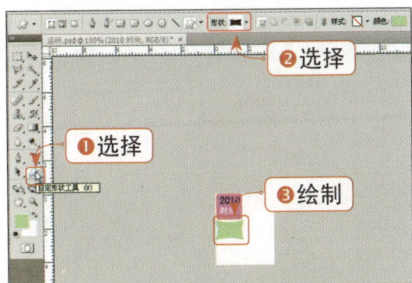

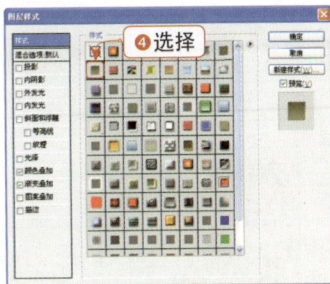

第9步 设置图层样式后的效果如左下图所示。

第10步 选择工具箱中的"横排文字工具"，在图像窗口中输入文字"热卖"，在选项栏中设置相应的参数，如右下图所示。

第11步 选择"图层"|"图层样式"|"描边"命令，弹出"图层样式"对话框，❶在该对话框中设置相应的参数，❷单击"确定"按钮，如左下图所示。

第12步 设置图层样式后的效果如右下图所示。

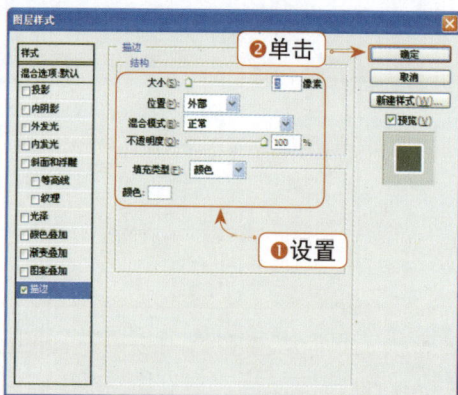

第13步 选择工具中的"自定义形状"工具，在图像窗口中绘制相应的形状，❶然后设置图层样式并输入相应的文字，如左下图所示。

第14步 ❷选择"文件"|"打开"命令，打开图像文件，按Ctrl+A组合键全选图像。选择"编辑"|"拷贝"命令，复制图像，如右下图所示。

第15步 返回到新建的文档，选择"编辑"|"粘贴"命令，将图像粘贴到文档中，然后调整图像大小并拖动到相应的位置，如左下图所示。

第16步 用第14~15步的方法复制、粘贴相应的图像并将其拖动到相应的位置，如右下图所示。

10.3 制作公告栏

公告栏是发布店铺最新信息、促销信息或店铺经营范围等内容的区域。通过公告栏发布内容，可以方便顾客了解店铺的重要信息。下图所示为在公告栏中加入了商品的促销信息。

10.3.1　制作公告栏的注意事项

　　卖家在淘宝网开店后，淘宝网已经为店铺提供了公告栏的功能，卖家可以在"管理我的店铺"页面中设置公告的内容。卖家在制作公告栏前，需要了解并注意一些事项，以便制作出效果更好的公告栏。

　　（1）淘宝店铺的公告栏具有默认样式，如下图所示。卖家只能在默认样式的公告栏上添加公告内容。

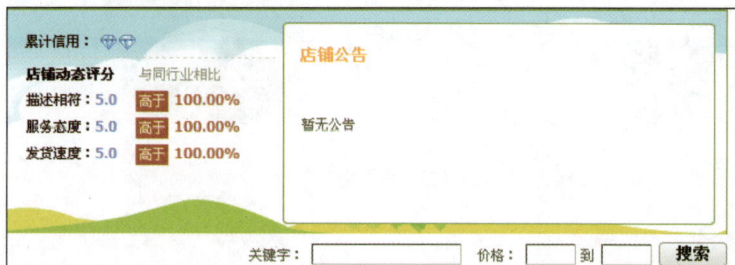

　　（2）由于店铺已经存在默认的公告栏样式，而且这个样式无法更改，因此卖家在制作公告栏时，可以将默认的公告栏效果作为参考，使公告的内容效果与之搭配。

　　（3）淘宝基本店铺的公告栏默认设置了滚动的效果，在制作时无须再为公告内容添加滚动设置。

　　（4）公告栏内容的宽度不要超过480像素，否则超过部分将无法显示，而公告栏的高度可随意设置。如果公告栏的内容为图片，那么需要指定图片在互联网的位置。

10.3.2　制作美观的图片公告

　　下面讲述设计美观的公告栏，如右图所示。先使用Photoshop设计公告栏图片，要以图片作为公告栏的内容，就需要将图片上传到互联网上。将图片上传到互联网以后，会产生一个对应的地址，卖家可以利用该地址将图片指定为公告栏内容，即可将图片插入到公告栏内，具体操作步骤如下。

　第1步　启动Photoshop，选择"文件"|"新建"命令，弹出"新建"对话框，

❶将"宽度"设置为450像素,"高度"设置为350像素,"背景内容"选择"背景色"选项,❷单击"确定"按钮,如左下图所示。

第2步 新建一空白文档,如右下图所示。

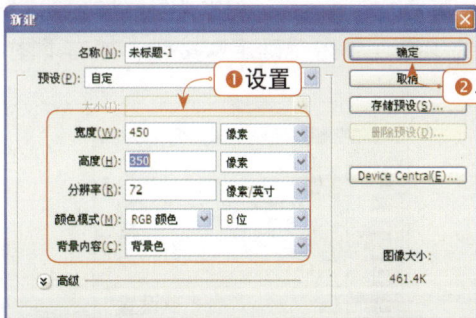

第3步 ❶选择工具箱中的"椭圆工具",在选项栏中将填充颜色设置为#ffffff,❷按住鼠标左键在图像窗口中绘制多个椭圆,如左下图所示。

第4步 ❸选择工具箱中的"圆角矩形工具",❹按住鼠标左键在图像窗口中绘制圆角矩形,如右下图所示。

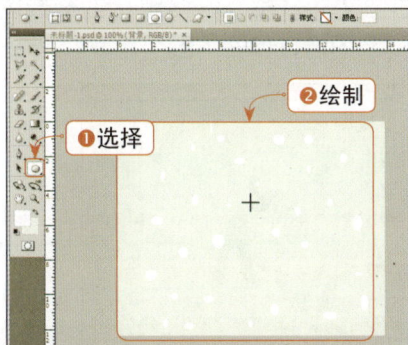

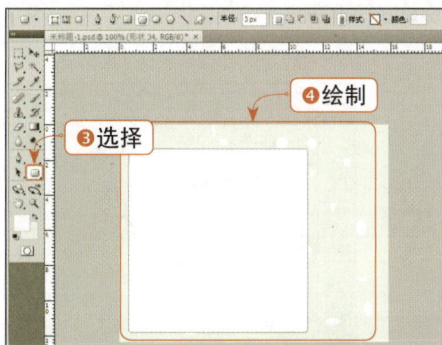

第5步 选择"图层"|"图层样式"|"描边"命令,弹出"图层样式"对话框,❶在该对话框中将"大小"设置为1,"颜色"设置为#04bfb0,❷单击"确定"按钮,如左下图所示。

第6步 设置图层样式后的效果如右下图所示。

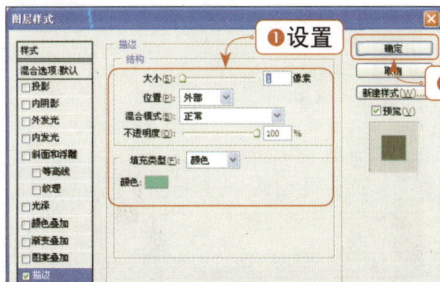

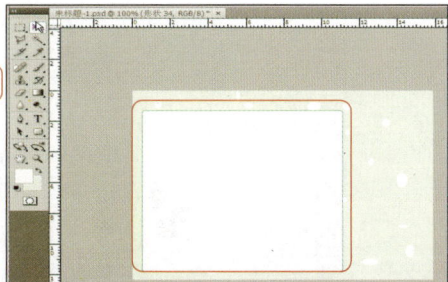

第7步 ❶选择工具箱中的"自定义形状工具"，在选项栏中选择相应的形状，将填充颜色设置为#cf0808，❷按住鼠标左键在图像窗口中绘制形状，如左下图所示。

第8步 选择"图层"|"图层样式"|"渐变叠加"命令，弹出"图层样式"对话框，❸在该对话框中设置相应的参数，单击"确定"按钮，如右下图所示。

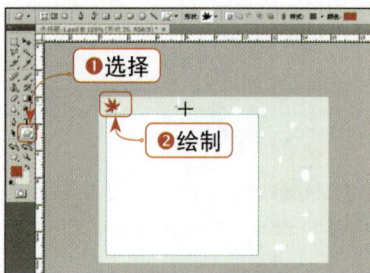

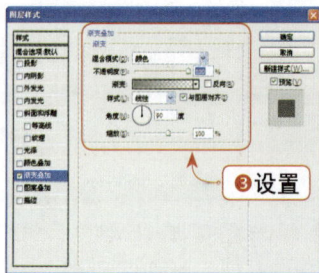

第9步 ❶选择工具箱中的"横排文字工具"，❷在图像窗口中输入文字"店铺公告"，在选项栏中设置相应的参数，如左下图所示。

第10步 选择"文件"|"打开"命令，打开图像文件，按Ctrl+A组合键全选图像。选择"编辑"|"拷贝"命令，❸复制图像，如右下图所示。

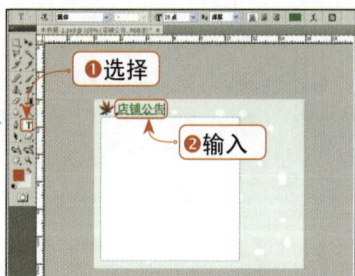

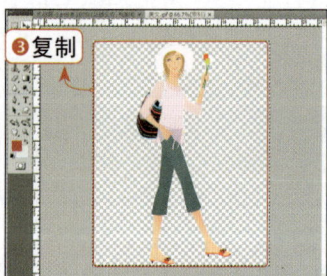

第11步 返回到新建文档，选择"编辑"|"粘贴"命令，❶将图像粘贴到文档中，然后调整图像的位置，如左下图所示。

第12步 选择"编辑"|"变换"|"水平翻转"命令，❷翻转图像，然后调整图像的大小，如右下图所示。

第13步 选择工具箱中的"横排文字工具"，❶在图像窗口中输入相应的文字，并在选项栏中设置字体参数，如左下图所示。

第14步 登录我的淘宝，单击"店铺管理"下的"店铺装修"超链接，进入店铺装修页面，❷单击"店铺公告"后面的"编辑"超链接，如右下图所示。

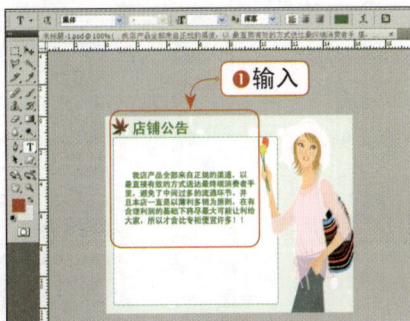

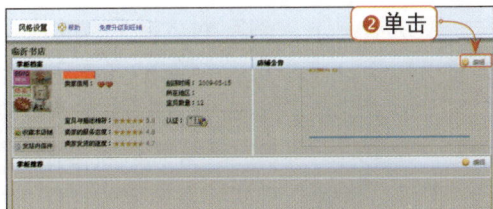

第15步 进入"店铺公告设置"对话框，❶单击右侧的"图片"按钮插入图片，如左下图所示。

第16步 弹出"图片设置"对话框，❷在"图片地址"文本框中输入店铺公告地址，单击"确定"按钮，添加店铺公告图片，如右下图所示。

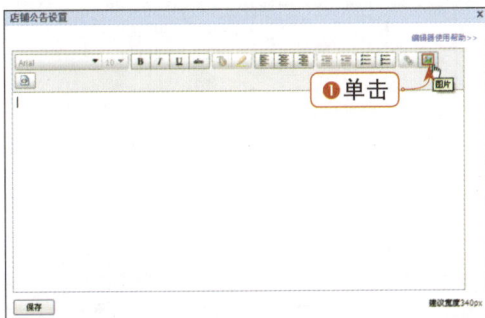

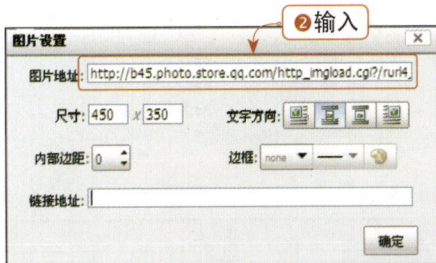

第17步 单击"保存"按钮，即可成功添加店铺公告，如右图所示。

10.4 分类导航设计

为了满足卖家放置各种类型的商品，淘宝网店铺提供了"宝贝分类"功能，卖家可以针对自己店铺的商品建立对应的分类。

默认情况下，淘宝网店铺只以文字形式显示分类，卖家可以花一点心思，制作出很漂亮的宝贝分类图，然后添加到店铺的分类设置上，即可产生出色的店铺分类效果。右图所示为漂亮的分类导航按钮。

制作分类按钮图片的具体操作步骤如下。

第1步 启动Photoshop，选择"文件"|"新建"命令，弹出"新建"对话框，❶将"宽度"设置为160像素，"高度"设置为68像素，❷单击"确定"按钮，如左下图所示。

第2步 新建一空白文档，如右下图所示。

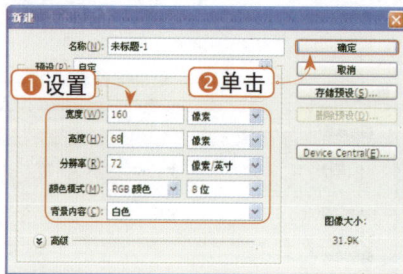

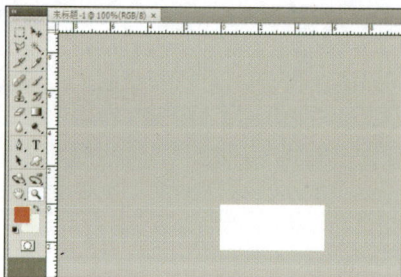

第3步 选择工具箱中的"圆角矩形工具"，在选项栏中将填充颜色设置为#d3f2ad，❶按住鼠标左键在图像窗口中绘制圆角矩形，如左下图所示。

第4步 选择"图层"|"图层样式"|"投影"命令，弹出"图层样式"对话框，❷在该对话框中将"颜色"设置为#1c4500，如右下图所示。

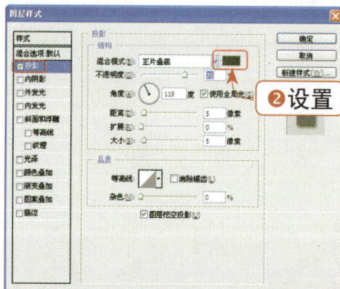

第5步 在该对话框中勾选"内阴影"复选框，❶然后设置相应的参数，❷单击"确定"按钮，如左下图所示。

第6步 设置图层样式后的效果如右下图所示。

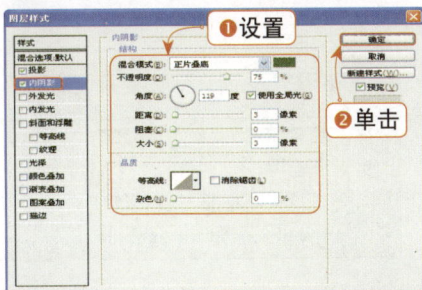

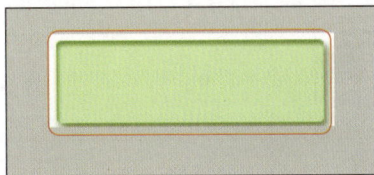

第7步 选择工具箱中的"自定义形状工具"，在选项栏中选择相应的形状，将填充颜色设置为#cf0808，❶按住鼠标左键在图像窗口中绘制形状，如左下图所示。

第8步 选择"图层"|"图层样式"|"外发光"命令，弹出"图层样式"对话框，❷在该对话框中设置相应的参数，单击"确定"按钮，如右下图所示。

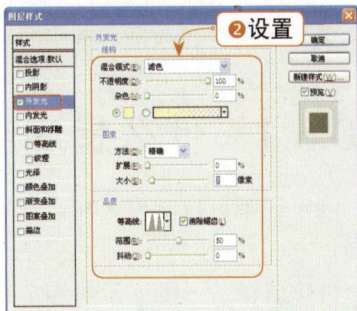

第9步 设置图层样式后的效果如左下图所示。

第10步 选择工具箱中的"横排文字工具"，在图像窗口中输入文字"促销产品"，在选项栏中设置相应的参数，如右下图所示。

第11步 选择"图层"|"图层样式"|"描边"命令，弹出"图层样式"对话框，❶在该对话框中设置相应的参数，❷单击"确定"按钮，如左下图所示。

第12步 设置图层样式后的效果如右下图所示。用同样的方法可以制作其他的导航按钮。

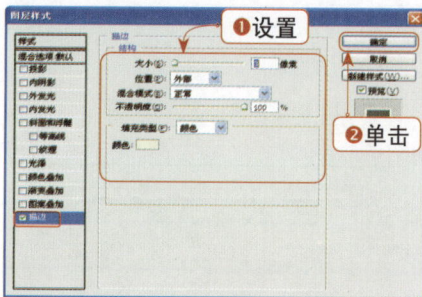

10.5 了解淘宝旺铺

淘宝旺铺是淘宝提供给淘宝卖家，允许卖家使用淘宝提供的计算机软件和网络技术，区别于淘宝网一般店铺展现个性化店铺的服务。使用这些旺铺，可以使店铺更有特色，在众多店铺中脱颖而出。

10.5.1 什么是淘宝旺铺

淘宝旺铺可以实现更加开放的店铺装修方式，支持可视化编辑，所见即所得的操作方式，可以自由添加模块，配合各种增强的新功能，定制出完全属于自己的个性化店铺。下图所示的淘宝旺铺，由于页面比较长，分两幅图截取。

淘宝旺铺与一般店铺相比有以下优势。

★ 卖家可以拥有一个全新的、自定义程度更大的店铺首页，可在店铺首页设置950×120像素大小的店铺招牌，如下图所示。

★ 可以设置店铺的风格，挑选自己喜欢的颜色，如左下图所示。
★ 可以设置高度最大为500像素的商品促销区域，支持HTML代码，如右下图所示。

★ 卖家可以设置自定义页面，可在模板内嵌入自定义的HTML代码，如下图所示。

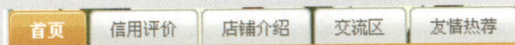

10.5.2　旺铺的订购与应用

　　淘宝旺铺是淘宝提供的一种增值服务。能够使店铺更专业、更个性，并提供了更强大的功能，对塑造店铺形象，打造店铺品牌，推广促销商品，起到了至关重要的作用。只要拥有店铺，并且店铺没有被监管或者封店，即可订购淘宝旺铺服务。下面以消保卖家为例讲述订购旺铺的流程，具体操作步骤如下。

第1步 登录我的淘宝，❶单击"店铺管理"下的"店铺装修"超链接，如左下图所示。

第2步 进入店铺装修页面，❷单击"订购旺铺服务"标签，如右下图所示。

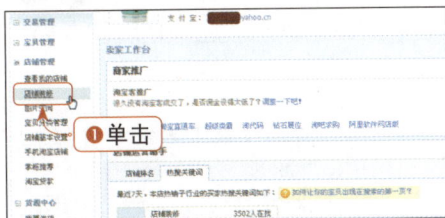

第3步 进入"购买软件服务"页面，单击"付款"按钮，付款成功即可订购旺铺，如右图所示。

10.6 设计店铺招牌

订购旺铺后，就可以装修旺铺了。要装修自己的旺铺，首先要做一个个性化的招牌，有一个醒目的招牌，店铺的装修就成功了一半。店铺招牌是店铺十分重要的宣传工具，也是店铺的一个广告牌，设计时识别性要强。

10.6.1 好的店招设计要素

店招对于网上店铺的作用已经越来越引起各店主的重视，一个好的店招会使宣传效果大增，让你的店铺获得丰厚的回报。

1．店招要有动感

店招中最常用的图像格式是GIF和JPG，动态的图比静态图更容易留住人的视线，一般动态图为首选。

2．店招要有内容

和实体店一样，网店也要有招牌，实体店铺的招牌只用来显示店铺的名称，网店招牌则有着更多的用途。既然是招牌，清楚告知顾客店铺的名称是首要任务，而更多丰富的内容则需要根据店铺整体装修方案来确定。店铺招牌需要展示的内容如下。

> ★ 店铺名称：最好说清楚店铺的个性名称及店铺经营的宝贝类型。下图所示店招中有店铺名称。

★ 店铺广告：说明店铺最希望用户知道的信息，如店铺最大的优势、近期活动。下图所示店招中有店铺广告。

★ 店铺背景图：可以展示宝贝图片、也可以直接是与店铺形象相符的背景图片。下图所示店招中有店铺的宝贝图。

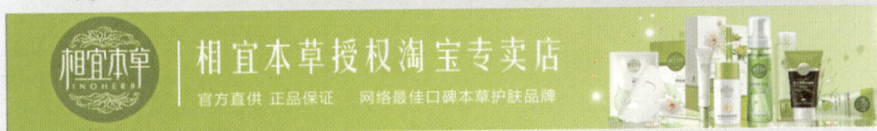

3. 精确传达最重要的信息

如果店招的信息过多，并且排版时没注意突出重点信息，店招就会显得杂乱，难以传达主要信息。因此，招牌中的文字信息应该简明扼要，重点突出。

10.6.2 设计店招实例

店铺招牌是一个店铺的象征，一个好的店招能起到传达店铺的经营理念，突出店铺的经营风格，彰显店铺的形象的作用。下面使用Photoshop制作店招，做好了店招，存储在自己的电脑上，然后传到店铺的店招位置就可以了，具体操作步骤如下。

第1步 启动Photoshop，选择"文件"|"新建"命令，弹出"新建"对话框，❶将"宽度"设置为950像素，"高度"设置为150像素，"背景内容"设置为"背景色"，❷单击"确定"按钮，如左下图所示。

第2步 新建一空白文档，如右下图所示。

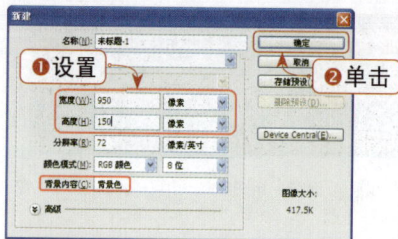

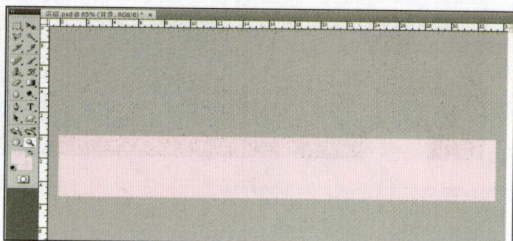

第3步 ❶选择工具箱中的"自定义形状工具"，❷在选项栏中将填充颜色设置为#ffb6d1，选择相应的形状，❸按住鼠标左键在图像窗口中绘制形状，如左下图所示。

第4步 ❹用第3步的方法绘制出更多的形状，如右下图所示。

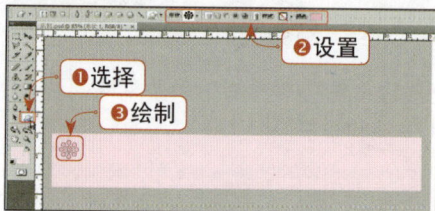

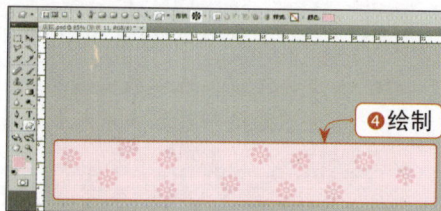

第5步 选择"文件"|"置入"命令，弹出"置入"对话框，❶在列表框中选择相应的图像文件，❷单击"置入"按钮，如左下图所示。

第6步 ❸将图像置入到图像窗口中，然后将其拖动到相应的位置，如右下图所示。

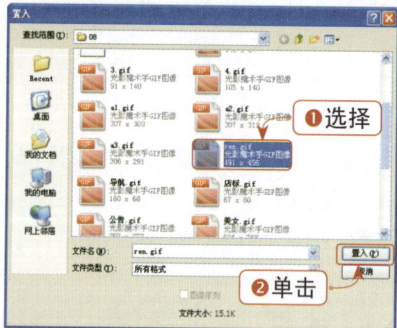

第7步 ❶选择工具箱中的"横排文字工具"，在选项栏中设置相应的参数，❷然后在图像窗口中输入文字"潮流女人与时尚同行"，如左下图所示。

第8步 选择"图层"|"图层样式"|"投影"命令，❸弹出"图层样式"对话框，在该对话框中设置相应的参数，如右下图所示。

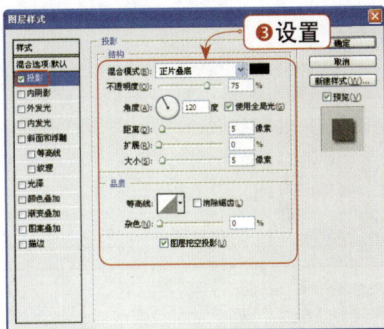

第9步 单击"斜面和浮雕"复选框，❶在右侧设置相应的参数，如左下图所示。

第10步 勾选"描边"复选框，❷在右侧设置相应的参数，单击"确定"按钮，如右下图所示。

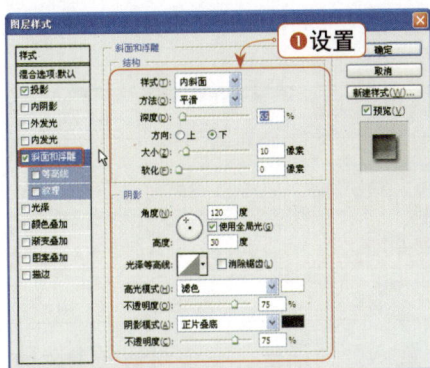

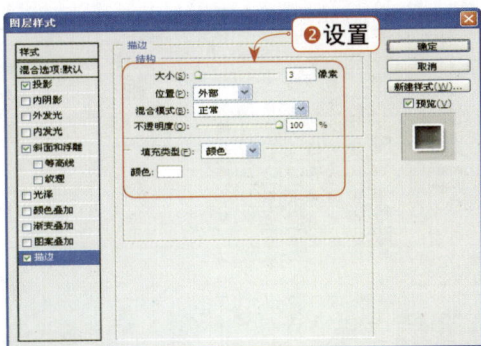

第11步 设置图层样式后的效果如左下图所示。

第12步 单击选项栏中的"创建文字变形"按钮，弹出"变形文字"对话框，❶在该对话框中设置相应的参数，❷单击"确定"按钮，如右下图所示。

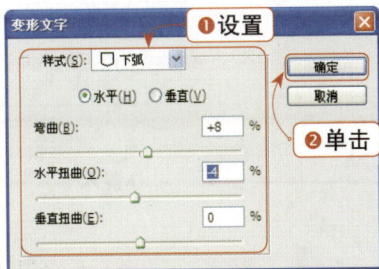

第13步 创建文字变形后的效果如左下图所示。

第14步 选择工具箱中的"横排文字工具"，在选项栏中设置相应的参数，然后在图像窗口中输入文字"秋冬季新款抢先体验"，如右下图所示。

第15步 选择"图层"|"图层样式"|"混合选项"命令，弹出"图层样式"对话框，在该对话框中选择"样式"选项，在右侧的列表框中选择相应的样式，单击"确定"按钮，如左下图所示。

第16步 设置图层样式后的效果如右下图所示。

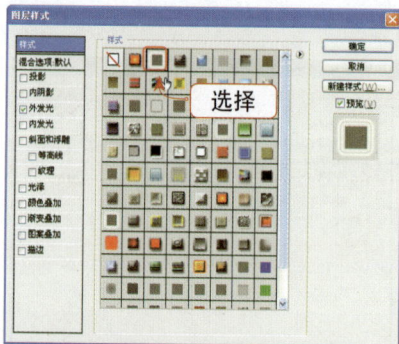

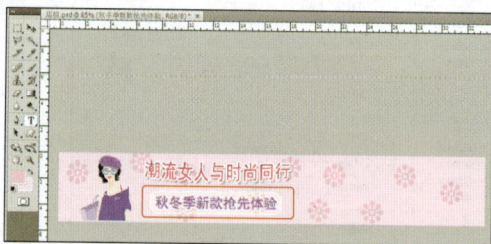

第17步 选择"文件"|"置入"命令，弹出"置入"对话框，在该对话框中选择相应的图像文件，单击"置入"按钮，❶将图像置入到图像窗口中，然后将其拖动到合适的位置，如左下图所示。

第18步 ❷用第17步的方法置入其他的图像并将其拖动到合适的位置，如右下图所示。

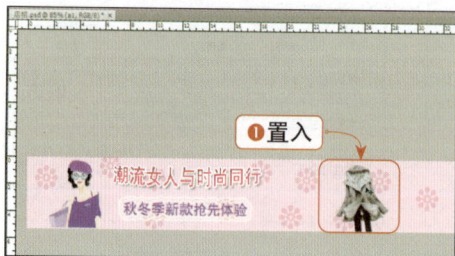

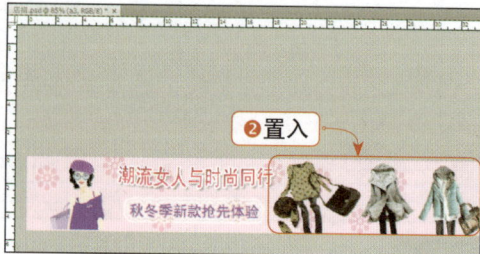

10.7 设计精美个性化的淘宝旺铺促销区

宝贝促销区是旺铺非常重要的特色之一，它的作用是让卖家将一些促销信息或公告信息发布在这个区域上。就像商场的促销一样，如果处理得好，可以最大限度地吸引买家的目光，让买家一目了然就知道您的店铺在搞相关活动，有特别推荐或优惠促销的商品。

10.7.1 宝贝促销区的制作方法

旺铺的宝贝促销区包括了基本店铺的公告栏功能，但比公告栏功能更强大、更实用。卖家可以通过促销区，装点漂亮的促销宝贝，吸引买家注意。目前，制作宝贝促销的方法有3种。

第一种方法是通过互联网寻找一些免费的宝贝促销模块，然后下载到本地并进行修改，或者直接在线修改，在模板上添加自己店铺的促销宝贝信息和公告信息，最后将修改后的模板代码应用到店铺的促销区即可。这种方法方便、快捷，而且不用支付费用；缺点是在设计上有所限制，个性化不足。右图所示为网站提供的一些免费宝贝模板。

第二种方法是自行设计宝贝促销网页。卖家可以先使用图像制作软件设计好宝贝促销版面，然后进行切片处理并将其保存为网页，接着通过网页制作软件（如Dreamweaver、FrontPage）制作编排和添加网页特效。最后将网页的代码应用到店铺的宝贝促销区即可。这种方法由于是自行设计，所以在设计上可以随性心所欲，可以按照自己的意向设计出独一无二的宝贝促销效果；缺点是对卖家的设计能力要求比较高，需要卖家掌握一定的图像设计和网页制作技能，如左下图所示。

第三种方法是最省力的，就是卖家从提供淘宝店铺装修的店铺购买整店装修服务，或者只购买宝贝设计服务。目前淘宝网上有很多专门提供店铺装修服务和出售店铺装修模板的店铺，卖家可以购买这些装修服务，如右下图所示。

就宝贝促销区设计而言，购买一个精美模板的价格在几十元左右。如果卖家不想使用现成的模板，还可以让这些店铺为你设计一个专属的宝贝促销模板，不过价格比购买现成模板的价格稍贵。这种方法最省心，而且可以定制专属的宝贝促销模板；缺点就是需要花费一定的费用。

10.7.2 设计制作宝贝促销区

下面使用Photoshop设计宝贝促销区，如右图所示，具体操作步骤如下。

第1步 启动Photoshop，选择"文件"|"新建"命令，弹出"新建"对话框，将"宽度"设置为500像素，"高度"设置为400像素，"背景内容"设置为"背景色"，单击"确定"按钮，如左下图所示。

第2步 新建一空白文档，将文件以"促销"为文件名进行保存，如右下图所示。

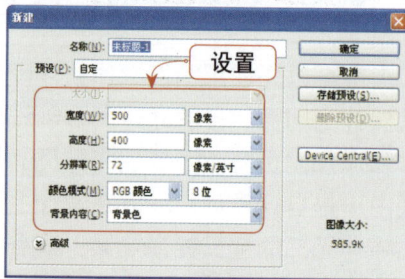

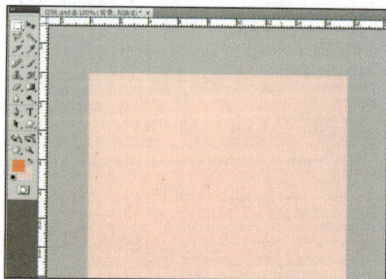

第3步 ❶选择工具箱中的"自定义形状工具"，在选项栏中将填充颜色设置为#ff9024，选择相应的形状，按住鼠标左键在图像窗口中绘制形状，如左下图所示。

第4步 ❷选择工具箱中的"矩形工具"，在选项栏中将填充颜色设置为#ffffff，按住鼠标左键在图像窗口中绘制矩形，如右下图所示。

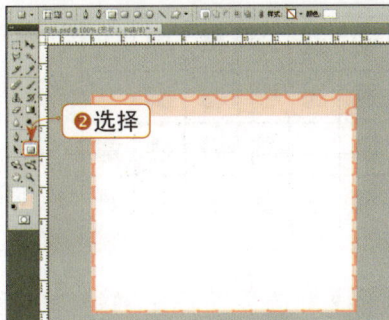

第5步 ❶选择工具箱中的"横排文字工具"，❷按住鼠标左键在图像窗口中输入文字"商品促销区"，如左下图所示。

第6步 选择"图层"|"图层样式"|"描边"命令，弹出"图层样式"对话框，❸在该对话框中设置相应的参数，单击"确定"按钮，如右下图所示。

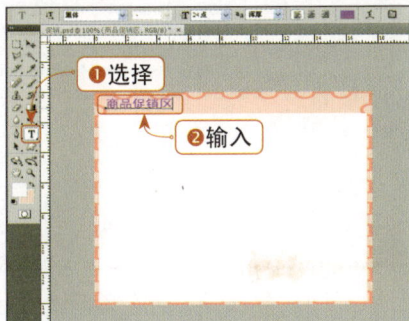

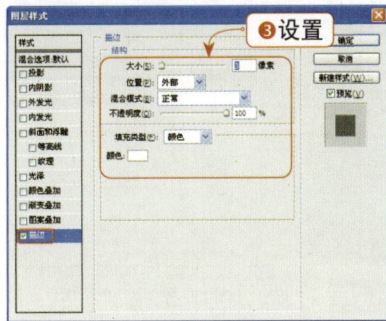

第7步 设置图层样式后的效果如左下图所示。

第8步 ❶选择工具箱中的"矩形工具"，在选项栏中将填充颜色设置为#ffafda，❷按住鼠标左键在图像窗口中绘制形状，如右下图所示。

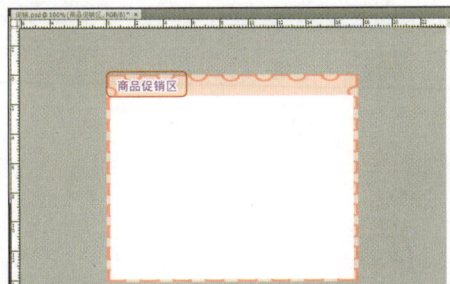

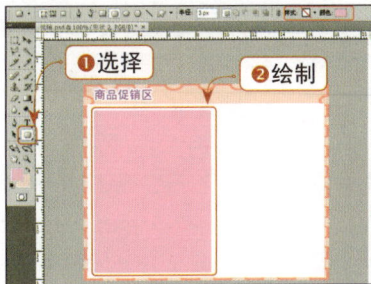

第9步 在选项栏中单击"样式"右侧的下三角按钮，在弹出的列表框中选择相应的样式，如左下图所示。

第10步 设置按钮样式后的效果如右下图所示。

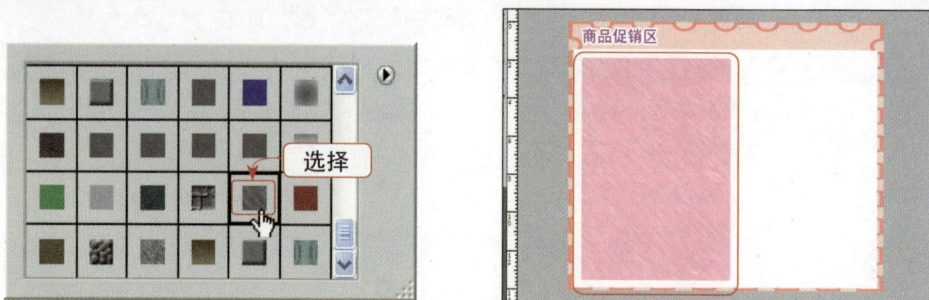

第11步 ❶选择工具箱中的"矩形工具",在选项栏中将填充颜色设置为 #ffffff,按住鼠标左键在图像窗口中绘制矩形,如左下图所示。

第12步 选择工具箱中的"自定义形状工具",在选项栏中将填充颜色设置为 #ff4646,选择相应的形状,❷按住鼠标左键在图像窗口中绘制形状, 如右下图所示。

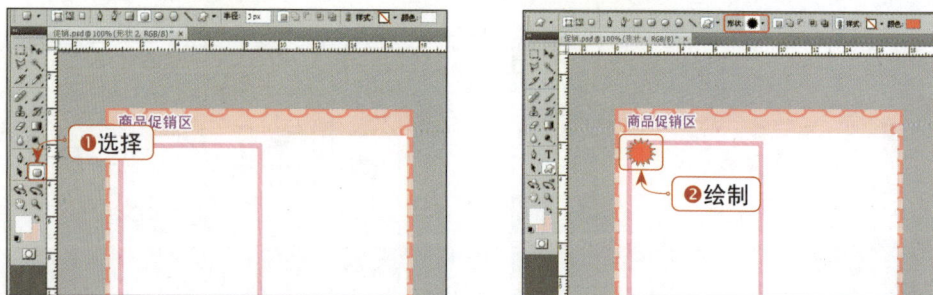

第13步 在选项栏中单击"样式"右侧的下三角按钮,❶在弹出的列表框中选择 相应的样式,如左下图所示。

第14步 ❷选择工具箱中的"横排文字工具",在选项栏中设置相应的参数, ❸然后在图像窗口中输入文字New,如右下图所示。

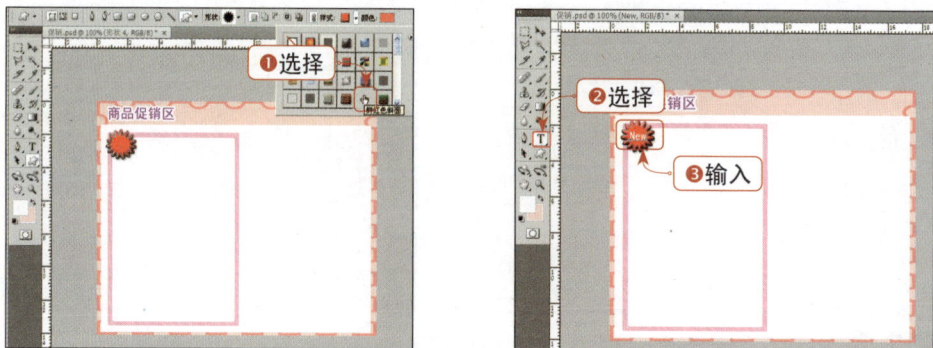

第15步 ❶选择工具箱中的"椭圆工具"，在图像窗口中绘制椭圆，❷然后在椭圆上面输入文字"GO"，如左下图所示。

第16步 ❸选择工具箱中的"圆角矩形工具"，❹在图像窗口中绘制圆角矩形，然后调整圆角矩形的形状，如右下图所示。

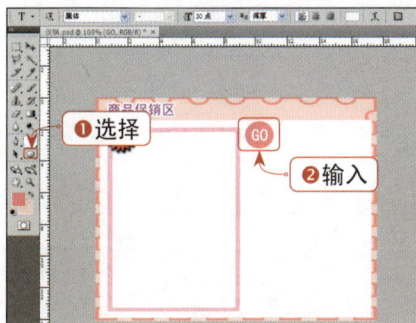

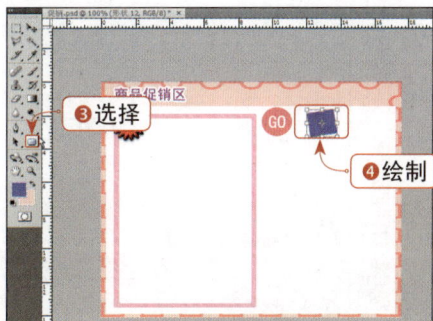

第17步 ❶选择工具箱中的"横排文字工具"，❷在图像窗口中输入文字"热"，如左下图所示。

第18步 ❸用第16~17步的方法绘制圆角矩形，然后在圆角矩形上输入相应的文字，如右下图所示。

第19步 ❶选择工具箱中的"自定义形状工具"，在选项栏中选择相应的形状，❷按住鼠标左键在图像窗口中绘制相应的形状，如左下图所示。

第20步 ❸选择工具箱中的"圆角矩形工具"，❹在图像窗口中绘制4个颜色大小相同的矩形，如右下图所示。

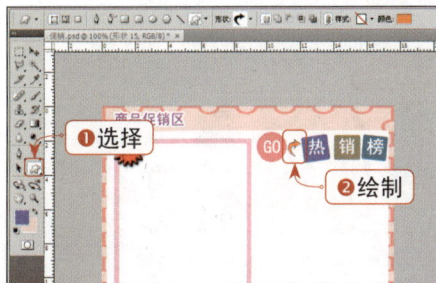

第21步 ❶选择工具箱中的"自定义形状工具"，❷在图像窗口中绘制4个颜色大小相同的形状，如左下图所示。

第22步 选择"文件"|"置入"命令，弹出"置入"对话框，❸在该对话框中选择y1.jpg图像文件，单击"置入"按钮，如右下图所示。

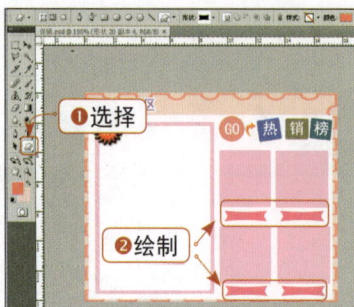

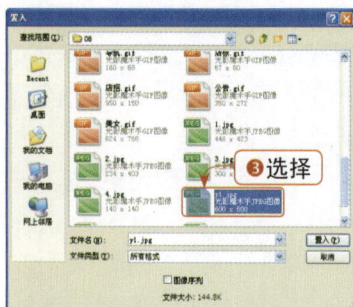

第23步 置入相应的图像文件，并将其拖动到相应的位置，如左下图所示。

第24步 选择"图层"|"图层样式"|"投影"命令，设置投影和内阴影样式，设置后的效果如右下图所示。

第25步 ❶用第22~23步的方法置入其他的图像，并拖动到相应的位置，如左下图所示。

第26步 ❷选择工具箱中的"横排文字工具"，在图像窗口中输入相应的文字，如右下图所示。

案例：网店装修师成职业新宠，月入最高可达万元

在网上"铺地板"、"贴墙纸"、"设计家具"……这就是自称"网店装修工"的何萍一天的工作，她自称是标准宅女，每天足不出户，在网上帮各位网店老板"装修"铺子。和现实中的装修不太一样，她不需要装修队，她的原料就是音乐、图片，她的工具就是鼠标加键盘。"现在我们这种职业越来越普遍了，以前生意很好的时候一个月10000元也不难，而且没有成本。"

❶ PS高手偶入"赚钱通道"

何萍今年28岁，大学学的是物理，跟装修"八竿子打不到一块"。出于个人爱好，她一直喜欢研究Photoshop等各种图形软件，对于网页设计软件更是喜欢得不得了。读大学时，同学们都知道她喜欢电脑，处理照片之类的活都找她帮忙，她也非常乐意干。后来，班上有个女生，开了个网店卖饰品，就找何萍帮她"装修"。"我当时还觉得挺新鲜的，网店不就是几张照片往上面一传嘛，这有什么技术可言。"

答应帮忙后，何萍才发现，"装修"网店还真不是件容易事。"以饰品为例，实物照片如果不经过后期加工，一点也不好看。"何萍介绍，网店的图片大都需要经过后期处理，如果再加点动画，弄点音乐，就会更加吸引人了。她帮同学重新设计了一套方案，增添了小天使的导购动画，店里的生意一下就好了很多。从那时起，何萍就发现这网店"装修"是个赚钱的门道。"其实对技术要求不高，关键是需要点美术设计功底。"

❷ 辞职当宅女专攻"装修"

大学毕业后，何萍进了一家外资公司搞研发。"物理实验做起来很枯燥，而且也不是自己的兴趣爱好，做起来很恼火。"何萍在这个公司待了将近一年，白天上班，晚上就在论坛上发帖子，接网店"装修"的单子。"那时专门做网店装修的不多，所以生意也比较好。"何萍几乎每天都能接到新的单子，"卖衣服的、卖包包的，什么都有。"由于当时只能利用业余时间，何萍做一个单子要花三四天，"一个单子两三百，基本都是我自己想的创意。"

由于口碑不错，何萍的生意越来越火，也越来越忙，忙得连节假日都没有了。"那时生意真是好，一个月光业余时间都赚过3000多元，比我工资还高。"后来，何萍干脆辞职了，于是她就成为了以图片、Flash和音乐为建筑材料，专做网店"装修"生意的人。何萍"下海"的第一个月，收入就达到了8000元。

❸ 豪华"装修"能卖上千

何萍介绍，现在网上冒出了很多做网店"装修"的，叫价从几十到上千都有。"做网店装修卖的就是创意，如果只提供简单的模板赚不到钱。"10块钱的模板在网上到处都是。有的网店，一进去就感觉与众不同，图案完全是自己的设计，连音乐也是配套的，每一个细节都会考虑得很周全。"好的'装修'，能卖上千，靠的

完全是创意。"

现在的网店"装修"市场日渐壮大，在不少网络论坛中都能看到发帖寻找能"装修"网店的人。而淘宝上也冒出了越来越多专门开网店"装修"的店主，对此，何萍笑着说，做网络"装修"不容易，所有的业务都要自己打理，工作量和难度并不小，需要很高的综合素质。同时，收入不稳定、缺乏相应的社会保障，这些将成为网络"装修"业务发展的"瓶颈"。

读书笔记

第11章 不花一分钱免费推广网店

本章导读

开网店有的日进万金，有的却门可罗雀，"酒香不怕巷子深"的年代已过去了，有好的商品也必须要有好的宣传才能有生意。那么在众多的网店中该如何推广淘宝网店，才能让自己的网店脱颖而出呢？本章将介绍免费推广网店的方法。

知识要点

通过本章内容的学习，读者能够学习到"留住上门的买家"，"了解和邀请买家"，"在社区写出精华帖，给店铺带来上万流量"，"利用'淘江湖'免费做广告"，"淘帮派推广，有人气不烧钱"等。学完后需要掌握的相关知识如下。

- ♛ 留住上门的买家
- ♛ 了解和邀请买家
- ♛ 在社区写出精华帖，给店铺带来上万流量
- ♛ 利用"淘江湖"免费做广告
- ♛ 淘帮派推广，有人气不烧钱

11.1 留住上门的买家

作为卖家，应热情对待每一位上门的顾客，尽量促成交易，无论交易成功与否，都要用良好的服务给顾客留下好的印象。

11.1.1 巧妙运用欢迎词

欢迎词可分为两种，一种是在宝贝描述及店铺公告上的静态欢迎词，另一种则是双方在交流时用的欢迎词。买家在店铺中看到喜欢的宝贝时，通常都会用阿里旺旺与卖家联系，如"你好"、"在吗"等。这第一句话怎么回答是很有讲究的。很多卖家可能会用"在呢"、"你好"等应付。其实，这是一次展示店铺形象、给买家留下好印象的机会。如回答："亲您好，欢迎光临时尚衣衣，我们是厂家正品直销，可以无理由七天退货。"如右图所示。

这样把网店宗旨及承诺告诉了买家，消除了买家可能存在的疑问。聊天开场白发个微笑的表情，买家看了会很舒服。在交谈中穿插些生动的表情，比生硬的文字更能打动买家。

11.1.2 主动介绍商品，理性对待买家

卖家必须熟悉店铺的每件宝贝，当买家提出疑问时能流利地对答，可以帮助买家挑选喜欢的宝贝，同时能主动地介绍自己产品或者买家常见的问题，这样买家会觉得你比较专业，从而增加信任感，促进交易的成功。

对于有明确购买目标的买家，要根据买家对商品的了解程度有针对性地介绍。卖家要体现出自己的专业素质，向买家详尽地介绍自己商品的功能、特点和价格等，如果你的商品符合买家的需要，就可以成功完成交易了。

对于仅有购买意向，没有明确购买目标的买家，卖家要在了解需求后推荐符合需求的几种商品，并进行简单、客观地比较，能够对买家的选择提供指导性的建议。另外，如果买家没有网上购物的经验，就需要卖家进行一定的指导，如让买家了解邮寄方式、交易中需要注意的问题等。

对于有购买意向但尚未交易成功的买家，可能现在无心买东西，只是问价，了解一下这类商品的信息。遇到这类买家，也不要敷衍了事，随便打发，应正面回答商品的情况，并以热情、诚信的态度来对待，也许他们正在考虑购买这类商品，只是短期内不会购买。最后在其会员名后注明他想买的商品，未购买的障碍是什么，以便买家下次光临店铺的时候能做到心中有数。

11.2 了解和邀请买家

用最短的时间来了解买家的意向，不仅能节约买卖双方的时间，还可以避免买家产生厌烦的情绪，促进订单的生成。

11.2.1 了解买家类型

淘宝网的卖家与买家都很多，每天在网上购物或者想购物的人无法统计，这么多的准买家和潜在买家，你能抓住几个呢？抓住了你就成交了。

买家大概可以分为3种，第一种是新手买家，一次都没在网上购物的；第二种是有点网购经验的买家，在网上购过几次物；第三种是老买家。卖家开始接触买家时，很难判断买家是哪种类型，这就得靠平时经营经验的积累。

第一种：新手买家

当你用很客气的语气和买家打招呼，并介绍商品时，对方觉得很受用。你说的话让对方很舒服，觉得你很在意他，让他有了在你店里购物就会被尊重，会有上帝的待遇。这种买家最好交流，作为卖家的你，只需做一个有耐心的倾听者，顺着他的讲话内容给予肯定并适当的提示引导。不过，这种新手买家有个通病，就是说起来没完没了，这时要引导他往你店里的商品上说，并在最短时间内让他付款。

第二种：有点网购经验的买家

这种买家很难对付，他们到你小店购物之前，也许已经看过很多同类卖家店里的商品了，价格、运费、商品质量问题、退换货、邮费、快递到货时间、赠品数量、卖家信用高低、卖家评价等，只要他能想到的，就不管你有没有时间，会不厌其烦地问你一遍又一遍。

对这种买家，你需要有超乎常人的毅力、忍受力。不过这种买家有一个好处，就是成交的可能性很大，一旦成交了，他会给你介绍大量的生意，而且以后会非常痛快。

第三种：老买家

这种买家是大多数卖家希望遇到的，因为这种买家不像新手买家那样，喜欢被人奉为上帝，也不像第二种买家那样难缠。这种买家不会在网购上浪费过多时间，看好的东西会很快付款，甚至是在你不在线的时候就拍下付款了。他要的就是"快"，因为他们要的商品一般比较急。这类老买家，只要你的商品质量过硬且服务好，就有很大可能成为超级买家，会给你带来大量的订单。

以上3种买家是网购中比较常见的类型，了解了这3种买家的心理，在与买家沟通时就胸有成竹了。

11.2.2　为买家做好分类

网店开张后，卖家会积累一些客户资源，通过把买家添加为好友，卖家可以将客户资源进行整理归类，以便管理。

通常可将客户分为以下几种。

> ★ 问了卖家但还没买的，归入"必须立即抓住的客户"。
> ★ 问了卖家但发现缺货的，归入"订购商品的客户"。
> ★ 交易成功的，归入"交易成功的客户"。
> ★ 多次交易的买家，归入"老客户"组。
> ★ 购买量大、需要给予优惠的，归入"高级会员"。

对不同类型的买家，应该推荐不同的宝贝。卖家也可以按购物的种类进行分类，如将购书者分为网页类读者、经管类读者、文学类读者等。这样，当有相应类别的新书上架时，就可以利用旺旺主动联系买家，并发送相关的图书信息。

11.2.3　设置店铺提醒

设置店铺提醒非常重要，卖家可以在第一时间查收到买家发出的信息，并做出及时处理，这对店铺生意至关重要。淘宝网向卖家发出的各类信息，也需要卖家及时处理，所以设置好这个功能很有用处，具体操作步骤如下。

第1步 登录"我的淘宝"页面，❶单击"账号管理"按钮，进入"账号管理"页面，❷单击"网站提醒"超链接，如左下图所示。

第2步 打开"消息订阅"页面，❸可以看到获得消息的方式有电子邮件、站内信、旺旺、手机4种，卖家可根据需要，选中相应的复选框。❹例如，在"成交通知"中设置为"一口价的宝贝被拍下时，请通知我"，单击"旺旺"方式复选框，如右下图所示。

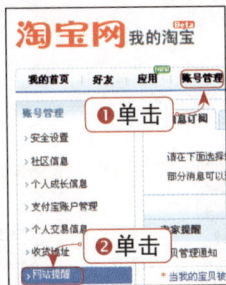

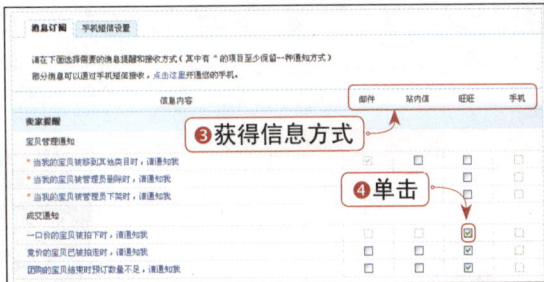

第3步 单击"保存"按钮，这样网站提醒设置就完成了。设置好阿里旺旺提醒后，卖家会在第一时间了解店铺的情况。

11.2.4　派发红包邀请买家

　　"红包"是支付宝为卖家提供的一项增值服务，是送给买家用于支付宝的虚拟优惠券。发送红包的资金将从支付宝账户中等额冻结，如果在有效期内红包未被使用，冻结资金将解冻。卖家通过给买家派发"红包"可以吸引更多的买家。卖家发送"红包"的具体操作步骤如下。

第1步 进入支付宝登录页面，❶依次输入账户名（E-mail地址或手机号）、登录密码、校验码，❷单击"登录"按钮，如左下图所示。

第2步 打开"我的支付宝"首页，❸单击"账户管理"标签，如右下图所示。

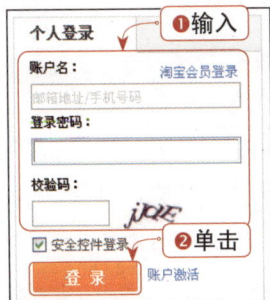

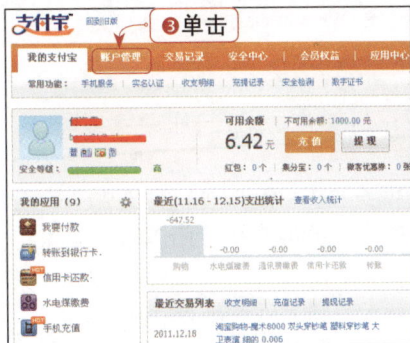

第3步 进入账户管理页面，❶单击左侧的"红包"按钮，进入红包管理页面，❷单击"发红包"超链接，如左下图所示。

第4步 进入发红包页面，选择要发送的对象，❸单击"立即发送"按钮，如右下图所示。

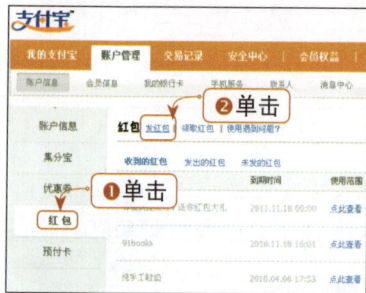

第5步 进入填写红包信息页面，❶输入相关信息，❷单击"下一步"按钮，如左下图所示。

第6步 进入确认红包信息页面，以上信息若确认无误，❸输入支付密码，❹单击"确认发行"按钮，红包即可发送成功，如右下图所示。

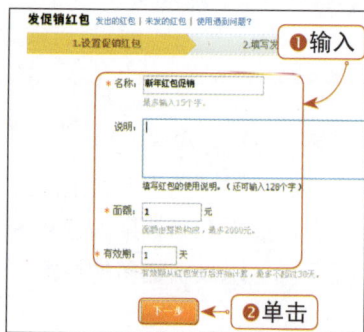

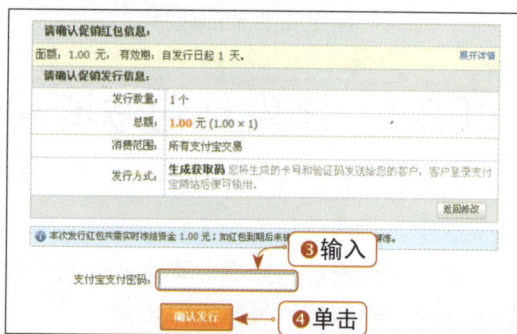

11.3 在社区写出精华帖，给店铺带来上万流量

很多店主都知道在论坛发帖可以为店铺带来很多流量，有了大的流量后会给宝贝带来不少的成交量。所以很多卖家都会在论坛上发帖来转化流量，可是发帖真的能带来很大的流量吗？为什么有的卖家写的帖子可以带来大的流量，而有的却没有呢？这正是普通帖与精华帖的区别。

11.3.1　写好帖子的标题

　　大家在论坛浏览的时候都是根据标题来选择性的阅读，所以帖子的标题是非常关键的因素，一个相当有诱惑力的标题，会使你的推广工作事半功倍。

　　在淘宝的论坛首页中，❶页面上主要是社区论坛内部的热帖，可以学习这些热帖的标题，如左下图所示。

　　为了方便找到最好的帖子做参考，可以直接进入社区的单个版面，❷单击社区版块上方的"精华帖"按钮，❸可以看到所有精华帖子的标题，如右下图所示。

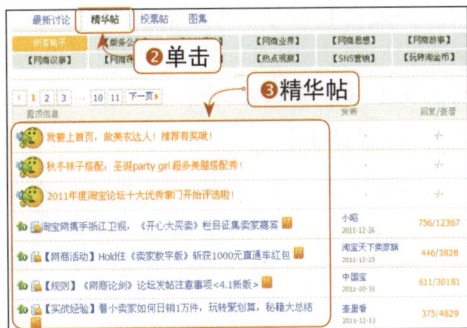

　　下面是精华帖标题的一些基本特征。

　　（1）在淘宝社区里一页有几十条帖子，要让潜在顾客把注意力集中在你的帖子上，就需要在帖子标题中加一些显眼的符号。

　　（2）当潜在顾客注意到你的帖子之后，还需要使用吸引顾客眼球的引爆点，如"最牛……"、"惊爆胖妞3个月减30斤……"。另外，还需要多用一些吸引人的词语，如"秘密"、"竟然"、"惊爆"、"最牛"、"特别"、"绝对"、"100%"、"意外"等，用上这些词语的帖子标题都能够提高点击率。

　　（3）揭密很多人都不知道的东西。人们对秘密的东西总是比较感兴趣，如"揭密5钻卖家月入30万"、"你不知道的直通车秘笈"、"店铺营销密码"。

　　（4）题目可长可短，根据文章的需要。最好不要太长，不要超过人的视觉接受能力。

新手须知——帖子标题的一些误区

　　（1）不按照实际，标题说得吓人，纯哗众取宠。
　　（2）内容不实在，内容是淘宝感受，标题却写的是推广。
　　（3）不切合主题，在经验里写感情，再好的标题也没效果。
　　（4）标题不够文明，显得很没素质。

11.3.2 写出精华帖的秘密

怎样才能写出万人瞩目的精华帖呢？下面将介绍写出精华帖的秘密。

1．标题新颖

大家看帖都是看标题进来的，如果标题没有选好，没有吸引力，那肯定没有多少人看。在符合内容的情况下标题越新颖越好，但是切记不可夸大事实。

2．发帖的质量要有保证

发帖的质量要有保证，不要只追求数量而忽视了质量。帖子内容不宜过长或过频。如果一篇帖子过长就很难让人从头看到尾。如果你在短时间内同时发表许多帖子，就算这些帖子再好，管理员也只会在其中选一篇精华的帖子，因此建议你最多一天发一篇就行了。

3．发帖的内容要精

精华帖的内容不需要最多，内容要有主次，重点的详细写。有的帖子很长，讲了很多方面，这些大道理互联网上都有，会上网的都知道，还能成为精华帖吗？

4．帖子内容排版合理，版面整洁

帖子文章的排版一定要让浏览者看起来舒服。要尽量多分一些段落，每个段落尽量不要超过10行字。不然浏览者会看得很累，并且应使用大一点的字体，不要让字显得很拥挤。

有的卖家发帖子总是喜欢用不同的字体、颜色、背景色，但是这样不会突出你的与众不同，反而会让浏览者产生视觉疲劳，不愿再看下去。所以发帖的时候需要排好版，段落清晰，字体合适，每一段的小标题可以放大字体。

5．图文并茂

仔细观察网上的精华帖会发现，好的帖子往往是图片和文字组合在一起，每段文字都配有相应的图片说明，如果整篇很长的帖子全部是文字，难免会让浏览者觉得枯燥无味，图文并茂更容易成为精华帖。

6．选择版块发帖

在发帖时选择版块的下拉菜单，一定要选择发表版面。有的掌柜认为发在不分版块的版面会流量大一点，那就错啦。你写的帖子内容是哪一方面的就发在哪个版块，这样更有机会被加精，曝光更高。

7．必须原创

有的帖子立意新颖，非常具有可读性，但是是在别处随手粘贴来的。你自己没有付出努力，当然不会获得人家的认可，经验居一直是鼓励大家写原创帖，当你付出努力后获得人家的认可，那不仅是得到流量，更是一种成就感。

一定是原创的帖子，就算是要改别人的帖子，也需要有技巧地改，标题则应完全修改，并且最好是改得比原帖更吸引人。

8．植入式软广告

如果你的帖子写得很好，吸引了很多人浏览，但是却很少有人去你的店铺，没带来实际的流量，那也是徒劳的。而淘宝社区又严令禁止发广告帖，所以要对帖子进行一些植入式的软广告。

所谓植入式广告，就是在帖子里以非常隐蔽的方式，暗示潜在客户，让他们自动点开你的店铺，但是他们却感觉不出来这是个广告。一般写自己淘宝故事的帖子都属于植入式广告，他们会假装"无意中"在故事里透露自己店铺的一些经营情况。

9．熟悉论坛规则

最后要熟悉论坛内部制度，以保证自己的帖子不会被违规删帖，甚至受到处罚。

11.4 利用"淘江湖"免费做广告

"淘江湖"是一种带有SNS性质的社交网站。它的目的是希望广大的买家在淘江湖上分享购物心得，相互推荐购物，成为一个交互的社区。在"淘江湖"积累到一定程度的"粉丝"就可以免费参加淘宝的活动，这样既可以增加曝光率，也可以帮助提高自己店铺的流量。

首先需要对"淘江湖"进行简单的设置，就可以给自己的店铺带来一些流量，具体操作步骤如下。

第1步 登录"我的淘宝"页面，❶单击"账号管理"超链接，进入个人信息设置页面，如左下图所示。

第2步 ❷单击"社区信息"超链接，进入"个人资料"页面，❸在个人基本资料中单击"头像照片"，❹然后单击"本地上传"按钮，将你店铺的标志上传，如右下图所示。

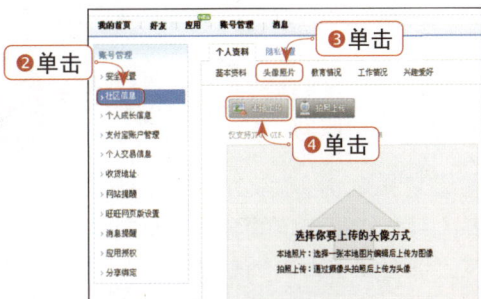

第3步 ❶打开"选择要上载的文件"对话框，在列表框中选择图像文件，然后单击"打开"按钮，如左下图所示。

第4步 ❷打开图像文件后如右下图所示，❸然后单击"保存"按钮，即可完成图像的保存。

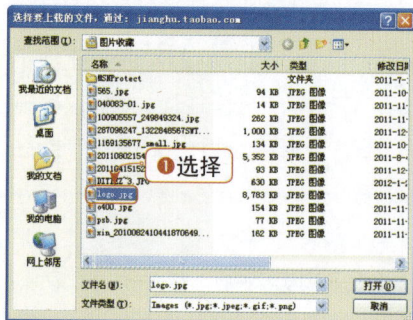

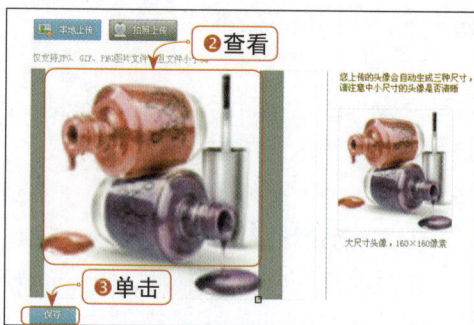

第5步 在淘江湖页面有一个栏目专门显示好友的动态信息。如果你发表了一些信息，那么你的头像、名字和发表的信息内容也会显示在对方的这个栏目中。对方返回看你的淘江湖的机会就会大大增加。因此，只要多发布一些店铺的宝贝信息，就可以有效提高店铺的流量，如右图所示。

11.5 淘帮派推广，有人气不烧钱

淘宝帮派是个完全自由自主的"江湖"。在你自己管理的帮派里面，你就是"武林盟主"，一群有着和你一样兴趣爱好的人一起快乐淘生活，分享生活中的喜怒哀乐，分享购物中的经验等。只要你是淘宝的会员，你就可以拥有属于自己的帮派。右图所示为淘宝帮派主页。

11.5.1　如何创建和加入帮派

怎样才能创建淘宝帮派呢？可以使用下面的方法创建。

方法1： 在浏览器地址栏中输入http://bangpai.taobao.com/create.htm，在页面中填写帮派相关信息，如左下图所示。

方法2： 登入旺旺后，进入帮派首页bangpai.taobao.com，在页面中单击"创建帮派"按钮，如中下图所示。

加入帮派很简单，只需进入你想加入帮派的主页，在该帮派右侧单击"加入这个帮派"按钮，如右下图所示。

11.5.2　利用"淘帮派"卖疯主打产品

在帮派内可以展现自己的店铺文化。可以让买家做购物分享，来提高自己商品的口碑。可以通过帮派招聘人才，因为对你帮派忠实的人，了解的人，极有可能就是适合你店铺的人，更可以通过帮派发起活动，在帮派内与自己的买家进行有效的互动，以此圈住用户。

首先，在淘帮派中发帖有机会免费获得广告位，利用这些广告位可以很轻松地促销自己的主打产品。这些广告位可能出现在置顶的帖子中，也可能出现在帮派的首页顶部，如右图所示。

可以积极参加淘帮派活动，尤其是大帮派做的一些活动效果很好。如促销帮的互刷收藏活动、一元秒杀活动、试用包邮活动、联合促销活动等，如左下图所示。

打开帮派中任一帖子，在最下方能看到帮派编辑推荐资源位，如右下图所示。

打开帮派中任一帖子，在右侧能看到帮派"牛编"推荐大图资源位，如左下图所示。

打开帮派中任一帖子，在右侧能看到帮派"牛编"推荐文字链资源位，如右下图所示。

11.6 其他免费推广方式

当顾客浏览卖家店铺时，并不意味着消费者一定会购买你的商品，更不意味着消费者以后一定还会再次光临。简单地说，浏览量并不等于交易量，交易具有不确定性。这时就需要店主在店铺的每个角落挖掘商机，留住顾客。

11.6.1 灵活运用信用评价，也可免费做广告

淘宝网会员在个人交易平台使用支付宝服务成功完成每一笔交易订单后，双方均有权对对方交易的情况做出相关评价。

买家可以针对订单中每项买到的宝贝进行好、中、差评；卖家也可以针对订单中每项卖出的宝贝给买家进行好、中、差评。这些评价统称为信用评价。

利用给买家的信用评价，也可以宣传展示店铺及商品。下面将讲述如何给买家评价及如何在评价中做广告，具体操作步骤如下。

第1步 ❶在阿里旺旺界面中单击"卖出宝贝"图标，如左下图所示。

第2步 在打开的"已卖出的宝贝"页面，❷单击"评价"超链接，如右下图所示。

第3步 打开评价的页面，在评价文本框中输入店铺的广告信息，评价后单击"确认提交"按钮，如左下图所示。

第4步 此时提示评价成功，如右下图所示。

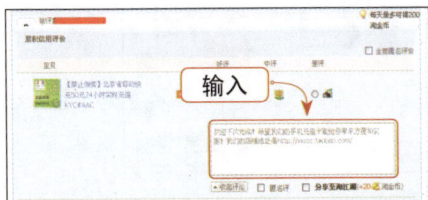

11.6.2 分享店铺流量，加入网商联盟

在传统经济下，个体开店往往是以分散的、孤立的、互不联系的个体户形式存在，其情形类似一麻袋土豆，彼此相近却缺少联系。传统的商人联盟或者俱乐部，商人们考虑的是参加者的销售量、企业规模、拥有多少社会资源。淘宝网商一般是个人卖家或者夫妻店，他们缺乏资金、没有太多人脉关系和社会资源。想进入传统的商会，可能性几乎为零。

而淘宝商盟是由淘宝卖家申请、组盟，最终形成一批中小卖家自发组成的民间卖家联盟组织，这里没有贵贱之分，只有共同的价值观。在这个联盟里，商人们最看重的是诚信，诚信前所未有地成了商业中最值钱的宝贝；商人之间也不再恪守"同行是冤家"的祖训，他们乐于相互分享经验、诚心互助；尤其在危难时刻，商业中闪耀着人性的光辉。

加入商盟能提高顾客对店铺的信任，这样更有利于生意，还能宣传店铺。如果商盟发展良好，这个商盟的知名度肯定会不错，作为商盟内部成员，你的店铺的知名度也会大大提高。

商盟可起到免费宣传店铺的作用，商盟有专门的首页推荐位。加入商盟成为正式会员后，可以在首页上推荐你的宝贝，而商盟成员也会加上你的店铺，这两者都可以直接或者间接地给店铺增加浏览量。另外，通过商盟不定期在淘宝网上举行的各类买卖活动，可加快商品的成交率。淘宝网商盟的许多活动都是以各个地区商盟的名义发起的，有的活动只有商盟的会员才可参加。下图所示为在商盟首页推荐店铺。

11.6.3 　登录导航网站

现在国内有大量的导航网站，如http://www.hao123.com/、http://www.265.com/等。在这些导航网站做上链接，也能带来大量的流量，不过现在想登录像www.hao123.com这种流量特别大的网站很不容易。下图所示为将店铺登录在网址之家www.hao123.com。

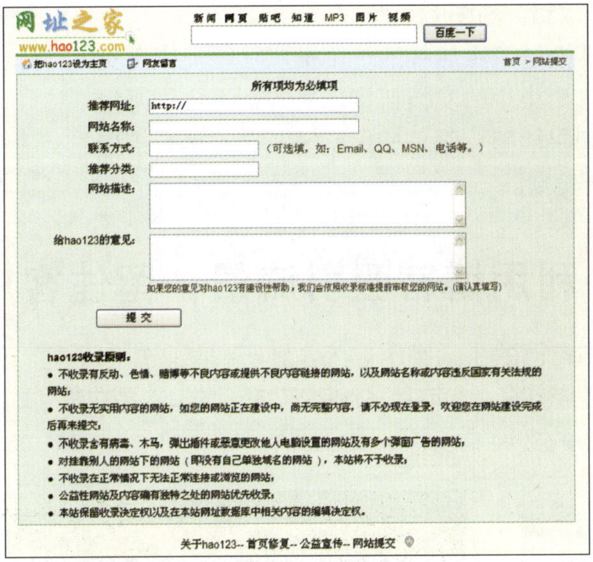

11.6.4 　巧用店铺留言，一样给你带来成交机会

店铺留言位于店铺页面的底部，它除了用于买家与卖家进行交流外，还有发布信息、补充店铺介绍的作用。优惠信息、店主联系方式、购买宝贝的注意事项都可以写在店铺留言里。下图所示为店铺留言。

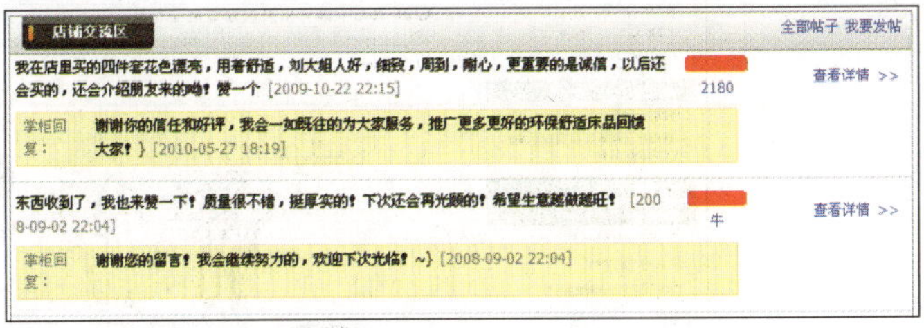

在店铺留言中，通过买家与卖家的一问一答，无形中会起到宣传店铺的作用。留言越多，表明店铺越受关注，但也可能有些对店铺不利的留言，这类留言应及时删除，如一些恶意的留言、同行的恶作剧等。

11.6.5　互相添加友情链接，增加店铺流量

友情链接是指在自己的网店中，放一个链接到对方网店；同时对方的网店也放一个链接，指向自己的网店。

淘宝网店的友情链接位于左侧分类的最下方，可以使买家从合作网店中发现自己的网店，达到互相推广的目的，带来更多的流量。右图所示为友情链接。

淘宝友情链接是淘宝店铺的一个推广功能。很多卖家都不太在意这个小小的友情链接，有的则不会很好地使用，殊不知如果能够合理地使用友情链接，也会给店铺带来很高的浏览量。

11.6.6　利用博客吸引流量，留住客户

在博客发布自己的生活经历、工作经历和某些热门话题的评论等信息的同时，还可附带宣传商家，如商品品牌等。特别当作者是在某领域有一定影响力的

人物时，所发布的文章更容易引起关注，吸引大量潜在顾客浏览，通过个人博客文章为读者提供了解商家的机会。用博客来推广店铺的首要条件是具有很好的写作能力。右图所示为通过博客推广店铺。

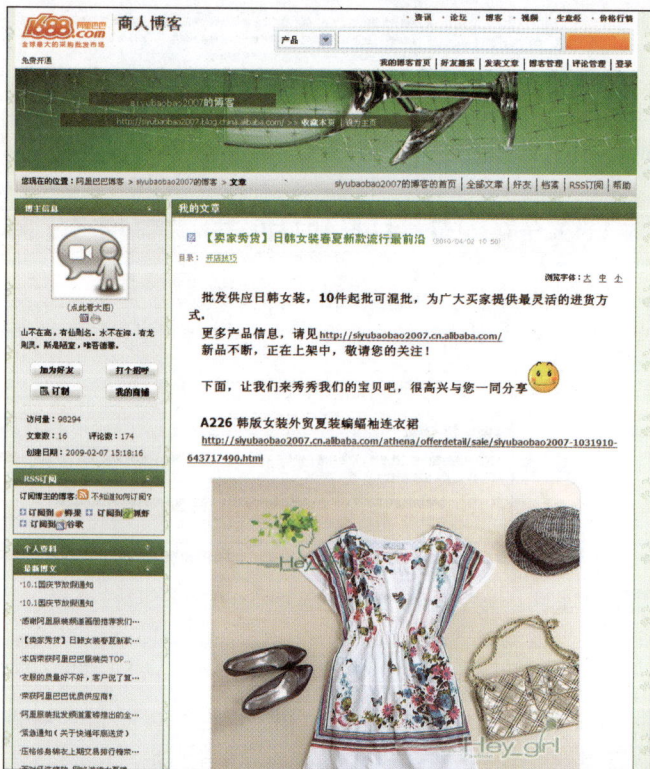

11.6.7 电子邮件推广

相比其他网络营销方式，电子邮件营销速度非常快。搜索引擎优化需要几个月，甚至几年的努力，才能充分发挥效果。博客营销更是需要时间，以及大量的文章。而电子邮件营销只要有邮件数据库在手，发送邮件后几小时之内就会看到效果，产生订单。

E-mail营销具有很强的定向性，可以针对特定的人群发送特定的邮件。首先，根据需要将客户按行业或地域等进行分类。然后，针对目标客户进行电子邮件群发，使宣传一步到位。

互联网可以使商家立即与成千上万潜在的和现有的顾客取得联系。研究表明，大多数互联网用户在24小时内会对收到的E-mail做出回复，而在直接邮寄活动中，平均回复率不到2%。

以电子邮件为主要的推广手段，常用的方法包括电子刊物、会员通信、专业服务商的电子邮件广告等。下图所示为利用电子邮件推广商品。

11.6.8 使用QQ签名推广

上网的人对QQ肯定不会陌生，使用QQ签名是一个很好的宣传途径，QQ上加了很多的同学朋友，在聊天的同时宣传一下网店，既增进了感情又宣传了网店，一举两得。另外，还可以多加几个QQ群，群里的人气可是很旺的，在群里聊天的同时顺便介绍一下网店，会大大提高网店的浏览量。右图所示为使用QQ签名推广店铺。

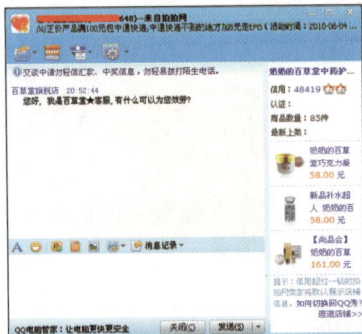

11.6.9　使用QQ空间推广

　　充分利用QQ空间，先好好地装扮一下自己的QQ空间，再把商品图片传到QQ相册里，当别人访问自己的QQ空间时，看到QQ相册里有好看的商品，就会对卖家的商品感兴趣。另外，制作一个包含有网店商品的动态签名档，传到QQ相册里，把这个签名档设置为QQ空间的签名档，这样当卖家在他人的QQ空间留言或回复留言的时候，就会看到该签名档，同时也看到了小店的宝贝。

　　利用QQ空间提高流量，就是去他人的空间不断地留言，使访客进入你的空间，在QQ空间添加店铺的广告信息。利用QQ空间推广的具体方法如下。

第1步　登录QQ，进入QQ空间页面，单击页面右上角的"自定义"按钮，如下图所示。

第2步　弹出如左下图所示的页面，❶单击"模块"中的"新建模块"按钮。

第3步　弹出如右下图所示的"添加个性化模块"对话框，❷选择"图文模块"。

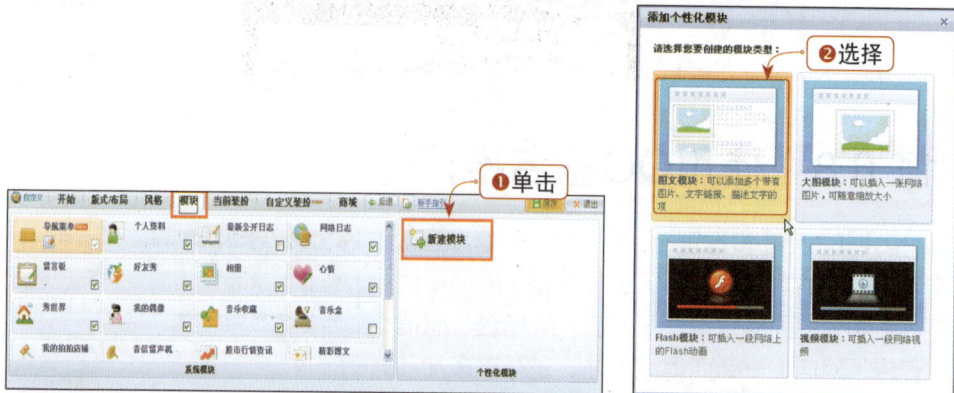

第4步　进入如左下图所示的"添加图文模块"页面，在此页面中输入相关图文信息。

第5步 设置完成后，预览新建广告模块的效果，如右下图所示。

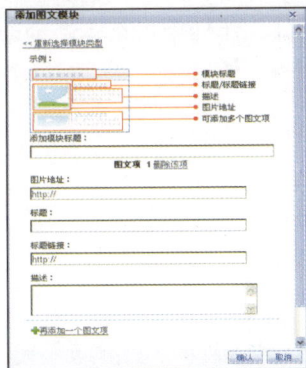

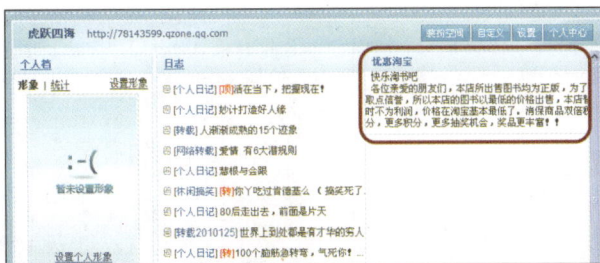

11.6.10　BBS论坛推广

在论坛上经常会看到很多用户在签名处都留下了自己的网店地址，这也是网店推广的一种方法。将有关的网店推广信息发布在其他潜在用户可能访问的网店论坛上。利用用户在这些网店获取信息的机会，实现网店推广的目的。右图所示为在论坛上推广自己店铺的产品。

除淘宝以外，还有一些其他可以提供交易信息的平台，也就是各个论坛的自由交易版块。通过这些平台可以让更多的人了解你的商品。要想到各论坛发帖，应先到各大网站进行注册，熟悉论坛情况，了解相关规定，看帖发帖，积累积分。到积累分数够了，就可以发帖推广自己的商品。各大论坛都有一些可以发布信息的平台，如天涯、搜狐、网易、新浪等。

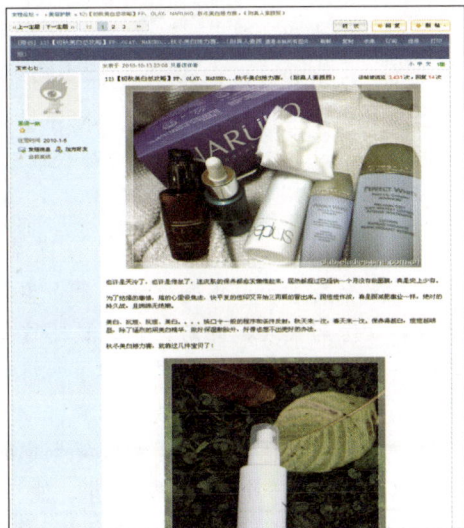

11.6.11　相互收藏店铺，增加人气

生意场上的竞争者既是对手也是师父，有时还是指引卖家前进的明灯，让卖家少走很多弯路，让卖家在淘宝路上事半功倍。卖家可以找几家店铺作为收藏对象。

淘宝人气很重要，如果你的收藏人气高，那买家对你店铺也会多一份信任，而且你店铺与宝贝被搜索的几率也很高。下图所示店铺的收藏人气高，销售量也很高。这个不等于刷信用作弊，只是给自己打广告，使你的店铺宝贝多一点被搜到的机会！

案例：网上卖服装，从穷小子变成库存大王

盛夏的杭州，炎热的太阳几乎要把人烤化了，就在这39℃的高温下，房长君整天穿梭在板房和公司之间。"我们现在正在打冬装的版，争取赶上9月2号的冬装订货会。"抹了一把额头的汗水，他伸出手比划了一下："我们现在要打80个版，这么短的时间内，这在很多大公司都很难做到。"

1 从网吧开始网上贸易

房长君的公司背靠着如今在全国都很有名气的四季青服装市场。"家里人原本就从事服装加工，但是父亲一直希望我有更好的发展。"南开大学化学系毕业的他说，"医药代表、导游、咨询顾问这些职业我都尝试过。"2004年底，马云在成都的一次宣讲大会让房长君看到了网络存在的新商机。"当时就觉得这个人口才不错，还想把他'挖'过来做咨询演讲。"虽然有这个想法，但是演讲的内容却更吸引他。联想到自己姐姐辛苦做服装生意的情形，他决定和姐姐联手用网络找出路，同时也是给自己一个机会。那一年，他33岁。

2005年4月8日，兜里装着1万多元钱的房长君和姐姐一起从成都来到杭州四季青服装批发市场。当时四季青里一个打包工帮他们租下了位于三桥的180元的农民房，买了一辆30元的二手自行车。在杭州开始创业的他们想法很单纯：把杭州的库存服装拿到成都荷花池市场出售。可实际操作起来却有不小的困难。因为资金少，就只能小批量进货；量小，可挑选的款式就有限，再加上从杭州发货到成都这5天的时间，路上又积压了大量的资金，货到了之后还不一定能找到合适的买主……在这种情况下，他想四季青这边有充足的货源，而需要货的商户实地采购的成本很高，如果自己能帮他们找货，那肯定有市场。连接两边的信息自然通过互联网传递是最快捷的。

理清了思路，四季青市场后面的网吧就成了房长君每天的必去之处。他通过网络发布自己掌握的服装库存信息，在全国寻找买家。刚开始，他和所有初涉网上交易的人一样，都是"守株待兔"，寄望生意自己找上门来，但是很快就失望了。还好，脑子灵活的他很快就找到了"主动出击"的机会——论坛。"刚开始，我在论坛上发了一些风花雪月的文章，竟然都有人回复，我想如果发布相关的生意信息，岂不是能帮自己做广告？"想到就做，一篇《杭州库存服装给你惊人的利润》的帖子让他声名鹊起，而他不仅在短短的时间内就有很好的销售业绩，更让他在库存服装市场中有了信誉。"甚至有些温州等地的经销商直接汇10万元到我账户上，让我帮他找货。"很快，在四季青服装市场上，房长君成了名副其实的"库存大王"。

2 库存大王的转型思考

库存服装一般被认为是因为过季而难以销售的货品，但事实上，这是一个相对的概念。因为当季服装还在时装店热销的时候，店面已经囤积了相当数量的商品，因此批发商不可能一直维持高的出货量，这时还在厂家仓库中的服装事实上已经成了库存。房长君经营的作用就是通过网络将这些库存服装在短时间内更快地分销到全国二级、三级消费市场，厂家因此可以降低损失。"如果一件衣服的出厂价是40元，在省级代理商手中可以被卖到60元，到零售商手中甚至能够增值到100多元。"房长君说，"当厂家按库存甩货时，出厂价可能只有20元，这样即使我们卖给经销商的是40元，而他卖给消费者的是80元，利润差不多，但销量就会增加。"显然，被不少人轻看的库存服装行业中存在着非常大的商机。

虽然在库存方面已经做得风生水起，房长君却开始在网上做起了新款服装的经销生意。他说："做库存生意的关键是选货的眼光以及丰富的销售渠道，从本质上等同于一个中间商，当互联网被更多的厂家和商户应用之后，我们的发展空间会越来越小。我们必须尝试开拓新的发展领域。"但在网上卖新品一直是个比较难的问题。厂家通常不愿意把新款放到网上，因为中国靠仿冒的厂家太多了，杭州是中国的服装基地之一，这里的工厂欢迎批发商、省代理，但不欢迎网络卖产品。但房长君告诉他们："其实大家都一样，你不怎么关注网络，其他老板也一样，他们根本不看网络上面的新款。相反，你的款式放到网络上却能在消费者中起到推广作用。"或许是他文质彬彬的模样比较容易取得信任，或许是他原先的网上经营声名在外，终于他说动了一家企业，把新款T恤放在网上展示，很短时间内卖了一万件。后来，甚至有人主动开始找房长君谈。

房长君能在网上打开销路主要靠两个方面：一是把漂亮的模特展示照片放在网上，二是参与阿里巴巴的竞价排名。"女上装、连衣裙、裤子、衬衫等服装关键词，我长期都是'标王'。"他说，"只要在阿里巴巴上输入这些关键词，第一个能找到的就是我。"这个奇妙的宣传效应让很多不明就里的客户把"服装"当成了实力雄厚的大企业，也为房长君带来了一些意想不到的收获。

3 小老板的亚洲品牌梦

"服装是一个竞争激烈的行业，卖库存、做销售可能是一个挣钱的手段，但是一个企业要继续发展，一定要有自己的核心竞争力，而打造自己的设计、品牌正是其中的关键一步。老安的加入更让我坚定了这个想法。"几年来在服装市场所积累的经验，让做服装倒卖的房长君看清了自己真正要走的路。

房长君透露："最近，我们正在和香港一家为意大利服装做代工的工厂接触，希望它能参股我们的品牌，共同打造产品的生产体系。"

读书笔记

第12章

花钱推广，通往大卖家的必备武器

本章导读

　　开网店和实体店一样需要宣传推广，因为宣传推广是一个网店兴衰成败的关键。网店的宣传推广与实体店的广告有所不同。在淘宝网上宣传不仅需要技巧，还需要卖家全面深入地了解淘宝网这个平台，最大限度地利用淘宝网提供的宣传工具，让自己的网店脱颖而出。本章将介绍花钱推广网店的方法。

知识要点

　　通过本章内容的学习，读者能够学习到订购淘宝促销工具，加入消保，为买家提供保障，设置满就送，让店铺流量翻倍，设置秒杀吸引"全民疯抢"，让更多的淘宝客推广你的商品等。学完后需要掌握的相关技能如下。

- ♛ 订购淘宝促销工具
- ♛ 加入消保，为买家提供保障
- ♛ 设置满就送，让店铺流量翻倍
- ♛ 设置秒杀吸引"全民疯抢"
- ♛ 让更多的淘宝客推广你的商品

12.1 订购淘宝促销工具

淘宝促销工具非常多，包括"满就送"、"搭配套餐"、"直通车"等，这些都是淘宝的收费服务。如果想使用这些工具，首先需要订购开通这些服务，具体操作步骤如下。

第1步 首先登录"我的淘宝"，❶在"我是卖家"下方的"软件服务"中单击"我要订购"超链接，如左下图所示。

第2步 进入"卖家服务"页面，❷单击"营销推广"下的"店铺营销"超链接，如右下图所示。

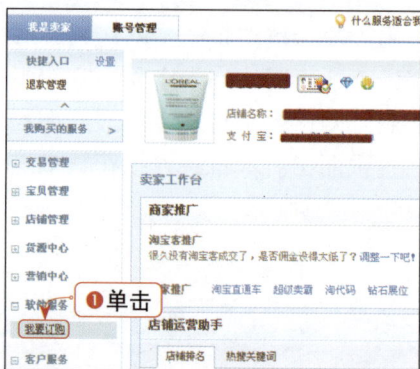

第3步 打开服务订购页面，在需要订购的工具后面单击"立即订购"按钮，如下图所示。

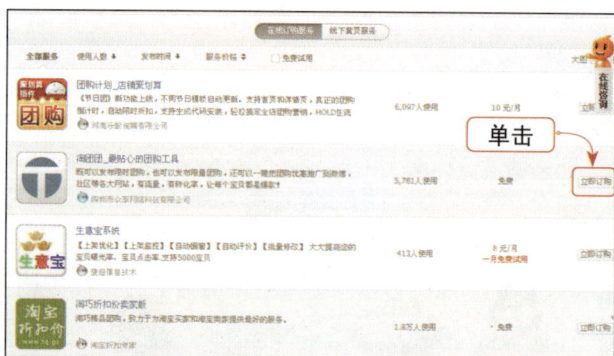

第4步 进入订购工具的详细信息页面，❶单击"立即订购"按钮，如左下图所示。

第5步 进入订购信息页面，在页面中有订购服务的名称、期限、支付金额等信息，❷选择需要订购的期限，❸单击"付款"按钮，如右下图所示。

Q: Hey，卖家，你想要什么？
A: 流量！订单！曝光率！方便快捷的操作
Q: OK！你要的，我一次性都满足你！

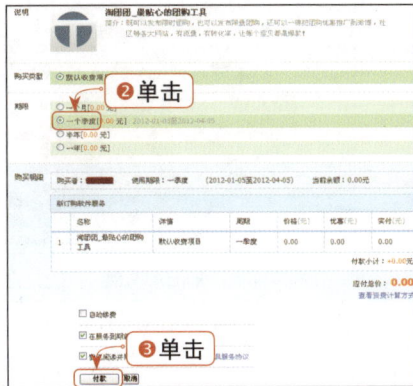

第6步 如果是收费的，最后进入到付款页面使用支付宝完成支付，然后页面会转入到付款成功页面，并且阿里旺旺聊天工具也会弹出系统信息，提示你已经成功订购，如右图所示。

以上是其中一个促销工具的订购过程，其他工具的订购开通也都是按照这个流程操作。

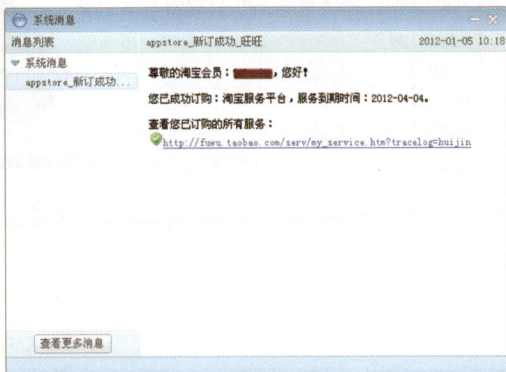

12.2 加入消保，为买家提供保障

"消保"是淘宝几年前推出的消费者保障服务的简称，包括了如实描述、7天无理由退换、假一赔三、30天维修、虚拟物品闪电发货等多种购物保障服务，经过逐步升级，目前已覆盖整个网络购物流程。加入"消保"的卖家向消费者承诺提供更高标准的服务，并提交保证金。如果在交易中未达承诺，淘宝可按照"消保"的对应条款动用保证金直接赔付给消费者。

网购价格低是由模式决定的，卖家之间差别不大，服务好坏成了网店竞争力的核心因素。而是否加入"消保"最为直观，因此成了买家评估服务质量的首要因素，直接影响着网店的生意。加入"消保"意味着卖家能够提供更好的消费保障。

加入"消保"后，卖家可以根据所经营产品的情况做出一些承诺，如下图所示。

加入"消保"后的店面，在店铺掌柜信息部分和商品页面中都可以看到"消保"及承诺的服务标志，如下图所示。

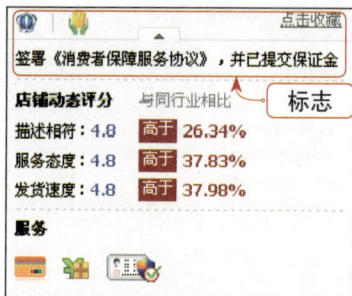

从上面可以看出，加入"消保"增加了顾客的信任度，有"消保"标志的店铺比没有"消保"标志的店铺更容易成交。网络购物发展至今，有不少买家购买产品的时候，只选择加入"消保"的卖家，所以他们在对商品进行搜索的时候就已经排除了没有加入"消保"的店铺。

买家在购买产品的时候，同样两家店铺，同样的产品，同样的价格，买家毫无疑问会优先选择"消保"卖家。另外，淘宝上很多活动都只针对"消保"卖家开放，加入"消保"还可以增加推广的机会。

12.3 设置满就送，让店铺流量翻倍

"满就送"促销工具比较直观，直接展示在店铺首页及宝贝详情里面，可使顾客第一时间了解到这家店铺的优惠情况，也比较方便，顾客下单后系统自动减去现金，不用卖家自己去修改价格，既省力又省心。

12.3.1 什么是"满就送"

"满就送"就是满就减，满就送礼，满就送积分，满就免邮费。它给卖家提

供一个店铺营销平台，通过这个营销平台可以给卖家带来更多的流量。把更多流量转化成有价值的流量，让更多进店的人购买。通过"满就送"，提高店铺整体交易额。

对于卖家来讲，可以在适当让利的条件下让店铺商品批量销售；对于买家来讲，可以在批量购买某个店铺的商品时获得更多的优惠。"满就送"是批量买卖最终达到双赢的一种活动。右图所示为设置了满就送的店铺，商品的销售量大大增加了。

12.3.2 如何开通"满就送"

使用了"满就送"促销工具，促销广告会在每一个宝贝的页面都显示出来，当顾客浏览到你的商品，看到促销广告时，可提高顾客的购买欲望，以达成促销的目的。设置"满就送"的具体操作步骤如下。

第1步 登录"我的淘宝"，在"我是卖家"页面，❶单击"营销中心"下的"促销管理"超连接，如左下图所示。

第2步 进入促销管理页面，单击"满就送"标签，❷单击"马上订购"按钮，如右下图所示。

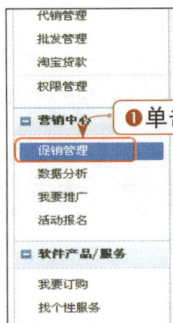

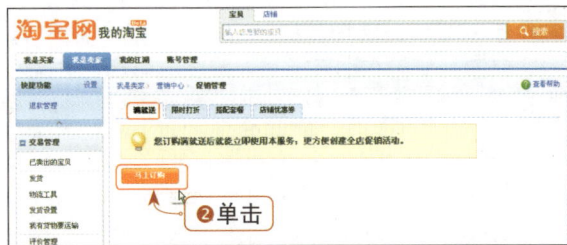

第3步 进入"选购软件服务"页面，❶在"店铺营销工具（满就减、送服务）"后面单击"立即订购"按钮，如左下图所示。

第4步 进入"购买店铺营销工具（满就减、送服务）"页面，❷在页面中单击"购买类型"和"购买期限"后面的单选按钮，显示了购买的详细信息，单击"我已阅读并同意"复选框，如右下图所示。

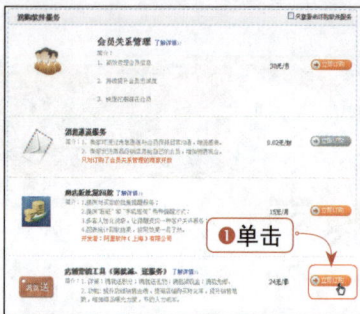

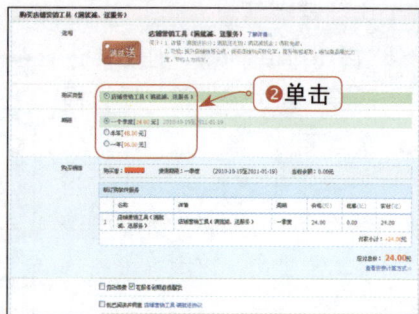

第5步 弹出如左下图所示的"付款信息"页面，❶单击"去支付宝付款"按钮。

第6步 弹出如右下图所示的页面，❷在"请输入支付宝账户的支付密码"文本框中输入支付宝密码，❸然后单击"确认无误，付款"按钮。

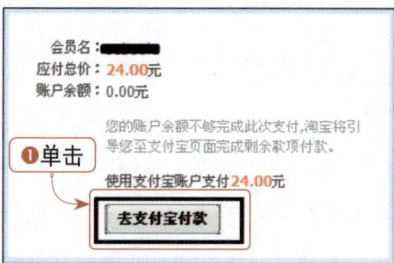

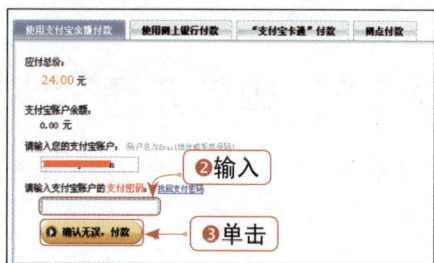

第7步 显示付款成功页面，如下图所示。

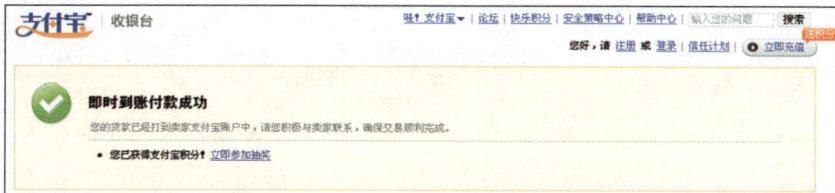

第8步 再次登录"促销管理"首页，单击"满就送"标签，进入"满就送"设置页面，❶输入相关信息，❷然后单击"完成设置"按钮，如左下图所示。

第9步 进入"满就送"设置成功页面，❸单击"拷贝代码"超链接，如右下图所示。

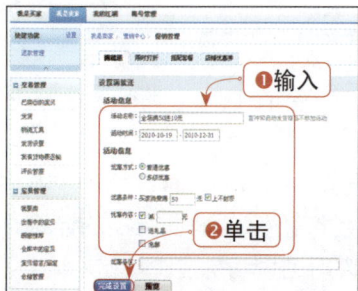

第10步 进入"店铺公告"页面将代码粘贴到店铺公告里，如右图所示。

卖家可根据自身的特点灵活使用促销工具，使有限的资源发挥最大的效果。

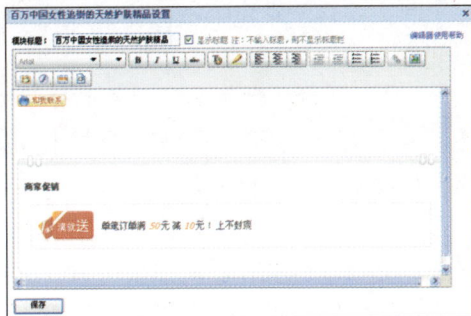

经验之谈——设置促销信息技巧

（1）选择促销金额很重要。假如你设置了满108元包邮，这个108元最好是两件以上宝贝的价格，如果一件宝贝就超过了108元，就失去了促销的意义。

（2）要量力而行。卖家如果一味追求促销效果，不顾成本，减现金、送礼品、包邮等全用上，结果发现不赚反赔就得不偿失了。因此，设置促销之前一定要想好自己的底线是什么。

12.4 设置秒杀吸引"全民疯抢"

秒杀是淘宝卖家的促销活动之一，是由淘宝或者卖家自行组织，将商品在特定的时间范围内以活动促销价出售，参与活动的购买者需以最快的速度才能成功拍下商品的一种促销活动。

随着网购在人们生活中的普及，秒杀已从一个网游术语演变为一种网络促销方式，现在连不少实体大商场的黄金周促销也打出了秒杀的广告，这种限时、限量的方式越来越深入人心，成为一种现象。秒杀好处多多，最直接的就是带来顾客流量。此外，流量会带来连带销售效应，在秒杀的同时还能获得额外的利润。因为没秒到商品的淘友，很有可能收藏你的店铺或宝贝。秒杀其实就是广告，能积累潜在客户，进入到促销频道，如右图所示，可以看到很多秒杀活动。

秒杀是淘宝常见的一种促销方式，那作为一个卖家到底怎样才能做好秒杀活动呢？

（1）既然是秒杀，秒杀价格越低越好。一个没有价格优势的商品是无法吸引买家疯抢的。所以一定要参考其他店铺的价格情况，不能做到行业最低，至少做到同类商品价格最低。

（2）选择的商品要适合季节。比如中秋节前拿月饼做秒杀，关注度会很高；而如果拿棉衣在夏季秒杀，估计没多少感兴趣的。

（3）秒杀的商品是比较受欢迎的一类，也就是购买人群基数大的商品，很难想象没什么人需要的商品能引起疯抢。即使价格低，买家也会因为对其用处不大而没有兴趣参加秒杀。

（4）做好商品的库存准备，千万不要最后因为货源的原因导致店铺信用的损害。秒杀的商品最好是货源充足，秒杀的数量不宜过多也不宜过少，如果商品在1秒钟内秒完下架，会有很多买家认为你在作弊。

（5）秒杀宝贝描述充分利用起来，因为进入这个页面的人会被你的描述分流到首页、分类页、其他宝贝页面去。

（6）在全店推出足够吸引人的促销活动，如全店免邮、全店几折、全店满就送、收藏有礼等促销活动。

（7）建立秒杀活动群，把进入秒杀商品页面的买家集中起来，这是留住买家的有效方法。

12.5 让更多的淘宝客推广你的商品

淘宝客推广已经成为继直通车、钻石展位、品牌广告之后，淘宝掌柜的又一营销利器。与其他广告形式相比，淘宝客推广具有很高的投入产出比，不成交不付费，真正实现了少花钱，多办事。

12.5.1 什么是淘宝客推广

淘宝客推广是专为淘宝卖家提供淘宝网以外的流量和人力，帮助卖家推广商品，成交后卖家才支付佣金报酬的推广的新模式。如果你是淘宝卖家，轻松几步，就可以把自己需要推广的商品发布到淘宝客平台上，让淘宝客来推广。对卖家来说，淘宝客推广就像聘请了一些不需要底薪的业务员，业务员越多，店铺就越有可能开拓更大的市场。

淘宝客推广的优势如下。

（1）最小成本：展示、点击、推广全都免费，只在成交后支付佣金，并能随时调整佣金比例，灵活控制支出成本。

（2）拥有互联网上更多流量、更多人群帮助推广售卖，让你的买家无处不在。

（3）推广精准到店铺和商品，直击用户需求。

（4）推广内容和推广途径完全自定义，灵活多样。

（5）推广流程简单，一键获取推广代码，甚至不需要拥有自己的网站。

12.5.2　设置你的淘宝客推广

淘宝客推广是一种按成交计费的推广模式，淘宝客提供单个商品和店铺的推广链接，可以指定推广某个商品或店铺。下面将讲解使用淘宝客推广的方法，具体操作步骤如下。

第1步　登录"我的淘宝"，❶单击"营销中心"下的"我要推广"超链接，如左下图所示。

第2步　进入"我要推广"页面，❷单击"淘宝客推广"图标，如右下图所示。

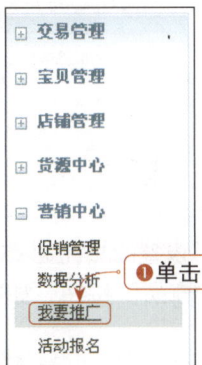

第3步　打开"淘宝联盟"页面，单击"进入我的联盟"按钮，如下图所示。

第4步 ❶在进入的页面中单击"求推广"超链接，弹出"推广计划管理"页面，❷单击"新建定向推广计划"按钮，如下图所示。

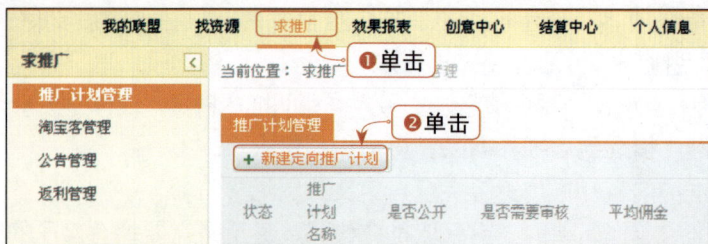

第5步 弹出"新建定向推广计划"页面，❶在页面中输入"计划名称、是否公开、详细说明、起始日期和结束日期"，❷单击"下一步类目佣金设置"按钮，如左下图所示。

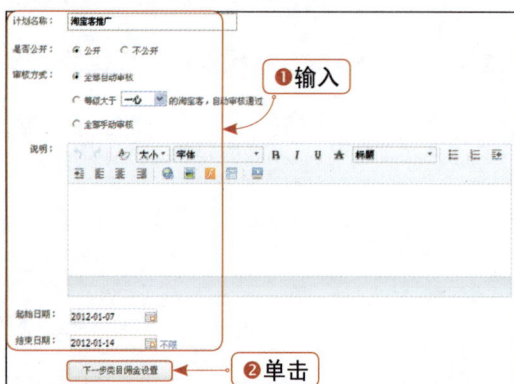

第6步 进入"设置类目佣金"页面，输入佣金比例，❸然后单击"保存"按钮，如右下图所示。

第7步 弹出设置完成页面，如左下图所示。❶此时单击"设置商品佣金"标签。

第8步 弹出"商品佣金设置"页面，❷单击"新增主推商品"按钮，如右下图所示。

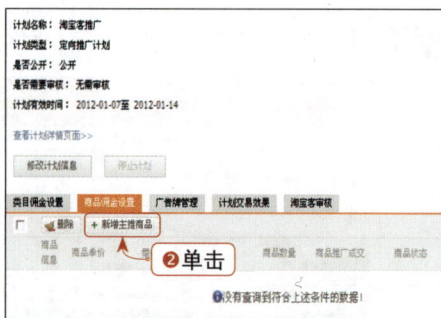

第9步 弹出"选择主推商品"页面，❶单击要推荐的商品前面的复选框，❷单

击"下一步设置商品佣金"按钮，如下图所示。

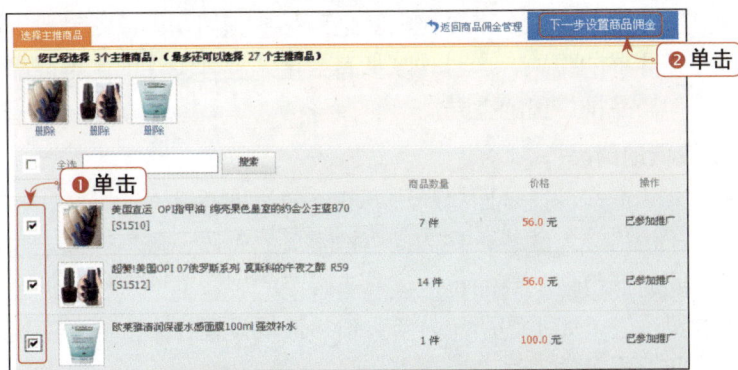

第10步 弹出"设置主推商品佣金"页面，重新设置佣金比例，设置佣金比率后的效果如下图所示。单击"完成/保存"按钮即可完成佣金的设置，这样就完成了商品的淘宝客推广。

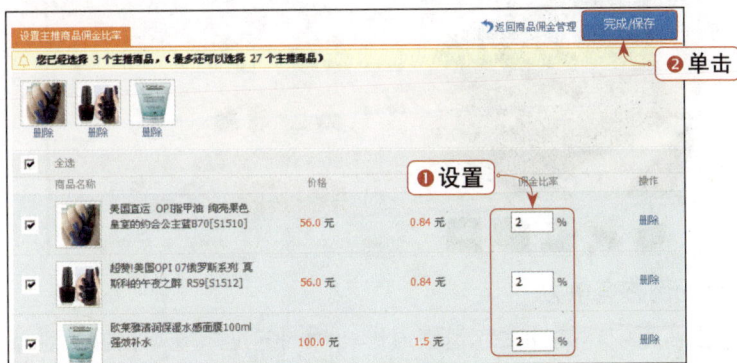

12.5.3 吸引更多淘宝客推广

什么样的商品才是淘宝客喜欢推广的商品呢？怎样才能让自己推广的宝贝吸引更多的淘宝客来推广呢？

1. 主推最好的商品打造爆款

不要推广那些滞销的产品，如果推广的产品一点销量都没有，即使设置很高的佣金也很难让人有兴趣推广的。热销的宝贝自然比无人问津的宝贝更容易卖出，推广那些热销品不但可以吸引更多的淘宝客推广你的店铺，更重要的一点是可以积累销量。

质量好又热卖的商品，有利于吸引淘宝客，也有利于培养忠实的淘宝客。有不少淘宝客把商品推荐给身边的亲朋好友，如果产品质量过硬，可增强他们推广的信心。

在商品的销售中，集中力量重点打造一款高人气的主推宝贝，俗称"爆款"，利用其高人气的特性，带动店内其他商品的销售，即单品制胜。同理，在淘宝客中也存在同样的现象，通过一款拥有大量淘宝客关注的主推商品，同样可以带动店内其他商品推广量的上升。

2．单价较低的商品

由于淘宝客的推广往往是面向新顾客的，通过推荐进入的顾客，多数为冲动型的消费，对于价格较为敏感，在选择主推宝贝的时候，应当选择一些单价适当较低的商品，同时低价位的商品也应该具有较高的利润率，可以为佣金比例的设定留有更大的灵活性，如下图所示，宝贝价格最好设置在大众能普遍接受的范围内，这样可以获得更多的关注率。

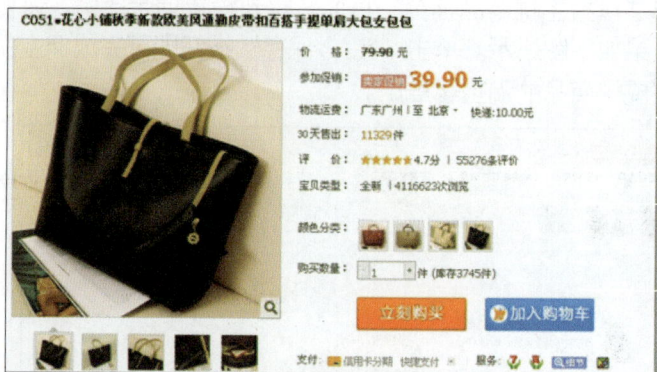

3．佣金比例有竞争力

对于淘宝客来说，高佣金才是硬道理，相同的推广成本，佣金越高，收益自然越好，因此淘宝客在挑选商品时往往会较多关注佣金比例，因此建议主推商品应当在低价的同时还要保持较高的佣金比例。

较高的佣金比例，对淘宝客来说是非常有吸引力的。所以在能承受范围内，要尽量让利给淘宝客，才能发掘淘宝客无限的推广潜力。当然佣金比例并不是越高越好，而应根据不同的推广阶段，不同的竞争情况，随时调整佣金。比如一款新上架的商品正处于推广期，同时作为吸引淘宝客的主推商品，在定制佣金比例时，需要考虑最大程度的让利淘宝客，以获得更多的推广，此时应适当高佣金回报淘宝客；而处于成熟期的商品，可适当调低佣金比例，以保证足够的利润。

新手须知——制定佣金比例注意事项

在制定佣金比例的时候，也需要参考同类商品的竞争情况，处于进攻阶段时，可根据竞争对手的佣金比例进行适当上调，但处于防御阶段时，需要实时关注对手的佣金变化，采用跟随策略。

4. 具有较好的成交量和评价

淘宝客作为推广者，同时也会作为消费者，当选择推广商品时，往往也会站在买家的角度去审视，如果所选商品、具有良好的历史成交记录以及正面的评价，可以让淘宝客更有推广信心。

5. 经常更新主推商品

对于一些季节性很强的商品来说，淘宝客主推商品的更新速度要跟上店铺更新的速度，才能更加吸引新淘客、留住老淘客。

在一定的时间内，可根据淘宝客成交的记录来对一些推广比较好的宝贝进行佣金调整，比如提高佣金，更能促进宝贝的推广；对于一些很久都无人推广的宝贝，则可以删除，另推其他商品。经常更新或根据效果来调整你的商品和佣金，才是提高销量的保证。

6. 宣传你的淘宝客推广服务

已经使用淘宝客推广的卖家非常多，产品如何在如此众多的推广宝贝中脱颖而出是非常重要的。当然如果只是设置好推广的那几个产品就撒手不管的话，虽会带来一些成交量，但是想要有更好的效果，还是需要多宣传自己。

淘宝联盟社区是淘宝客聚集交流的场所，有月入数万的"大虾"，也有刚入门的"菜鸟"，在这里有更大的展示空间，可以尽情发挥你的才能，吸引淘宝客的关注。

7. 额外奖励刺激

对于那些推广做得好的淘宝客们，你还可以给他们制定一些额外的激励机制，让他们长期保持高昂的斗志，更加努力地为你工作。一般来说，额外的奖励有以下几种方式。

（1）奖金：除了淘宝佣金外，另有奖金，奖金一般与淘客的业绩直接挂钩。如累计推广多少件宝贝获得多少奖金。

（2）送现金：如推广就送现金。

（3）送礼物：如推广就有大礼。

12.6 "钻石展位"吸引百万流量

"砖石展位"是淘宝图片类广告位自动竞价平台，是专为有更高信息发布需求的卖家量身定制的产品。精选了淘宝最优质的展示位置，通过竞价排序，按照展现计费。"钻石展位"性价比高，更适于店铺、品牌及爆款的推广。

12.6.1 "钻石展位"介绍

"钻石展位"是按照流量竞价售卖广告位的，计费单位是"每千次浏览单价"（CPM），即广告所在的页面被打开1000次所需要收取的费用。钻石展位不仅适合发布宝贝信息，它更适合发布店铺促销、店铺活动，推广店铺品牌。可以在为店铺带来充裕流量的同时，增加买家对店铺的好感，增强买家粘度。

淘宝钻石展位产品特点如下。

- **超低门槛**：即使花很少的钱也可以在淘宝最有价值的展示位上发布信息。
- **超炫展现**：展现形式更炫丽，展现位置更大，展现效果更好。
- **超优产出**：不展现不收费。自由组合信息发布的时间、位置、花费，轻松达到最优异的投产比。

12.6.2 订购"钻石展位"

在哪里能找到"钻石展位"这个推广工具呢？下面将讲解订购"钻石展位"的具体操作步骤。

第1步 首先进入"我的淘宝"页面，❶单击"营销中心"下的"我要推广"超链接，如左下图所示，在打开的"营销入口"页面中，❷单击"钻石展位"图标，如右下图所示。

第2步 此时进入"我要报名"页面，如下图所示。如果想要开通这个工具，首先要参加课程培训，在参加完课程培训之后，就会给你开通"钻石展位"的权限。

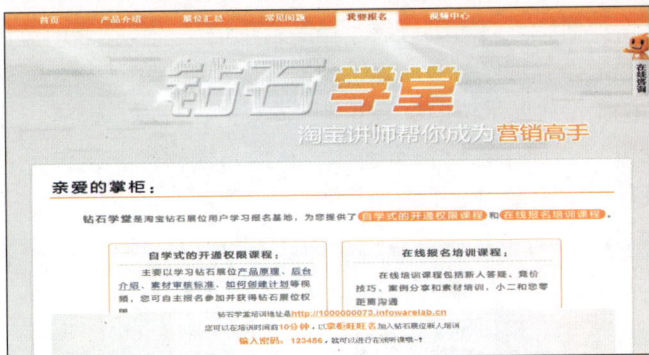

第3步 在开通权限后，就进入你的"钻石展位"后台了。在页面中可以很直观地看到个人账户、公告区以及展示位推荐区。如果想查看更多的展示位，单击顶部的"展示位资源"标签，如下图所示。

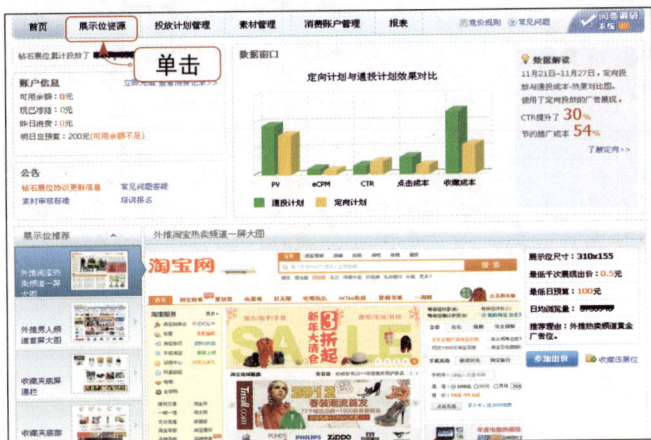

第4步 进入"展示位资源"页面，在页面中显示所有可以参加的"钻石展位"活动，单击你想要加入的推广展示位后面的"参加出价"按钮，可以查看该展位的详细信息，如下图所示。

第5步 在竞价页面中可以看到该展示位的各项信息，包括当前竞价情况、每日总展现量等。首先需要添加符合此展示位尺寸的素材，素材必须通过审核才能竞价此展示位，❶单击"创建素材"按钮，如左下图所示。

第6步 在弹出的"创建素材"页面中，❷输入素材的相关信息，❸然后单击"保存"按钮，如右下图所示。

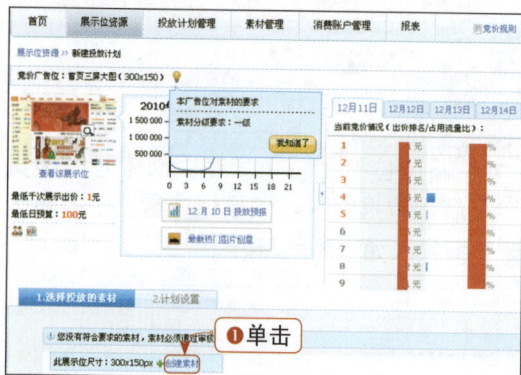

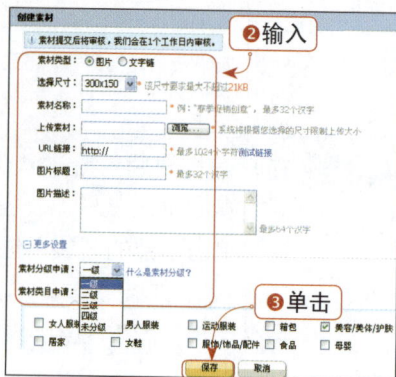

新手须知——"钻石展位"图片有哪些格式？

"钻石展位"不仅支持图片格式，更支持GIF、Flash等动态格式。你可以把自己的展示图片做得非常漂亮，同时"钻石展位"的尺寸都比较大，可以最大限度地吸引买家进入你的店铺。

第7步 制作好展示图片并且通过审核后，就可以输入计划设置相关信息，如右图所示。

设置完成后，就可以对看中的展示位置在某个时间段的"千人展示成本"的单价进行自由出价了，价格高的卖家推广的信息将被优先展示。

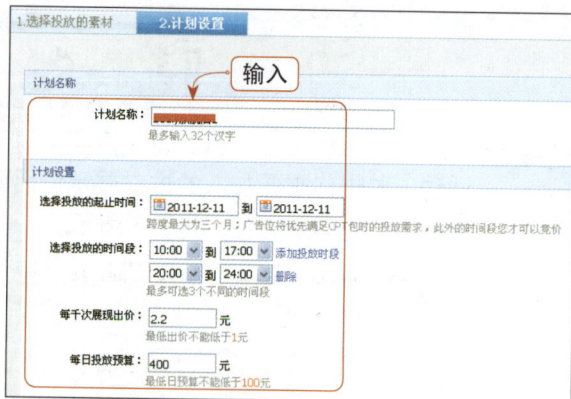

12.6.3 "钻石展位"有哪些好位置

"钻石展位"的主要优势在于它不仅可以推广单品，还可以推广整个店铺。"钻石展位"是按PV收费的，精确投放更显得重要。

1．淘宝首页

首页流量巨大，对于资金雄厚的大卖家来说，放在首页可以带来巨大的流量，从而带来更多的顾客，下图所示为淘宝首页上的钻石展位。

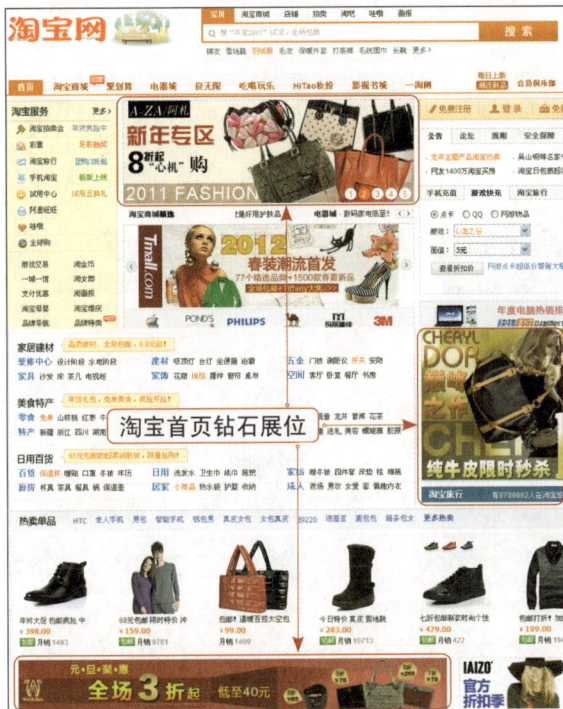

2．垂直频道

钻石展位只要展示了就要收费，如果你选的广告位不是目标受众集中的页面，那无疑是一种浪费。如果你是做女装的，把这个广告发布在"服装/女装"频道中，来浏览的人一般来说都是对这个商品有兴趣的，有可能打开网页的100人中有60个潜在顾客。所以，最好选择和自己的产品相匹配的频道进行投放。下图所示为女装频道首页的钻石展示位。

3. 特卖促销频道

在淘宝特卖，天天风格购等促销频道也有钻石展示位，如下图所示。

12.6.4 决定"钻石展位"效果好坏的因素

"钻石展位"受到了很多卖家的青睐，很多卖家就靠着"钻石展位"流量节节攀升。那么决定"钻石展位"效果好坏的因素有哪些呢？图片素材、广告文案、目标人群、投放时段都是决定"钻石展位"是否成功的重要因素。

1. 图片素材

图片素材是决定钻石展位广告效果好坏的重要因素。钻石展位是按流量计费的广告形式，其效果是通过点击率来评估的。点击率越高则说明广告效果越好，所以图片是否吸引人，是否让看到的人有点击的欲望，则是广告效果好坏的关键。图片的形式上要求精美而有冲击力，这样才能吸引人的视线。

2. 广告文案

图片上的文案同样重要，毕竟你的最终目的并不是仅仅要求别人欣赏图片，而是要别人点击图片进店购买商品。图片广告上的广告文字和图片一样也能决定广告的效果。同样的图片，上面的文案不同，广告所带来的效果也不同。

广告文案不能太乱，只要包含主题、价格、产品就可以了，也可以加上一个点击按钮，或者加上一个时间能给客户造成紧迫感，来提高点击率。切记一定不要乱，站在客户的角度想想，要让客户一眼就能看明白。如右图所示的案例，图片很精美，但是真正吸引人忍不住去点击的还是它的广告文案"纯牛皮限时秒杀1折"。

3．目标人群

对于自己的产品，首先要去了解其所对应的目标人群，然后再去选择自己所面向的人群来投放。这样可以有效地提高广告带来的流量的转化率。

还有一个就是按照地域投放，地域是最容易选择的，因为店商主要面对的群体是以网络使用群体为主，所以可以直接选择网络比较发达以及消费水平相对较高的几个地域来投放。

4．投放时段

最后一个就是投放时段的选择，要选择转化率高和流量高峰时段投放，让广告产生最大的效果。

建议从两个方面来选取投放时段：

买家的作息时间：一般在上午10~12点，下午15~17点，晚上19~22点是买家购物的高峰，选择这些时间段投放最好。

客服的作息时间：确保在广告投放时段内有客服在线，这样客户的购买率会上升，客户体验也会提高。

12.7 巧用搭配套餐，淘宝成交量翻几番

搭配套餐是将两个或者两个以上的商品，以搭配的形式组合销售。这种营销方式很大程度上提高了卖家促销的自主性，同时也为买家提供了更多的便利和选择权。搭配套餐能使商品与商品之间环环相扣，增强了每个商品的曝光率，起到连带销售的作用。如下图所示的搭配套餐使商品销量大增。

如何才能很好地利用搭配套餐呢？主要有以下几个方面。

（1）从橱窗推荐的商品中选择，逐一使用套餐，因为这些是买家最容易看到的商品。

（2）先排序商品销量，从商品销量最好的开始设置搭配套餐。这个最关键，选择什么样的商品进行搭配，关系到店里所有商品的整体销售，要让销量好的商品带动其他滞销的商品销售，还要让销量好的商品搭配新品推广。

（3）选择有关联性的产品来做搭配套餐的活动，这样才能达到事半功倍的效果。如选择衣服+裤子、打印机+油墨等，相互搭配关联性强的产品。

（4）选择多少商品搭配也很重要，一般情况下搭配一个，也可多搭配一些。如选择一个热卖商品并搭配些不好卖的商品可以增加后者的流量。

（5）合理设置搭配套餐的价格，让买家产生购物冲击力，关于这点可以根据自己的商品利润来看，原则是搭得多优惠得多。让买家感觉到实惠和实用，遵循这两个原则很重要。

（6）设置套餐的时候，一定要站在买家的立场上考虑问题，这样可以提高套餐的成交率。

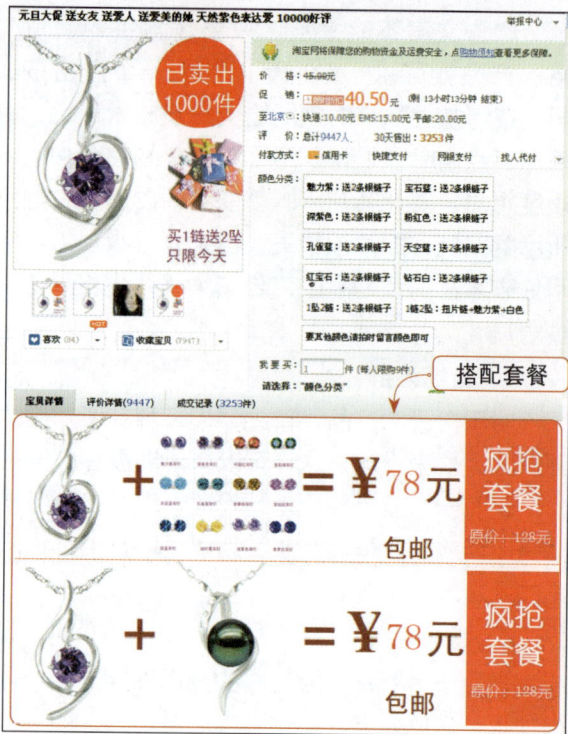

12.8 高效使用直通车，疯狂积累人气

淘宝直通车是为淘宝卖家量身定制的，按点击付费的效果营销工具，实现宝贝的精准推广。这也是目前大部分的大卖家都在使用的一个工具，因为它能够实实在在地带来流量和成交，能立刻看到效果，任何店铺都可以使用它。

12.8.1 什么是直通车

淘宝直通车是为淘宝卖家量身定做的推广工具，让淘宝卖家方便地在淘宝和雅虎搜索上推广自己的宝贝。淘宝直通车是根据宝贝设置的关键词来排名展示，然后按照点击率进行扣费。

当你使用淘宝直通车推广某个宝贝的时候，先为此宝贝设置相应的关键词和推广展示标题。当买家在淘宝中输入你设置的关键词搜索产品或根据宝贝分类进行搜索时，就会在结果页面中看到推广中的宝贝展示广告。下图所示为搜索结果页面右侧的直通车展示位。

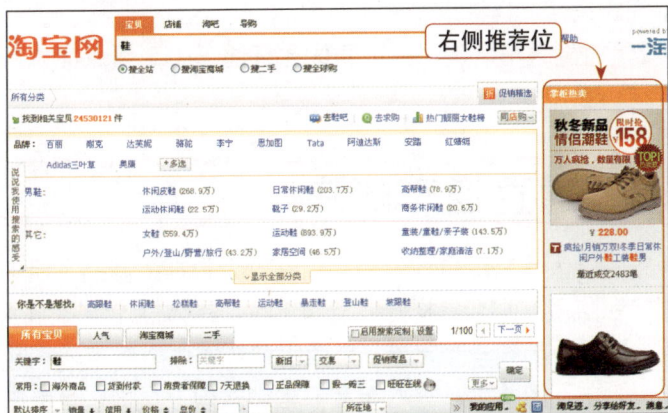

不但在搜索结果页面的右侧有广告展示，在搜索结果页面的下方也有，并且在淘宝首页、各频道和社区的热卖单品活动也能获得展示机会。下图所示为搜索结果页面下方的直通车展示位。

使用直通车的好处如下。

（1）被直通车推广的宝贝，只要想来淘宝买这种宝贝的人就能看到，大大提高了宝贝的曝光率，带来更多的潜在客户。

（2）只有想买这种宝贝的人才能看到你的广告，带来的点击都是有购买意向的点击，带来的客户都是有购买意向的买家。

（3）直通车能给整个店铺带来人气，虽然你推广的是单个宝贝，但很多买家都会进入店铺去看，一个点击带来的可能是几个成交，这种整体连锁反应，是直通车推广的最大优势，店铺人气逐渐就会提高了。

（4）可以参加更多的淘宝促销活动，参加后会有不定期的直通车用户专享的促销活动，加入直通车后，可以报名参加各种促销活动。

（5）在展示位上免费展示，买家点击才付费，自由设置日消费限额、投放时间、投放地域，有效控制花销，合理掌控你的成本，强大的防恶意点击技术，系统24小时不间断运行，保证点击真实有效。

（6）免费参加直通车培训，并且有优秀直通车小二指点优化方案，迅速掌握直通车推广技巧。

12.8.2　开通直通车账户

淘宝直通车的最大优势就是让你的宝贝在庞大数据的商品平台中脱颖而出，带来更多的人气和流量。那么怎样开通直通车呢，具体操作步骤如下。

第1步 首先登录"我的淘宝"页面，❶单击"营销中心"下的"我要推广"超链接，如左下图所示，进入淘宝"营销入口"页面，❷单击"直通车"图标，如右下图所示。

第2步 进入"淘宝直通车"首页，在页面右侧可以看到账户未激活文字，单击"立即充值"按钮，如下页第一幅图所示。

第3步 打开"直通车充值"页面，淘宝直通车第一次开户需要预存500元以上的费用，这500元将用于你推广中所产生的花费，选择充值金额，然后单击底部的"同意以上协议，立即充值"按钮，如下页第二幅图所示。经过支付宝的充值操作后，返回淘宝网直通车首页，账户即被开通并且可以使用了。

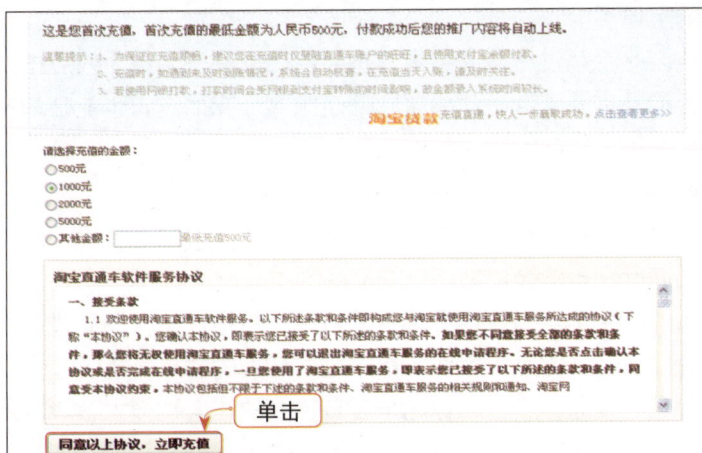

12.8.3　提升直通车使用效果的绝技

开通淘宝直通车主要是为了提高宝贝的曝光率，让更多的买家看到你的宝贝，给店铺带去更多的流量。可是开通直通车后，每天的流量还是没多少，直通车效果不怎么明显。这是什么原因呢？想提升直通车广告效果，还需要做好以下各方面的工作。

1. 挑选最适合推广的宝贝

大家都知道参加直通车推广首先要选好一个宝贝，这是所有推广的第一步。因为参加直通车推广的目地就是让你的宝贝走出去，有更多的曝光机会，进而获得买家的认可，顺利地卖出去，从而有更好的成交。

选出来做推广的宝贝，一定要有突出的、清晰有力的卖点，能让买家在最短的时间内注意到你的宝贝。如卖点可以是性价比高（价格有优势、有促销等）、产品功能强（如产品本身功效好、漂亮等）、品质好（如行货、正品等）等。

如果刚开始使用直通车，建议先少选几个宝贝来推广，以免在还没掌握直通车优化技巧之前，产生不必要的浪费！等熟练掌握了广告效果提升的方法，再多选一些宝贝进行大范围推广，效果会更明显，也避免了不必要的浪费。

2. 设计最棒的图片

买家搜寻、浏览商品的速度非常快，看广告的时间就更短了。如果你的宝贝图片不清晰、广告标题不简练、卖点不明确等，导致买家在匆匆浏览之后，就不愿意关注你的宝贝了。

你很可能因此就错过一个大买家，也可能因此招来大量无效点击，浪费钱。所以，好广告的基本要求就是让买家即使是眼睛一扫而过，也能在最短时间内明白你在卖什么宝贝，商品的卖点是什么。

3. 标题要吸引人

买家主要通过标题了解商品的卖点，所以标题应该简单直接、卖点明确，让买家即使一扫而过，也能最快地明白商品的特点。

可以参考的商品卖点有：产品本身的特性、价格优势、品质或品牌保证、促销优惠信息等。当然，卖点一定要实事求是，夸大的卖点可能会让你花冤枉钱。店铺宝贝的标题与直通车广告的标题是各自独立的，差别很大，所以要认真了解以下的直通车标题优化技巧。

（1）标题应介绍产品，而不是说明店铺。买家看到广告时，通常是想要搜寻某商品的时候，如果在此时出现介绍店铺的信息，买家要么不感兴趣，要么就点进去随便看看，无效点击很多，花费不少钱，但是成交的很少。

（2）一个广告只突出一种商品卖点，不要罗列很多商品名。就像写店铺信息一样，罗列太多商品名，涉及的范围太宽泛了，容易让很多买家误以为店里什么商品都有，从而随手点击广告去看。

4. 选择合适的关键词

如果刚开始使用直通车，建议先少选几个竞价词，等掌握了选择竞价词的方法，再多选一些竞价词进行大范围推广。

选择直通车关键词时，把和宝贝相关的品牌、颜色、款式、型号、用途、产地、质地、功效、适用人群、流行元素等不同角度的中心词先想出来，才能尽可能地涵盖这个宝贝的有关词，同时还要根据各种买家的搜索习惯组合。

（1）选择的关键词一定要和商品相关。

买家是通过搜索关键词找到你的商品，如果设置与自己商品毫无关系的词，带来的买家也根本不是真正想购买你商品的人。这样做很难带来流量，还可能带来无效的点击，浪费推广费用。

（2）选词的时候避免范围太大、概念太广的词。

一般范围很广的词流量会比较大，带来的买家购买目的也不很明确。

（3）很重要的一点一定要记牢：从买家的角度考虑，就是说当买家寻找一件商品的时候可能会搜索什么词呢？如果你能从这个角度去考虑选词会对你很有帮助。

单击直通车首页导航栏中的"关键词查询"按钮，进入投放关键词查询页面，可以使用这个功能查询到关键词的一周搜索次数、平均点击单价以及设置了该关键词在系统最精准类目下的宝贝列表，如下图所示。

5．利用各类报表

利用报表的数据去分析，宝贝推广后观察账户的点击数据，利用市场数据来检验推广效果。通过对各类数据的分析，可以了解到自己推广设置不足的地方并加以改正。

（1）关键词无展现量或者展现量过低的冷僻词需要替换掉，非冷僻词微调价格。

（2）排在前面但无展现量、无点击的词，需要替换掉。

（3）部分关键词出价较高，流量一般，整体花费多，调整出价。

（4）关键词好流量低，如果是因为排名太靠后了，建议把价格适当提高。

（5）如果类目产生的扣费很多但没效果，建议也改低一下类目出价或者调整其他宝贝进行类目出价。

6. 优化直通车账户

直通车账户设置主要包括以下几方面。

日限额设置：淘宝直通车的日最高限额是指淘宝直通车扣费每天的可用额度，如果设置了日最高限额，每天的直通车扣费达到这个额度值的时候系统就会自动停止推广，这样可以有效地控制推广费用。系统默认是30元，设置日最高限额是淘宝直通车节约成本的好方法，可以视店铺的发展程度来确定额度的高低，对于淘宝卖家来说学会如何设置固然重要，但是做到设置好也是需要不断地积累经验的。

设置投放时间：如果推广的宝贝时效性不是很强，可以设置全时间投放，这样宝贝会有更多的展现机会；建议掌柜根据宝贝情况和旺旺在线情况设置投放时间。

设置地域投放：根据自己所在地情况进行设置，比如快递不到的或是潜在顾客相对较少的可以不选择投放。

12.9 超级卖霸让你销量直线上升

超级卖霸是淘宝网结合卖家的需求推出的推广工具，它能满足较大销售量的卖家的需求，一次活动能带来更大的流量。超级卖霸是以活动的形式来让卖家报名参加的，但是卖家必须通过审核后，在规定的时间内选定位置并且完成推广费用的支付才能顺利参加活动。下图所示为超级卖霸主页。

　　单击"更多活动"超链接，进入到超级卖霸的"最新活动"页面，这里有所有最新可参加的活动列表。超级卖霸会针对不同类型卖家的推广需求制定不同主题活动，单击其中一个适合你经营的产品相符合的活动右侧的"立即报名"按钮，如下图所示。

　　进入到活动报名页面，填写完基本信息后就可以等待淘宝审核，通过审核之后，再进行订位并且支付相应的推广费用完成所有的推广操作。

　　下面介绍超级卖霸经验和参加活动应做的准备。

1．选择合适的活动

　　卖霸有各种各样的活动。仔细选择适合自己商品类别的活动，决定参加活动前，一定要了解这个活动的时间，投放的位置，相关的费用，然后再做出决定，这样才能达到最好的效果。

2．选择合适的商品

　　选择商品的时候一定要选择质量过关，品质优良的商品，尽量选择满足大众欣赏水平的产品，最好不要选择太另类，太标新立异的产品，毕竟这样的产品只适合小众消费，价格上尽量做到比同等商品偏低至，少要有竞争力，大众化的价格让更多的人能够接受。还要备足货源，因为卖霸的活动周期比较长。

3．制作精美的图片

　　活动的要求是要有清楚的实物照片而且不能带背景，所以一定要从一个最能体现商品特点的角度拍摄。

4．优秀的售前和售后服务

　　活动开始后，店铺和商品的访问量会大量增加，店铺客服会面临很大的压力，所以一定要在前期做好相应的准备。一定要增加客服的人员，不要因为客服的人员不够而流失顾客。一定要安排好足够的客服旺旺来分流顾客。

牢记一点，活动只能增加店铺商品的访问量，优秀的客服为顾客提供满意的售前服务，才能促成交易的成功。销售后，别忘了给顾客提供好的售后服务，这样才能增加顾客的忠诚度。

12.10 使用搜索引擎推广你的网店

利用搜索引擎来宣传推广网店也是一种非常好的办法，因为现在很多买家，是用搜索引擎来查找自己所需要的东西。所以卖家就要学会利用搜索引擎来宣传自己的店铺。现在有很多搜索引擎可以免费登录，注册时要注意写好关键词，以便能通过关键词来找到店铺。

到新浪、搜狐、百度、谷歌、雅虎等一些大的搜索引擎网站去登录一下，会给你带来意想不到的效果。下图所示为百度搜索引擎登录。

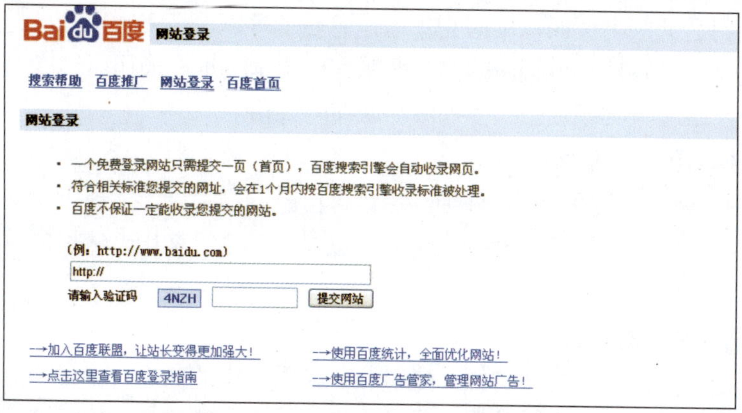

从目前的发展趋势来看，搜索引擎在网络营销中的地位非常重要，并且受到越来越多商家的认可，搜索引擎营销的方式也在不断发展演变，因此应根据环境的变化选择搜索引擎营销的合适方式。

12.11 加入淘宝商城

淘宝商城是亚洲最大的购物网站淘宝网全新打造的在线B2C购物平台。淘宝商城整合数千家品牌商、生产商，为商家和消费者之间提供一站式解决方案。提供100%品质保证的商品，7天无理由退换货的售后服务，以及购物积分返现等优质服务。区别于淘宝网的是，由商家企业作为卖家，所以有绝对的品质保证。淘宝商城处在飞速发展阶段，多种新型网络营销模式正在不断被开创。加入品牌商城，将拥有更多接触最前沿电子商务的机会，也为全新的B2C事业创造更多的奇迹。下图所示为淘宝商城主页。

　　申请企业支付宝账号，并完成支付宝账号的商家认证，登录淘宝商城招商页面http://zhaoshang.mall.taobao.com，如下图所示，单击"立即入驻商城"按钮，在线输入提交公司及品牌资料信息，在线签订淘宝商城服务条款、服务协议及支付宝代扣协议，提交你的资质及品牌资料等待淘宝小二审核，在申请的商家支付宝账号中充入10000元，淘宝网将会在查收到后将其冻结作为商家保证金，店铺即可开通。

　　下图所示为加入淘宝商城的卖家，产品销售非常好。

案例: 残疾人万哥网上开店月入万元, 3年就开3家店

万哥38岁, 夫妻都是聋哑人。作为千万网商之一普通却又不普通的一员, 3年前, 万哥还是一名下岗失业的残疾人。三年后的今天, 他成为了拥有3家网店的卖家。

一栋普通居民楼四楼, 万哥正快速地敲打着键盘。屏幕上3个旺旺同时开着, 不停地有新来的消息闪烁。站在背后的妻子则忙着把一小块蓝色的不织布剪成小熊脑袋的形状。

经历了创业的风雨, 万哥变得淡定而坦然。"开网店带给了我一次机会。就业的机会, 挣钱的机会, 还有实现……"在一个被网民评价为"催人泪下"的片子里, 万哥的开场白比划着说了好几遍。最后, 他用笔写了几个一直没有说出来的字: 实现自我价值的机会。

1 一个月最高收入上万元

"生意很好，每天都有十多个订单。"万哥一边在电脑上处理订单，一边和我聊天。尽管他的发音很不顺畅，但听得出来万哥的声音里的满足感。"一个月收入最高有一万多呢。"万哥说，"即使最差的时候，也有三四千元左右，比原来工资还要高几倍。"万哥说的过去，其实就是3年前。

在工厂工作了17年后，万哥被分流到别的公司去上班，每月拿到手的只有600多元。3年后，万哥又下岗了。

"没有收入，还得交社保，养小孩，那时候两口子都吃不下睡不着。"万哥的岳母告诉我们。正好2007年4月那会儿，因为妻子上网给儿子买衣服、玩具、书本，万哥第一次接触到了"网店"这个新玩意。7月份，原先在玩具厂工作的妻子偶尔在网店里看到不织布手工DIY之类的材料，觉得很有兴趣，就买了一些在家里做着玩。不到两三个月，万哥这个不大的家里就摆满了手工成品。

"那时候我正好找不到工作，我们在网上看到很多人把自己用过的东西卖出去，就也想试试看。"万哥利用妻子在手工方面的特长，就盯牢了"不织布材料包"的生意，说简单一点，就是顾客选好要做的手工样式，他们就把剪出了形状的不织布、针线、纽扣、拉链都准备好，做成材料包，让人家自己动手。

第一笔生意，很快就来了。"有人买了我妻子做的一个成品。"虽然只有10元钱，但在万哥看来，这是第一桶金了。"我相信以后我们有能力赚到很多10元钱。"万哥在屏幕上打下了这句话。

2 "无声"生意的酸甜苦辣

送儿子上学、买菜。约早上八九点，万哥的店铺就算是开张了。"谈订单、配料、装货、进货……"下午4点，万哥就会准时地骑上自己的电驴发货、送货。

"一般要到12点多才能下线，有时候半夜还会有顾客来的。"尽管生意不错，对于万哥夫妇而言，和健全人相比困难是明摆着的："我们都是聋哑人，没办法接打电话，新买家常常产生误会。"

有一回，客户订下了20多个不织布材料包。因为没有支付宝，万哥和她说好了第二天中午在银泰门口当面交易。第二天上午，万哥的手机上有陌生号码打过来几次。万哥发短信告诉她："我听不见，请发短信。"没想到，顾客说："这么麻烦啊，你听不见，就算了。"这单生意算是黄了，二十多个材料包没成交囤在了家里。

有一个客户一次性下单要500多个材料包。万哥高兴坏了，夫妻两人整整干了两天两夜。妻子还特意请了两天假才算把单子做完。谁知，当他把一大堆货送快递公司发货后，原本只要两三天就能收到的货，这次客户等到6天后才收到。客户不高兴了，留言给了万哥的店一个不好的评价。因为不能直接通话，万哥只好整天守在电脑面前，一看到客户上线就和她做解释工作。费了无数的"口舌"，才终让客户满意。

3 想帮更多残疾人网上创业

现在，万哥除了最初的不织布DIY材料包的网店外，还另外开了两家女装和丝绵被的网店。

"虽然很辛苦，但是我们有能力养家糊口。"万哥觉得相比于其他的残疾人，自己算是非常幸运了。他有个老同事，失业后一直在家里没工作。有一回正好到万哥家串门，看到他在开网店忙来忙去的样子。"他问我这是什么？我说这是开网店。他说能赚钱吗？我说可以赚很多钱的，也可以养家糊口。"几句不经意的对话，一下子启发了他的老同事。后来，同事经常到万哥家学习开网店，现在的他已经是个钻石卖家了。

"我有个想法，实现自我价值同时要帮助别人成功。"万哥说。残疾人找工作不容易，他现在最想当一个网店指导讲师，可以给全国聋哑人讲课，让更多失业聋哑人能够借助电子商务的力量自主创业。

读书笔记

第13章 不容忽视的网店安全交易

本章导读

　　相信大家对网络交易已经非常熟悉了，在今天电子商务如此发达，如此便捷之时，越来越多的人采取网络渠道进行交易，省时省力。不过在网络交易越发发达的今天，安全问题也浮出水面，一批网络骗子横行于互联网，对网络交易安全性构成了很大威胁。尤其是刚刚开网店的卖家，在开好网店的同时，也要学会怎么防骗。

知识要点

　　通过本章内容的学习，读者能够学习到保护电脑安全、安全交易、快乐淘宝、安全保护套餐、捍卫在线网银的安全等的方法。学完后需要掌握的相关知识如下。

- 👑 保护电脑安全
- 👑 安全交易、快乐淘宝
- 👑 安全保护套餐
- 👑 捍卫在线网银的安全

13.1 保护电脑安全

如今越来越多的人在网上购物，但还有人持观望态度，其中一个重要的因素就是安全问题，很多人担心银行账号、密码被盗。在网上购物时，一定要使用个人电脑，安装防病毒软件，并且保持病毒库最新，为电脑设置开机密码。

13.1.1 安装杀毒软件

电脑病毒确实是个严重的问题。特别是进入网络时代以来，病毒的传播更为方便快捷，一个成功的病毒往往能在一两天内传遍全球，并造成巨大的破坏力。现在几乎每台电脑都会安装杀毒软件。如果电脑中没有安装杀毒软件，就有中病毒的危险，就可能经常出现系统异常，如果病毒发作，更有可能出现文件被删除，上网账号、支付宝密码被盗等更严重的后果。

"杀毒软件"是由早期的国产反病毒软件厂商，如江民、瑞星、南北信源等起的名字，后来由于和世界反病毒业接轨，统称为"反病毒软件"。近年来陆续出现了集成防火墙的"互联网安全套装"、"全功能安全套装"等名词，都属于杀毒软件，是用于清除电脑病毒、木马和恶意软件的一类软件。反病毒软件通常集成监控识别、病毒扫描、清除和自动升级等功能，有的反病毒软件还带有数据恢复功能。

现在的杀毒软件很多，常见的杀毒软件有瑞星、金山毒霸、江民、卡巴斯基、诺顿等。购买的杀毒软件，一般有详细的使用方法，按提示操作即可，这里就不再详细讲述软件的安装过程了。右图所示为瑞星网站http://www.rising.com.cn/上的杀毒软件。

13.1.2　使用杀毒软件注意事项

　　几乎每位用电脑的人都遇到过计算机病毒，也使用过杀毒软件。有些用户虽然安装了杀毒软件，但是由于使用不当，从而影响了查杀病毒的效果。下面介绍在使用"杀毒软件"杀毒过程中应该注意的一些事项。

1．忌偷懒不升级

　　杀毒软件升级是必须的！有些用户认为购买了杀毒软件，安装在自己的电脑中，就万事大吉了，其实他们忽略了最为关键的一环——注册升级。一旦有新的病毒发作，杀毒厂商会第一时间对病毒进行剖析，扩展自己的病毒库。所以，如果仅凭买来的杀毒软件来杀毒，肯定在成效上大打折扣。换句话说，杀毒软件中的病毒库是动态的，随时会添加新的病毒查杀程序，如果不及时升级，那就有问题了。

　　用户不升级大多是怕麻烦，其实，随着反病毒技术的不断提高，软件升级已经不再像以往那么烦琐了。以瑞星杀毒软件2002版为例，只要在功能设置中把升级时间设置好，以后它就会自动从瑞星主页上下载升级程序，根本不需要其他操作。另外，它的"智能升级"技术，是一种增量升级，每次用户只下载与本机上不同的文件就可以了，这样一来，大大减少了文件的下载量，每次下载的文件大小只有几十KB。

2．忌忽略对邮件的保护

　　病毒通过电子邮件进行传播早已不是新闻。而邮件又是生活和工作中必需的工具，对邮件良好的实时监控就显得格外重要了。

　　使用瑞星杀毒软件2002版的用户会发现，邮件监控代理、静态邮箱扫描、邮件文件查杀三项功能，相辅相成，共同组成了一道针对邮件病毒的坚固防线。

3．忌疏忽设置各项功能

　　目前的杀毒软件，都有许多备选功能，忽略了杀毒软件的各种设置，就会使杀毒软件的功效大打折扣。例如，在瑞星杀毒软件2002版中就有定时查杀病毒、查杀未知病毒、实时监控等多项功能，如果在使用杀毒软件前设置好相关的功能，会大大提高对病毒的防范能力。

4．忌轻信网络的安全性

　　任何一个网络都不是绝对安全的，正确使用防火墙功能，可以加强网络的安全性。防火墙能有效地监控任何网络连接，如ISDN接入、普通Modem拨号上网、代理等。通过过滤不安全的服务，极大地提高网络安全和减少主机被攻击的风险，使系统具有抵抗外来非法入侵的能力，保护数据的安全。它启动后能自动防御绝大部分已知的恶意攻击，如BO、冰河等木马，或ICMP、IGMP洪水攻击、IGMP碎片攻击等。

5. 忌轻视数据备份

硬盘上的程序和数据对于每一位电脑使用者来说都是非常重要的，硬盘数据的丢失无疑会造成损失。尤其在病毒日益猖獗的今天，许多病毒都选择硬盘作为破坏目标，如幽灵病毒和CIH病毒，在发作时会顷刻间毁掉所有数据，这样硬盘的备份和恢复就显得尤为重要。为了保护用户的硬盘数据，在杀毒软件中增添了有关硬盘保护的功能。

6. 忌好的杀毒软件可以查杀所有的病毒

许多人认为杀毒软件可以查杀所有的已知和未知病毒，这是不正确的。对于一个病毒，杀毒软件厂商首先要先将其截获，然后进行分析，提取病毒特征，进行测试，然后升级给用户使用。

7. 忌杀毒软件不管正版盗版，随便装一个能用的就行

目前，很多人电脑中安装着盗版的杀毒软件，他们认为只要装上杀毒软件就万无一失了，这种观点是不正确的。杀毒软件与其他软件有所区别，杀毒软件需要经常不断升级才能查杀最新最流行的病毒。

此外，大多数盗版杀毒软件都在破解过程中或多或少地损坏了一些数据，造成某些关键功能无法使用，系统不稳定或杀毒软件对某些病毒漏查漏杀等。

8. 忌杀毒软件应该至少装3个才能保障系统安全

尽管杀毒软件的开发厂商不同，宣称使用的技术不同，但它们的实现原理却可能是相似或相同的。同时开启多个杀毒软件的实时监控程序很可能会产生冲突。安装有多个杀毒软件的计算机往往运行速度缓慢并且很不稳定。

13.1.3　清理临时文件

Windows为了提供更好的性能，往往会采用建立临时文件的方式加速数据的存取。随着使用时间的积累，系统的临时文件会越来越大，影响运行速度。而临时文件又是很多病毒隐藏的地方，定期清理临时文件，不仅可以清理垃圾文件和潜在的病毒，还可以使电脑运行速度保持在比较快的水平上。清理临时文件的具体操作步骤如下。

第1步 打开Internet Explorer浏览器，❶选择"工具"|"Internet 选项"命令，如左下图所示。

第2步 打开"Internet 选项"对话框，❷单击"Internet 临时文件"下的"删除文件"按钮，如右下图所示。

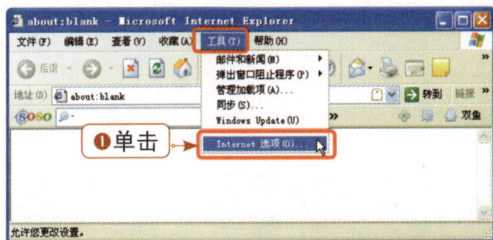

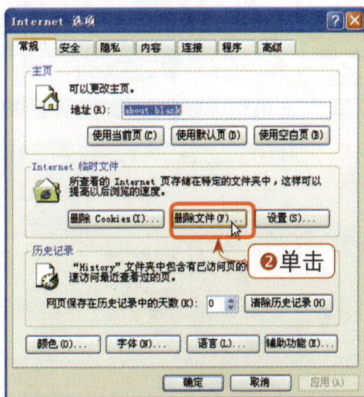

第3步 弹出"删除文件"对话框，单击"删除所有脱机内容"复选框，单击"确定"按钮，临时文件即可删除，如右图所示。

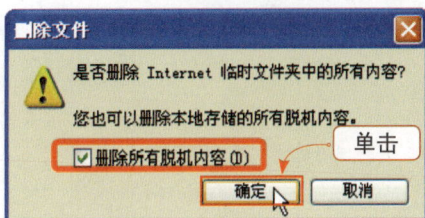

13.1.4 用开机密码为电脑上锁

防止他人随意使用你的电脑，可以给你的系统加上开机密码，防止他人趁你不在偷看你的文件或隐私。一台上网的电脑如果不设开机密码，就等于敞开了大门，黑客用一些IP扫描工具，可以轻松地入侵，并获得管理员权限，执行电脑上的任意操作，而设置了足够复杂的开机密码，可以有效地阻止外来的入侵。下面以在Windows XP系统为例，讲述为电脑设置开机密码的具体操作步骤。

第1步 选择"开始"按钮，❶选择"控制面板"命令，如左下图所示。

第2步 打开"控制面板"对话框，❷双击"用户账户"图标，如右下图所示。

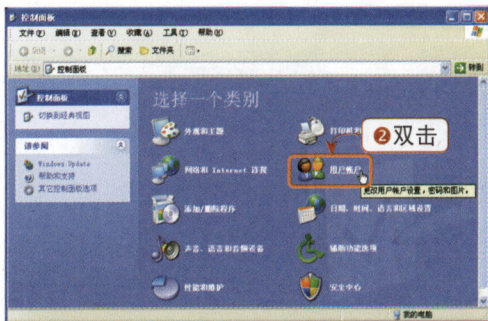

第3步 ❶单击当前工作的账户名，如左下图所示。

第4步 ❷单击"更改我的密码"选项，如右下图所示。

第5步 设置好密码后，单击"更改密码"按钮，如右图所示。这样就设置好了开机密码，以后每次开机时，都会要求输入开机密码。

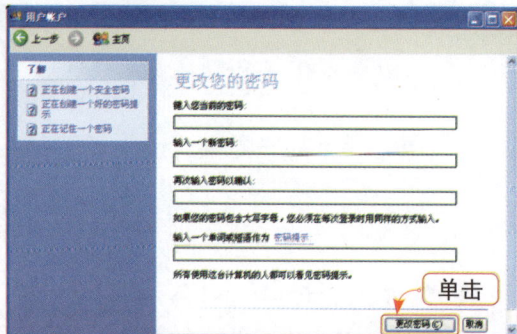

13.2 保护账号安全

对广大淘宝用户来说，账号和密码被盗是一件最头痛的事情，而在平时的使用中账号和密码安全问题又是最容易被人忽视的，总以为自己不会就那么倒霉，到被盗时方才悔恨。

13.2.1 密码安全莫忽视

淘宝账号密码设置原则：安全+容易记忆。可使用英文字母和数字以及特殊符号的组合，如WsdeDone889@%。

设置密码时，千万不要这样做。

（1）密码和会员登录名完全一致。

（2）密码和联系方式"电话"、"传真"、"手机"、"邮编"、"邮箱"的任何一个一致。

（3）密码用连续数字或字母，密码用同一个字母或者数字，简单有规律的数字或者字母排列。

（4）密码用姓名、生日、单位名称或其他任何可轻易获得的信息。

（5）有些卖家总嫌麻烦，把账号和密码保存在一个txt文档里，每次登录的时候直接复制登录，这样很容易导致木马的盗号行为。

13.2.2　防止密码被盗

下面是防止密码被盗的注意事项。

（1）设置安全密码，尽量设置长密码。设置便于记忆的长密码，可以使用完整的短语，而非单个的单词或数字作为密码，因为密码越长，被破解的可能性就越小。

（2）输入密码时建议用复制＋粘贴的方式，这样可以防止被记键木马程序跟踪。

（3）建议定期更改密码，并做好书面记录，以免自己忘记。

（4）不同账户设置不同的密码，以免一个账户被盗造成其他账户同时被盗。

（5）不要轻易将身份证、营业执照及其复印件、公章等相关证明材料提供给他人。

（6）通过软键盘输入密码。软键盘也叫虚拟键盘，用户在输入密码时，先打开软键盘，然后用鼠标选择相应的字母输入，这样就可以避免木马记录击键。

13.2.3　使用技术防范

（1）及时升级浏览器和操作系统，及时下载安装相应补丁程序。

（2）安装正版的杀毒软件、防火墙，尤其重要的是，还要安装"防木马软件"。现在很多用户只装杀毒软件，对于木马的防范意识不够，希望引起注意，"木马"非常可怕。

（3）要及时更新杀毒软件、防火墙、防木马软件，并定期查杀。

（4）使用上网工具，保护你的电脑。

（5）不浏览不明网页，不使用不明软件，不在聊天时透露个人、单位和账户信息。

（6）安装支付宝数字证书，即使被盗了，至少能保证资金安全。

（7）绑定手机，遇到被盗或有异常都可以通过手机找回密码或者接收验证码、开通网页登录保护来保护账户安全。

13.3 安全交易，快乐淘宝

随着网络信息技术的发展和电子商务的普及，网上购物与销售给我们带来了实实在在的方便。无论在家里、办公室，还是在旅途中，只要能上网，我们就可以销售商品或购买宝贝，但是随之而来的诈骗、诚信问题已经成为网上购物发展的一个阻碍。如何保证网上交易的安全呢？这是越来越多的人关心的问题。其实只要知道一些基本技巧，有足够的安全防范意识，就不用再为安全问题而感到担心。

13.3.1 常见骗术大揭露

随着网络开店交易的迅猛发展，网络诈骗也随之普及，下面总结了网上常见的具有代表性的诈骗形式，提醒卖家谨防上当受骗。

1. 不安全的网址不要进入，防止账号被盗

不安全的网址不要进入，更不要输入任何账号和密码。一般骗子用"我想买你的东西，你的这个商品链接怎么打不开？"，然后发过来一个和淘宝链接类似的网址，如左下图所示。注意看这个链接的最前面，会有个橙黄色的？图标，这就表示不安全的链接。

当把指针移动到这个链接上，有个明显的警告提醒"阿里旺旺无法确定该链接的安全性"，如右下图所示。

如果单击这个链接，会再次弹出一个警告对话框，提醒是否要打开，如左下图所示。很多新手根本不看这个警告，照样打开。

单击"打开链接"超链接，会进入一个类似淘宝网会员登录的页面，如右下

图所示，前面的链接根本不是淘宝网，骗子的目的是骗取你的淘宝登录密码。千万不要在这个页面输入账户名和密码，避免账号和密码被盗取。

2．金蝉脱壳——发货在先陷阱多

卖家在交易时，切不可着急发货。有的买家谎称自己不会使用支付宝，收到货后用银行汇款，只要货一发出，买家就人间蒸发。一定要强烈支持支付宝，或款到发货。

谎称付款：卖家切记在发货前要查看交易状态，买家是否付款。有些买家在旺旺上留言谎称已付款，有些粗心的卖家不看交易状态就轻易相信，造成损失。

真传假汇：有买家把银行的汇款单传真过来，卖家要在查清汇款是否到账后再发货，因为有些传真来的汇款单是假的。

3．瞒天过海——同城交易有"猫腻"

有的买家与卖家同城交易后，却申请支付宝退款，理由是"没有收到货"，卖家自然是无法提交发货凭证的，只好吃哑巴亏。

提醒卖家：为了杜绝任何受骗的可能，同城交易时最好让对方写下收据，并防止假钞。

4．移花接木——退货之后藏隐患

如果买家要求退货，一定要在收到货后再退款。如先退款，可能再也见不到你的货了。一定要严格按流程走，收到退货后再退款或换货，为了防止买家在货物上做手脚，一定要当着快递面拆开，确认货物没问题，再签字。

5．借刀杀人——木马钓鱼网站搞破坏

所谓"钓鱼网站"是一种网络欺诈行为，指不法分子利用各种手段，仿冒真实网站的URL地址以及页面内容，或者利用真实网站服务器程序上的漏洞在站点某些网页中插入危险的HTML代码，以此来骗取用户银行或信用卡账号、密码等。淘宝中钓鱼网站的骗术有以下几种。

（1）骗子购买了商品后，会说你需要在另外一个网站提交一份订单才会给你发货。一定要长个心眼，你去他的网站下了这样的订单就等于告诉骗子你的账号和密码。

（2）骗子拍下卖家的商品，借口说没有支付宝，不放心和卖家交易，需要卖家在另外一个担保网站下个担保，否则就不予交易。这是骗子盗取账号密码的伎俩。不要轻易在其他网站提交你淘宝账户和银行账户的任何信息。

（3）邮件欺诈：骗子买下宝贝，申明已经付款，让卖家查收邮件看看是否已经付款。一旦店主点击了邮件中的链接，输入账号密码，账号立刻泄露。

（4）骗子声称已用网上银行转账付款成功，且信誓旦旦让卖家查询是否到款。注意提防骗子伪造银行页面进行盗号。一定要熟悉各类银行网址，谨防被骗。

（5）骗子伪装成买家，给会员发送带有木马病毒的文件。如果点击了，很可能账号密码就会被盗取。警惕接收一切可疑文件，避免电脑被木马、病毒侵袭。

6. 中奖信息诈骗

骗子是通过QQ、淘宝旺旺等网络聊天工具以及网络在线游戏、电子邮件等途径，向网友群发虚假中奖信息，提示人们登录活动网站主页或拨打咨询热线及时领取奖金。而当你拨打领奖热线后，对方会告知须先交个人所得税或缴纳邮寄费用等款项，致使一些不明真相的网友受骗。

这种类似中奖诈骗消息太多了，千万不可相信。对于此种类型的无故中奖，只要多想想、多看看就不会那么容易上当，但在现实中和网络中被骗的却是比比皆是，在此提醒大家：天下没有白吃的午餐。请记住这句话，不要登录他们网站，更不要透露个人资料。

13.3.2 防骗总动员

随着网络技术的普及，越来越多的人开始利用网上银行来处理个人资产，转账、支付或交易。但是，网络安全又成了不少人的担忧。为尽可能地保障资金安全，避免不必要的损失，下面总结了一些防范招式，希望能对广大网上银行用户在进行风险防范时有所帮助。

1. 核对网址

要开通网上银行功能，通常事先要与银行签订协议。进行网上购物或进入网上银行交易时，应留意核对所登录的网址与协议书中的网址是否相符。不要从来历不明的网页链接访问银行网站。谨防假网站索要账号、密码、支付密码等敏感信息，银行在任何时候都不会通过电子邮件、短信、信函等方式要求客户提供账号、密码、支付密码等信息。

2．安装正版杀毒软件，定时更新

经常对电脑进行更新，把系统补丁补齐，装防火墙和杀毒软件。要注意升级查毒，发现了及时处理，保护好电脑的安全性。

3．避免用公用电脑登录网上银行

最好不要在公共场所，如网吧、公共图书馆等其他电脑上登录网上银行，万一电脑上有木马程序，要时刻提高警惕。上网之后最好清理一下上网记录，不建议使用记住密码，不要为了每次输入密码而感到烦恼，还是多动动手，安全要紧。

4．设置安全性高的密码

注意保护好自己的密码，密码设置一定要强，建议数字加字母，增强密码的安全性。旺旺的登录密码、支付宝登录密码、支付密码在设置的时候一定要慎重，最好是3个密码不要相同，增强安全性。密码一定要保护好，账号和密码是绝对私人所有，不要轻易告诉别人。尽量避免在不同的系统使用同一密码，否则密码一旦遗失，后果将不堪设想。

5．管好数字证书

不管是网上银行还是支付宝账号，都有推出安全性能极高的数字证书，这是目前保障账号安全最有力的方式之一。目前银行的数字证书一般需要花钱购买；支付宝的数字证书只要通过实名认证就可以免费申请。

6．交易明细定期查

应对网上银行办理的转账和支付等业务做好记录，定期查看"历史交易明细"，定期打印网上银行业务对账单。这样能做到尽早发现问题，尽早解决问题。

7．及时确认异常状况

如果在陌生的网址上不小心输入了银行卡号和密码，并遇到类似"系统维护"之类的提示，应当立即拨打相关银行的客户服务热线进行确认。万一资料被盗，应立即进行银行卡挂失和修改相关交易密码。

8．运用各项网上银行增值服务

可以申请开通银行的短信服务，无论存取款、转账、刷卡消费，还是投资理财，只要账户资金发生变动，在第一时间就能收到手机短信提醒，以实现对个人账户资金的实时监控。如果发现异常，应立即与银行联系，避免损失。

13.4 安全保护套餐

安全保护套餐是针对淘宝卖家推出的一项免费服务，能防止账号被盗给会员带来的损失，保护账号即使密码被盗也不会危害店铺和旺旺。

旺旺登录：防止账号被盗后，骗子以你的名义诈骗顾客、旺旺好友等。

特别提醒：开通该功能后，只支持登录最新阿里旺旺。

淘宝网页登录：防止账号被盗后，骗子删除你的宝贝，以你的名义进行网络欺诈，对店铺经营产生不利影响。

开通安全保护套餐的具体步骤如下。

第1步 首先进入淘宝安全中心首页，❶在页面中单击"立即开通"按钮，如左下图所示。

第2步 进入"操作保护"页面，在页面中找到需要开通的功能，❷单击后面的"开通"按钮即可，如右下图所示。

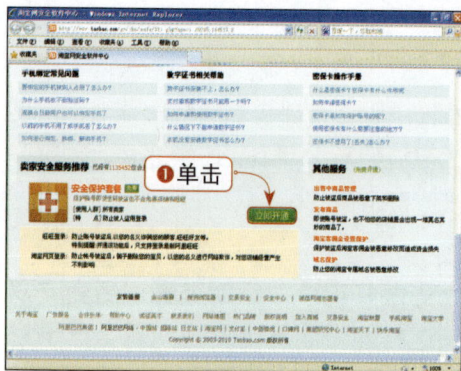

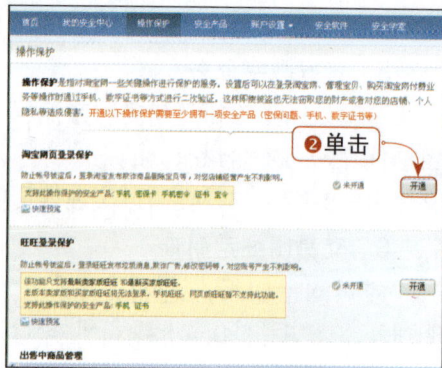

第3步 进入"选择适合你的安全操作保护和安全产品"页面，在页面中找到需要开通的功能，单击"开通"按钮即可，如右图所示。

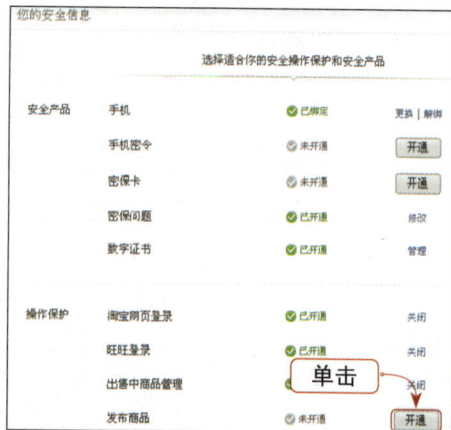

案例：农民网上开店卖家具的故事

徐州市有个睢宁县，睢宁县有个沙集镇，从街口到街尾，成百户人家都在做同一件事情——开网店。

1　整条大街80%是网店

沙集镇最热闹的一条街，名字叫"十字街"。从表面上看，这个苏北小镇的街道和其他农村的街道没什么大的区别。走进一家有热水器的小店，店内摆的货品不多，看似像服务员的女孩子坐在角落的一张桌子前打电脑，还是一台笔记电脑本电脑。走到女孩子旁边，发现她正在聊阿里旺旺。

如果你是第一次来这个地方，肯定会诧异：这个农村还蛮时尚的，年轻人都在淘宝网上购物。

这一路走下去，居然80%的店家都有电脑，他们都清一色开着阿里旺旺，上着淘宝网。

沙集镇的东风村村委书记王维科说，仅东风村就有300多户人家在淘宝网上开网店，拥有近30个木材加工厂，整个板材生产和销售已经形成一条龙服务。

2　他们卖的是同一类商品

仝阿姨家就在这条大街边上，她把店面房租给了别人，自己则在家里开网店。

仝阿姨家条件一般，谁也想不到的是，她家有3台电脑。"最近家里在修房子，所以只开了一台电脑，另外两台没开。"

吃惊的还在后面，仝阿姨开着的电脑上，一共开了5个阿里旺旺号，一个人在应付着。"你忙得过来吗？"我问她。"我一共有3个网店，每个店都已经有3~4钻了，平时我家里人会一起看店的，每天一般会有7~8个单子"。仝阿姨说，"很多人都跟我一样，有好几个网店，虽然名字不一样，可卖家都是同一个人。"

"那你的货呢？"我发现在她家里除了电脑，就没有任何货的迹象。"人家要什么货，我就从工厂拿，然后再发出去，不需要在家里放着的。"仝阿姨说。

沙集镇的卖家，绝大多数都跟仝阿姨一样，卖的是清一色的家具，买家找上门，去工厂拿货就行，他们赚中间的差价。

3　"二指禅"功夫接近盲打

如今的人打字速度是靠网络聊天聊出来的。这个道理在沙集再次被证实了，这些农村掌柜们就是靠着阿里旺旺聊天，把"一指禅"练得炉火纯青。

"一指禅"的升级版便是"二指禅"，至于为什么会这样讲，玩过电脑的人都知道。2007年第一批网店开起后，到2008年中期，沙集镇已经成就了一批开网店的掌柜。虽然目前无法获知他们赚了多少钱，但从"二指禅"接近盲打的速度来看，这网店开得肯定红火。

4 下午三四点全是快递公司的车

农村下午三四点的时候，都会忙些什么？午觉、麻将、收谷子、忙田活……沙集人却不一样，他们在这个时候忙着发货。

下午三四点，大街上陆续有各类快递车穿梭而过，EMS、申通、中通、汇丰……仝阿姨说，只要提前打个电话给对方，说谁家有货，快递公司就会自动上门来拿货，甚至连地址都不需要报。

孙寒家是快递大户，每天至少有几十件货要运出去。快递车从镇上跑到下面村子，一家家去收货，其中停在孙寒家门口的时间最长，谁让他货最多呢。

开了家快递公司的陈雷说了一件有趣的事，最早他们开网店的时候，沙集镇没什么快递公司，每次发货他们都需要把货送到睢宁县上。在沙集最早的快递价格是3公斤以下6元，超过1公斤增加1元，一件家具被这样一运，成本不知道高到哪里去了。后来快递公司竞争越来越激烈，如今的价格变为15公斤以下6元。

5 同质竞争钱难赚了

"淘宝网带来的好处是看得到的，可做的人多了，这生意也越来越不好做。"孙寒说，"这个镇上的人卖的东西都是一模一样，这必然会形成一种竞争。以前一件商品赚20元，现在所有人都是同一个地方拿货，肯定有人会宁愿少赚一点来多卖掉一些，利润就变得越来越少。"孙寒说，他的网店如今靠的是走量。

读书笔记

第14章

向网上开店的佼佼者学习

本章导读

新手开网店，往往很久了还没有卖出商品。想让自己店铺流量大增，天天坐在电脑前等着网上购物的买家青睐你，是远远不够的。店主需要学习优秀店铺的成功经验，本章将介绍典型优秀网店的特点，以及值得我们学习的多种宝贵经验。向偶像店铺学习，以求招揽更多的生意，使网店业绩蒸蒸日上。

知识要点

通过本章内容的学习，读者能够学习到一些优秀店铺的经验技巧，以及各类网店成功经验等。学完后需要掌握的相关知识如下。

- 学习优秀店铺的经验技巧
- 学习各类网店成功经验

14.1 学习优秀店铺的经验技巧

下面介绍优秀店铺的经验技巧，学习和借鉴这些成功经验，将有助于店主把握好机遇，少走弯路，将店铺做强、做大。学习和借鉴这些成功经验，更能使店主丰富自己的智慧，掌握网上开店的技巧和方法，使自己在强手如林的竞争中脱颖而出。

14.1.1 淘宝网店交易淡旺季奥妙

网店生意和实体店生意一样有淡季旺季之分，既然是淡季，为什么那些皇冠卖家生意还是那么火爆？如果真的有淡季，那卖家该怎么做？

市场人潮涌动、生意红红火火是商家最大的满足与期盼，但这样的日子却不是时时天天都有，所以商家最喜欢换季和过节，借助市场商家必会大张旗鼓地搞宣传做促销，以期赚个盆满钵满，顺便也弥补生意冷清时的亏损。任何事物都具两面性，网店经营一样不能避免淡旺之别、冷热之变；不管你是如何不想面对，但这就是市场自然法则，客观存在的规律，哪怕你是5心、钻石甚至皇冠。

很多人看到自己"遭遇不佳"就误以为别人都比自己走运，特别是看到一些大卖家每天几百的成交量，再对比自己的无人问津更是垂头丧气；新手把自己跟皇冠比其实是不明智的，别人做到这一步是何等不易，数年艰辛磨砺、一个个顾客的积累、在摸爬滚打中已经牢固建立起了一个"基本保障"。我们不能只看"表面兴旺"，大卖家一样也会受制于客观规律的变化，只是我们没有去细心发现和研究这其中存在的交易起伏，如果去研究相信他们一样有波折的。

淡季经营其实更能体现商家的经营理念和思路，很多人说"特殊时期"也不贪多就图个保本、赚个信用，这点对于小的尤其是新手卖家来说非常普遍。所以很多采用低价甚至零利润来拉动销售，但实际效果并不理想，甚至依旧改变不了冷清局面；因为降价赚吆喝的促销手段只能是短期行为不可能长此以往，而小商家在价格上即便无利可图也拼不过底气十足的大卖家；一味降低利润甚至亏本销售只会元气大伤且尽失斗志；甚至陷入"旺季不旺，淡季更淡"的怪圈。

淡季时空闲时间较多，充分利用好这个时间"苦练内外功"是成长中卖家必须要做的，这时可以做好以下事项。

★ 将自己网店装饰得比别人漂亮一点。

★ 补上一直没时间弄的真人秀照片。

★ 重新拍摄不满意的货品。

★ 增加匆忙上架而未来得及介绍详尽的宝贝描述。

★ 为长远发展再去挖掘和拓展货源渠道。

★ 趁机将旺季销售的得失和对手的销售情况进行分析总结以期改进。

★ 利用空余时间为旺季到来和小店将来发展做一些准备。

14.1.2 把网店回头率做到100%的秘诀

如果能拥有很多的回头客，那么网店经营起来会轻松很多，怎样才能拥有100%的回头客呢？

1．熟悉商品专业知识

顾客问你商品问题千万不能都是大概、可能、也许等此类话，这样表明自己不专业，同时给人不信任感。同样商品，可以相差很高价格，顾客买得放心是最基本要求。

2．不要对顾客批评，指责或抱怨

如果顾客想砍价，千万不要和他们抱怨怎么不挣钱，生意怎么难做，那样顾客会很反感。不要责怪别人，要试着了解他们，明白他们为什么要那样做，这比批评更有益处。所以对顾客不要批评，指责或抱怨。

3．紧随评价

当新客户第一次收到商品后所做出的评价，要紧随他们的脚步，细读他们的心声，即使是有所抱怨你也得从中提取有用的信息，从而加强对自己商品缺陷的了解，以便以后更有力地推荐顾客偏好的商品。

4．赠送小礼物

包装不仅要仔细，而且可以抽出一点利润，为顾客准备一份温馨的小礼物。当顾客收到时，不仅仅是惊喜，更多的还有感动。可以更直观一些，在店铺分类栏里专起一栏，里面摆满准备赠送的小礼物，各取所需。当然，可以在公告里注明赠送神秘小礼物，中国历来是礼仪之邦，这是众所周知的，也是留住顾客最有效的方法。

5．给老客户优惠

一个顾客如果能成为你的老客户，那肯定是在你店里买的商品有所优惠，因为优惠，才会使他买你的商品。所以，你要站在顾客的立场，精打细算，为他们尽量节省每一分钱，可以推出积分制度，如一件衣服可以积1分，或者10分，积累到一定的分数可以换购某件商品，或者可以作为现金来购买本店商品，这样可以让顾客在你店里购物时，多了一个目标，或者多了一份动力。当然，也可以推出折扣制度，如买几件以上包邮，几件以上八折等优惠，让你的顾客消费得更高兴也更信任你。

6. 不要在生意好时降低服务标准

在很多时候，你也许会在生意好的时候，悄悄地降低商品质量或者服务标准。认为这样的一点点变化顾客无法觉察。如果你这样想，那么顾客的流失是无法避免的。

7. 售后回访

想要留住一个顾客，你最好看看该顾客的所有购物记录。从中寻找到他的购买方向和喜好，如果确定他喜欢你店里的东西，那就不要犹豫了，列入你的客户表中，定期做个有针对性地回访，或者新货通知，或者活动公告。当然，如果发现他没有再次购买的意图，可以调整一下回访的间隔时间，不要太频繁，还有就是一定要用正当手段，不能狂轰乱炸。

8. 商品保证质量

当然，无论你用什么办法，留住回头客的关键还是商品质量要好，诚信经营，让顾客感觉到你的用心，你的顾客想不成为回头客也难。

9. 包装要认真

别小看了包装，细心的买家就会从包装中看出，店家有没有诚心做这笔生意，看得出店家对自己产品是否珍爱。不管卖什么都要非常仔细地包装好，打结实。

10. 赞美顾客

如果你想留住顾客的心，就要尊重顾客，让顾客认为自己是个重要的人物，满足他的成就感。

"三人行，必有我师。"就是说每个人身上都有他的发光点，我们要发现它，去赞美他，满足他的成就感。而一个绝对可以赢得顾客欢心的方法是，发现顾客优点，适当赞美顾客。

14.1.3　说服买家购买的最有效方法

说服买家购买的最有效方法是销量，　对于新店来说，价格上一定要具有优势或促销上具有优势，不然那么多大店销量那么高，人家为什么不选择便宜的而是要从你这没有销量价格又贵的新店购买？　再好的商品，如果没有销量，那么买家就会产生重重疑虑，但是一旦有人购买了并做出了好的评价，那么人们会陆续来咨询和购买。这就是"跟风心理"，而且买家在选择商品的时候也是倾向于销量大的购买，感觉这样放心，即使他的价格比别人高很多，在大的销量面前买家也会认为自己的选择是对的，也就是我们常说的"羊群效应"。 同样的质量只要你的商品价格让买家心动，售后让买家放心，只要你具有了一定的销量，不管你的信誉有多低，买家都会毫不犹豫地购买你家的商品。

分析产品在市场中的价格层次和消费群体，以及竞争对手的优劣势，然后针对性地进行调整。

首先选择比竞争对手价位低的经营方针，通过截图将竞争对手的销量和价格展示给买家。让大家看到这款商品的销量，有销量的商品买家买得才放心，同时巨大的销量让买家知道这款产品是非常流行热销的，不仅能提高买家对这款产品的购买欲，也让买家确信购买这款商品是不错的选择，打消买家对这款产品的一系列顾虑。同时进行价格比较，同样的质量价格比别人便宜，就更具有优势，售后服务上做到7天无条件退换货，从这几个方面入手，只要是喜欢这款商品的买家就会毫不犹豫地选择购买，购买本店商品的很多买家都是选好型号直接拍下付款。

14.1.4　客服必备的几点经验

客服即为客户服务，下面是客服必备的几点经验。

第一，最重要的是一颗平常心。淘宝千千万万客户，遇到顾客误解是难免的，这时候一定要心态好，不卑不亢，如果顾客误解，要根据顾客的说话习惯，及时做出相应解释，如果旺旺沟通不能够说明白，最快的方式就是电话沟通，往往电话沟通会比网上沟通更容易解决。

第二，要学会换位思考。买家遇到问题来询问你的时候，你要设身处地地为买家着想。回复的时候建议安抚买家的心情，表明自己的立场，如果有任何问题会承担责任。然后再详细询问商品的问题情况，和买家做好及时地沟通。遇到问题的买家分为两种，一种是特别急的，一种是积极配合的，当然也不排除无理取闹的。

第三，要注意灵活变通。不管是小店还是大店，顾客还是需要具体问题具体对待。不能墨守成规，导致顾客流失。不失自己的原则，做出相应的变通，这样会挽留住一大批顾客。

第四，客服一定要学会关联自己的商品，把自己的产品积极地推广出去。自己熟练掌握店铺商品，必要时候做些相应的关联，当然也要保证自己推销的符合现实。

第五，态度要好。说话语气一定要客气，一定要表现出无时无刻都在为买家着想。这个也要靠自己的文字功底和多看多学的经验。自己也要学会定时地总结，做错了和做对了都要做出相应的总结，回复的方式最好是自己每天学着更新一下说话方式，这样的话可以找到更适合顾客的回复方式。有时候也要听听顾客的意见，对自己百利无害。

14.1.5 怎样把网店经营好

如今在网上开店的人太多了，竞争过于激烈，很多人都没有把网店经营好，生意十分惨淡，很多店主都想知道如何把网店经营好，是产品质量不好，客服做得不好，还是自己的经营手法不好等。其实要把网店经营好，要把每个方面，每个细节都规划好，然后严格去执行。分享下面一些经验，教大家如何把淘宝网店经营好。

1．店铺要定位好

要把网店经营好首先就要把卖什么产品定好位，如卖化妆品，就只卖化妆品，别卖其他，不然买家会觉得不专业，如果担心产品不多，可以多进几个品牌，国内外品牌都有，才能满足不同的客人。

2．进货要细心

细心指的是进货前要计算运费，核算成本，分析产品消费群体，是否有专利，对比性价比，考察批发商的信誉状况和货的质量，这些都要经过细心调查，如果凭自己片面的主观想法去进货，怎么能把网店经营好呢？

3．消费人群要分析

很多人没有把网店经营好是因为没有分析消费人群，什么人群会上网，什么人群喜欢网上购物，哪些地区的，这些群体通常会在网上买什么等。如在网上卖拐杖，肯定不好卖。因为不适合大多数人，哪怕有人买去送人，也不会很多。如果换成卖化妆品呢？由于女性每个月都会在打扮、护肤上消费，且白领喜欢网上购物，所以卖化妆品比较好。

4．产品想卖出就要推广

有很卖家把货上架后就干等，这样肯定不行。推广一定要有恒心，要多途径。如做直通车，难道做了一天，就能看出效果吗？网络推广有好多方法，如论坛推广、博客推广、社区推广、QQ推广、邮件推广等，这些都是免费的推广方法，而且只要有一个你运用得好，就能为你带来很多客户。

5．快递公司要选对

选择一家好的或者不好的快递公司绝对关系到你的赢利和销售。一家好的快递公司运费低廉，服务态度好，发货快，所到地区多；而一家不好的快递公司，运费高昂，发货慢，服务差，所到地区少，经常错发和漏发或者路上损坏。

14.2 学习各类网店成功经验

下面介绍一些在淘宝网上开店成功的案例，希望通过分享这些优秀卖家的生意经和奋斗精神，来帮助更多的人实现网上开店的创业梦想。

14.2.1 数码家电店

数码产品与网上零售具有天然的结合点，消费者均是面向消费能力较强的年轻人，所以数码产品网上零售得到了飞速发展。对数码产品来说，互联网显然已经成为一个非常重要的渠道。数码家电类店铺的成功秘诀是什么呢？

1. 了解热门数码类产品

作为一个数码类产品的销售卖家，需要了解以及掌握数码类产品的最新动态，数码产品在不停地推陈出新，掌握新的数码类产品信息也就掌握了自己的市场先机。目前数码类产品种类繁多，掌握数码产品信息也是数码类店铺的一项重要策略。

目前了解热门数码类产品的途径很多，如杂志、购物网络、在线数码报道等，大家可以从杂志、在线数码报道等渠道了解目前新的数码类产品。有新的数码产品推出，市场上就有新的数码产品的配件需求。

2. 要有价格优势

大家都知道数码产品的价格是最透明的，在搜索栏里面输入你要搜索的产品名称、型号，直接就可以找到你想要的宝贝，价格还可以从低到高排列。完全一样的东西，当然会买最便宜的。因为数码的产品除非是山寨的，只要是正品，绝对是一样的。不像服装，皮包什么的，品牌多，款式多，材料杂，价格也就高低不一。在网上卖数码产品类商品，一定要有价格优势。通过网店买到便宜的行货，还能享受很好的服务，很多人都会心动。

3. 产品描述技巧

描述数码类产品与其他产品有一些区别，数码类产品有一些使用功能以及匹配的型号特征，为了让买家了解这些产品，需要给出详细的产品数据。

在数码商品描述中尽量把产品的特殊细节描述出来，并且可以用图片说明，具体说明你的产品优势有哪些；也可以用一些特殊字体去标注产品的重点特征，吸引买家注意到产品的优势。

（1）用特殊的文字描述产品：描述的字体放大，选择颜色加注文字描述数码产品的重点功能或者特征。

（2）用图片说明产品的优势：图片中适当加注文字说明，描述商品的细节部分，给买家讲解产品的特色，让买家对产品了解更多，也会吸引买家购买。右图所示为产品清晰的图片。

（3）采用视频描述产品：如果卖家想把自己的产品越做越专业，建议使用视频的方式描述产品，既能清晰地描述产品的特征，也能教买家如何使用数码产品。

4. 要具备专业知识

数码产品的进入门槛相对较高，需要具备一定的专业知识，在店铺里每款产品的具体介绍，从规格参数到基本功能和高级功能，辨别产品的优劣以及帮助买家排除一些小故障，都要有非常详细的介绍。这些介绍给人非常踏实的感觉。

功能不符是数码产品纠纷中比较常见的，买家在使用数码产品中发现产品的过程并不是他们所看到的商品描述中的功能，发生这样的纠纷时，卖家一定要耐心地与买家沟通，因为有可能是买家不知道如何使用产品的功能而造成的误解。

5. 注意山寨版

目前国内的山寨产品比较多，虽然这是国内卖家的一个商机，但往往也是造成与买家产生纠纷的常见原因，如何避免商品质量上的纠纷就需要卖家在进货时注意进货渠道，市场上的仿制品也比较多，所以在进货时需要注意检查产品的质量。

6.展示相关证书证明

如果是功能性商品，需要展示能证明自己技术实力的资料。提供能证明不是虚假广告的文件，或者如实展示人们所关心的商品制作过程，都是提供可信度的方法。如果电视、报纸等新闻媒体曾有所报道，那么收集这些资料展示给顾客也是一种很好的方法。右图所示的页面中展示了商品的相关证书和证明资料。

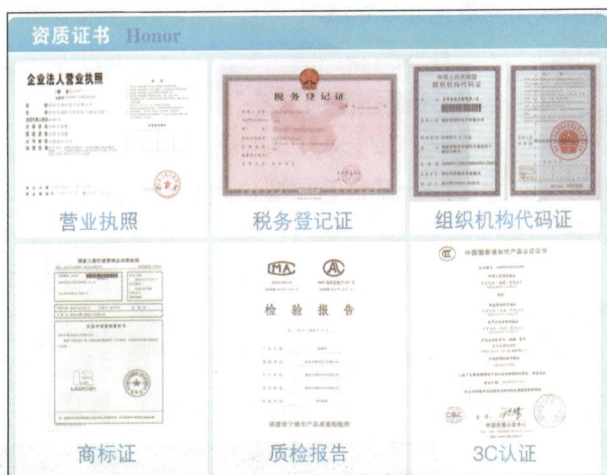

7．随时关注价格

数码类产品价格波动比较大，网上定价一定要与网下大厂商的价格变动保持一致。从绝对售价上讲，价格还要低出传统店铺的2%～10%。否则很轻易导致产品滞销，令有限的流动资金吃紧。

8．注意售后维修

销售数码、电脑、家电类产品，还要注重返修率，所以在进货时要与厂商协商返修成本的问题，然后再决定进货的价格。店主还要懂得测试产品的好坏，辨别其质量程度，否则高的返修率在吃掉利润的同时，也会对信誉造成不良影响。

14.2.2　服装服饰店

服装类产品是2010年网购市场第一大类目，近年来保持快速发展。2010年服装网购市场规模为1052.4亿元，增速达111.2%，2011年服装网购市场规模为2049.0亿元，增幅达94.7%。调查发现网上购买服装的消费者在网上购买服装的金额占到了全部服装消费额的四分之一，而且随着网购服装经验的增加，网购服装的金额占比也会逐渐提高。

服装网购市场增速迅猛得益于两个强劲的动力：一个是服装网购在整体网购中的渗透率仍较低，在半标准化产品网购条件逐步成熟的环境下，有巨大的发展潜力；另外一个动力是服装不同于其他3C电子产品，它的重复购买率高，需求产生的频率快。

网上服装市场毛利高，但竞争环境也相当激烈。服装网店比比皆是，如何让你的网店脱颖而出，在竞争中立于不败之地，就需要你在网店的经营管理方面多费心思，多去找些有关网店经营的技巧，真正用心来开网店，用心维系客户。

1. 了解当今最热门的商品

服饰类卖家需要多关注各种时尚类杂志，尤其是国外的杂志以及各大品牌的时装发布会，以此了解最新流行的款式、图案、面料等信息。另外，也可以经常去各大国外品牌的官网看看，看各品牌最新推出的新品有什么特点。

学点服饰方面的专业知识，如面料区分、颜色搭配。开店可以不要学历，但不可没有学习力。多看一些时尚栏目的节目，如《美丽俏佳人》，这里不一一列出，还有就是时尚杂志也要翻翻，如《瑞丽》。一定要知道流行什么，了解流行趋势。下图所示为瑞丽服饰杂志，里面有一些最时尚潮流的衣服款式介绍。

2. 注意进货技巧

服装店经营的好坏关键在进货。进货时一看款式，二看价格，三看流行，四看面辅料。只要款式新、价格低、面料好，符合流行趋势的服装都能卖个好价钱。进货最好货比三家。

如果你第一次去进货，还是先多看，多听，然后问一下零售价，能否优惠，最低零售价你了解了，那么心里就应该知道，批发价在哪个范围了。

3. 商品采用模特实拍

服饰类最吸引人注意的肯定是图片，买衣服的买家第一眼看的肯定是商品的图片，不会是面料，尺码等，因此吸引人注意的图片非常重要。实物图片最好采用模特拍摄。有条件的卖家可以请个专职的模特，这样拍出来的图片效果会比假人模特和平铺拍摄好许多，甚至可以请个模特拍一段视频，视频能比图片更好地展示服饰的各个细节。当然，如果经济条件不允许，可以采用假人模特或者平铺拍摄的方式。不管使用哪种方式，图片都一定要明亮，清晰，背景尽量干净，太过杂乱的背景容易分散焦点，不能使买家将注意力集中在服装上面。

图片数量可以稍微多一些。服饰类如果仅仅提供一张图片是不够的，很多细节都没法体现出来，因此最好是正面，背面以及某个比较突出的细节部分都各有一张图片。另外可以添加明星们穿着类似衣服的对比图及如何搭配的图片展示，让买家感到该商品的确是潮流的而且很容易搭配。

4. 买多件商品运费打折或包邮

买多件商品运费打折或包邮，对于买家购买多件商品是有一定诱惑力的，买的多省的多的口号很有作用，可以采用百分比折扣或直接折多少金额的方式对运费打折。

5. 注意季节性

服饰的流行周期短，变化快，刚开店的新手不能把握好规律，切记见好就收。如果不明白这个道理，还在大量进夏季尾货，还在为占了厂家清季而处理的便宜货得意时，乐的可是批发商，而你进的货也可能会因转季打折而卖不出好价钱，或需求少销售不理想，所以看准季节时机慎重进货也是一个方面。

6. 注意纠纷

造成服饰类的商品出现商品与描述不符的纠纷原因主要是有色差，尺码不合适，面料描述的不正确或者某些细节方面没有在图片中体现出来等。为了避免纠纷的出现，卖家要注意以下方面。

★ 图片拍摄时颜色尽量接近商品的实物颜色，不能为了使图片更有吸引力而过分修饰图片，使得实物与图片的差距太大。衣服如果不是纯色的，需要说明由哪些颜色所构成。另外，在描述中说明因为显示器的设置关系可能会有色差。

★ 如实的说明商品的面料成分，棉、羊毛的比例等都尽量写清楚。买家应该在描写商品面料成分的时候，确保用词准确，避免因为用词不准确造成纠纷，如下图所示。

★ 具体尺寸一定要写清楚，提供尺寸对照表，以及提供如何量取的示意图，买家询问是否合穿时要如实回答，不能为了促成一笔交易而提供不实的回答，如下图所示。

尺码信息 SIZE

度量方式 Measurement mode
肩宽：两肩端点的宽度
胸围：腋下2.5cm位置量度两侧宽度X2
袖长：袖子肩点到袖口的距离
衣长：后领肩端点到下摆的长度

因款型、剪裁及测量方法的不同，实际尺寸与我们提供的数据会有细微差异属正常尺寸范畴，如无法确认请与客服联系。

尺寸对照 Size control

尺码	肩宽	胸围	衣长	袖长
S	42CM	92CM	56CM	56CM
M	47CM	106CM	60CM	59CM
L	51CM	114CM	68CM	62CM
XL	54CM	120CM	72CM	65CM

为了方便亲们买到合身服装，总结一下尺码建议表，但由于每个人的穿衣习惯不同，并不代表100%准确，请买家能够理解，对尺码有特殊要求的买家，慎重考虑，由于尺码问题产生的退换货由买家自己承担运费。

男生尺码参考 Size control　　　(身高单位:cm　体重单位:斤)

身高/体重	80斤	90斤	100斤	110斤	120斤	130斤	140斤	150斤	160斤
150cm	S	S	M	M	M/L	L	L	-	-
155cm	S	S	M	M	M/L	L	L	-	-
160cm	S	S	M	M	L	L	L	-	-
165cm	M	M	M	M	M/L	L	L单穿	XL	-
170cm	M	M	M	M/L	L 针织衫	L T恤	L单穿	XL	XL
175cm	-	-	-	L	L	L	L T恤	XL	XL
180cm	-	-	-	L	L	L/XL	XL	XL	XL

女生尺码参考 Size control　　　(身高单位:cm　体重单位:斤)

身高/体重	80斤	90斤	100斤	110斤	120斤	130斤	140斤	150斤	160斤
150cm	S	S	M	M	M/L	L	L	-	-
155cm	S	S	M	M	M/L	L	L	-	-
160cm	S	S	M	M	L	L	L	-	-
165cm	S	M	M	M		L	L单穿	-	-
170cm	M	M	M	M/L	L	L	L T恤	XL	XL
175cm	-	-	-	L		L 针织衫	L T恤	XL	XL
180cm	-	-	-	L	L 厚毛衣	L	L	XL	XL

★ 细节方面一定要体现出来，如有一些服饰是特意磨烂或者泼墨的，一定要写清楚或者通过图片展示出来，不然买家收到后说商品是破的或者脏的就冤枉了。下图所示为多幅图片展示服装细节。

毛领绒毛丰厚，手感顺滑，高贵时尚 · 双层立领，特别暖又保暖

毛绒丝丝可见，牢固不易脱落 · 优质双向拉链，拉起时平顺服帖，无起包感，做工精细

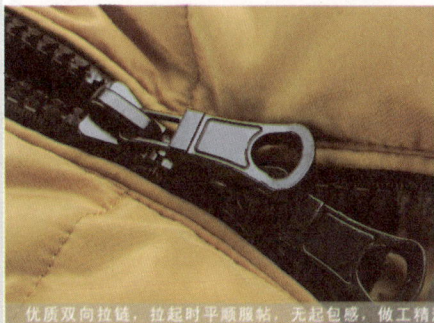

7．点到为止，拒绝压货

每到换季时节，大部分商店都在做最后的清仓处理，以棉袄为例：夏天对棉袄打的折扣都很诱人，而服装在刚上市的时候一般是不怎么打折的。服装的进货多少，一定要根据实际情况，计划赶不上变化，不能贪一时便宜，而亏了自己，要量力而为。

勤进快销是加快资金周转、避免商品积压的先决条件，也是促进网店经营发展的必要措施。当然，也不是进货越勤越好，需要考虑网店的条件及商品的特点、货源状态、进货方式等多种因素。

14.2.3 化妆品店

女人爱漂亮是从古到今都没办法改变的事实，并且有愈演愈烈之势。因此，化妆品市场的前景极其广阔。越是有钱的女人越是要想留住青春年华，在化妆品方面的消费舍得下本钱。还有，化妆品是天天要用的东西，所以会常常买。一旦用上你店里的哪一款觉得好用，一定会继续在你店里买的。

利润丰厚的化妆品市场无论网上或网下都蕴藏着巨大的商机。这自然吸引了大量商家进入。一方面，化妆品的高额利润给投资者带来了巨大的商机；另一方面，激烈的竞争却带来了较大的商业风险。

化妆品分类，是淘宝网店比较热门的分类，在其他的网店平台，如拍拍网店、百度等，也都是比较热门的分类，经营上竞争也比较激烈。那么，网上化妆品店如何才能在竞争中立于不败之地呢？

1．选对化妆品

首先要选自己了解的，质量有保证的化妆品，货源必须稳定。最好找有实力的厂家供货。如果是做网络代理，要认真考察一下对方是不是厂家或公司，能不能提供真实的营业执照等，这样才能保障供货稳定一些。

2．保证质量

化妆品生意和其他门类的生意一样，对待进货渠道也要慎之又慎。因为化妆品不同于其他用品，如服装、鞋帽、箱包等，它属于精细化工产品，对质量的要求相当高，衣服可以穿水货，手袋可以提水货，用在脸上身上的护肤品如果也是水货的那就遭了。买家一旦使用假化妆品，不但不能美容还很可能被毁容。因此，买家对化妆品质量的担忧，是化妆品网店经营最大的问题。如果没有买家的信任，对一家新开的网店来说很可能是致命的。推出"承诺无条件退货"等售后服务对于提高买家的信任很有必要。

3．要有价格优势

另外，为了获得买家的信任，商品的定价也要十分讲究。在化妆品的定价上一定要适中，不能太高也不能太低。价格高了会没有竞争力，消费者会认为有"宰客"嫌疑，从而会失去对商家的信任；而价格低了则会引起买家怀疑该产品的真假，因为消费者总是认为"便宜没好货"。

在商品的定价上要先参考多家网店的价格，再为自己的商品定一个最适合的价格。

4．要找到卖点

卖化妆品，一定拿出一个招牌品牌，或推荐自己觉得好用的。因为效果怎么样自己最清楚。卖点就是店铺的闪光点，是店铺吸引买家购物的地方。

最好有一款是淘宝上价格最低的正品，作为自己店铺的免费流量通道，这个就像免费广告，该款宝贝保证有利润就行，它带来的流量是很客观的。下图所示的店铺招牌产品带动了整个店铺的销售。

5. 重视老客户

据了解，网上化妆品店"80%的利润来自于20%的老客户"，由于化妆品是日用品，用完了还要消费，因此，在经营的时候应该努力去抓住每一位买家。让买家踏踏实实地做个回头客。

6. 客服人员和售后服务

淘宝网店客服不同于实体店铺，实体店铺的客服可以通过笑容、体贴、或其他肢体语言来展示，来缩短与客户之间的距离。淘宝却不一样，淘宝上卖家太多，竞争对手也多，要想发展起来，就要做出自己的特色。就客服而言，首要目标就是赢得客户的信任，要对客服人员培训，让客服人员了解，作为网店客服的第一目标不是为了卖产品而是为客户着想。对产品要有一说一，能就是能，不能就是不能，不清楚的就说不清楚，千万不能想着忽悠客户，没有客户喜欢被欺骗，所以实事求是是建立客户信任的根本。

14.2.4 家居产品店

根据互联网专业监测机构艾瑞咨询的权威数据，2005年，在数码、服装等行业网购份额已经占到行业总额3%的情况下，国内家居行业的网购份额仅为0.2%，而经过这几年的发展，2010年8月，这个数字已经达到2%。仅在淘宝14万家涉及家居产品的网店中，产品总数就超过370万种，每日的营业额达到4200万元人民币。预计今后家居行业将成为淘宝三大网购类目之一，下图所示为网上家居店。

第一，家居类网店最好要有实体店支持。床垫等家具产品涉及舒适度、个人感觉、睡眠习惯等问题，消费者在购买时十分注重体验性。对于千元以上的产品，很多人都不会轻易下单，一般会先去实体店考察下，对其有大致了解。如果有实体店，买家会觉得比较放心，至少它的售后有地方可以找。很多消费者都会是这种心态。

第二，销售有品牌的产品，要网购大件产品，一般消费者肯定会选择有品牌保证的，不然不会买，毕竟是大笔花销。有品牌的产品给人以信任感，因为其品牌的知名度和实力能让人放心。

第三，消费者在网上购买家居产品时，首先要考察网店的信誉度、交易量等因素。店主可以在网上发布信息告诉买家，如果与描述的不符，或者质量有问题，可以退货，增加消费者的信任。

第四，销售一些特色家居产品，如藤艺、竹制家具及藤椅、藤床、藤沙发、竹垫、竹屏风、以及藤箱等产品。这些家居用品一度受到有品位人士的热捧和青睐。如今在各大家具建材卖场，不难发现那些洁净亮丽、美观大方、精工编制而成的藤竹家具及其他家居用品。它们均以造型别致、款式新奇、色彩淡雅的风姿吸引着不少消费者前去观赏和选购。同样这些产品如果在网上销售一定也会吸引不少消费者。

第五，最令家居企业纠结的问题是物流运输问题。家具建材产品在线上交易后，线下服务往往遇到的问题就是货物跨省运输成本高、电梯不够大、楼梯不够宽，沙发、床垫等不好拆装家具难以送上楼。

第六，节假日可作为你生意的一个增长点，家居网店要充分利用好节假日促销，来增加自己的营业收入。

14.2.5 珠宝饰品店

珠宝首饰是一种特殊的商品，随着经济的持续快速增长，中国珠宝首饰消费需求越来越大、市场潜力不断扩张。最新统计数据表明，2011年我国珠宝年销售额将达到600亿美元，消费能力居世界第三，仅次于美国和日本。中国珠宝首饰行业的迅猛发展，已经成为继房地产、汽车之后的第三大消费热点产业。

传统的实体店销售能够让顾客和商家直接面对面，并亲眼看到实物，这种感受和体验带来的真实感和愉悦感是别的方式无法替代的。但是，与传统的实体店铺销售相比，网上销售珠宝的商务模式存在着巨大的成本优势。

由于网上开店模式不存在实体店面成本，很少有甚至没有库存成本，并且减少了流通环节的一些成本，因此其产品在价格成本上具有一定的优势，同等品质的钻石比传统店铺的售价要便宜20%～30%。

珠宝首饰类店铺的成功秘诀是什么呢？

1．明确目标

当决定开一个珠宝饰品店之后，首先要确定走什么样的路线。这类产品种类繁多，总结起来一个是大众类，一个民族特色类。对于民族特色类，一般只有稳定货源的才会做。右图所示为民族特色饰品。

2．商品优势

客户来到店铺，能否引起客户购买的欲望，主要靠产品是否吸引人。因此，做饰品还要注意流行趋势，时刻注意当前饰品的走势，在款式上先取胜。网上饰品店除了在款式上要有优势，还要在价格上有优势。

3．全面提高服务质量

消费者购买珠宝首饰产品，除了考虑质量和价格因素外，还会考虑其他方面的因素，服务则是最主要的。因此，想消费者所

想，提供消费者所需的各种服务，是成功的珠宝首饰营销活动的核心所在，优质的服务已成为商家竞争的重要手段。

在现代商品营销活动过程中，消费者除了看重实体产品外，对附加产品也是非常看重的，而附加产品价值的大小，往往是消费者评价购后感觉，以及是否能给销售带来更多的"回头客"。还可以建立消费者档案，实施定期回访、资料配送、二次优惠、首饰款式的更新、调换、授予荣誉顾客等，使消费者从心理与实惠上得到真正的满足。

4. 利用公众人物，提升珠宝首饰形象

珠宝首饰店营销活动过程中，可以充分利用公众人物的"名人效应"，来提升珠宝首饰产品的形象。名人的影响力是无形的，但它却能够使特定的产品在公众中产生"公众效应"和"轰动效应"。

案例：从初中毕业到行销世界的完美跳跃

陈伟是出生在一个普通农民家庭的80后，1997年初中毕业的他仅仅用几年时间就实现了人生的三级跳。

1 初中毕业三级跳

"1997年中学毕业后，由于自己对电脑非常感兴趣，就进入了电脑培训班学习，从培训班出来后就开始在一家电脑公司打零工，类似于实习工，在打工的同时也提高了自己的电脑技能。"他说。

随后，虚心进取的陈伟在1999年进入广播电视大学学习现代商务管理。随后，进入本地一家企业从事IT信息技术工作。

由于工作关系，他可以有很多时间接触到网络。电子商务刚在国内萌芽的时候，陈伟就在淘宝上开了店，销售奇特创意家居产品和一些电脑USB的外设产品。

"开始只是利用上班的空余时间做，后来没想到生意还不错，自己就对淘宝产生了极大兴趣，于是在2007年初就决定辞职专职做淘宝卖家。"他说。

辞职引起了家里人及朋友的强烈反对，当时很多人对在网上做生意都不太了解。但是，天生就有一股倔强劲的陈伟认为，网络购物肯定是以后发展的大趋势，所以不顾家人朋友的反对，毅然从单位辞职出来，和朋友一起注册了一个合伙企业，专职做起了集网店和实体店为一体的淘宝网卖家。

2 奇特产品销到国外

做了一年多，随着行业卖家的数量不断增加，竞争压力也开始加大，而且由于资金有限，产品更新和宣传方面都受到很大限制，导致成交量越来越少，一度差点让陈伟有过放弃的念头。

恰好在2007年下旬，阿里巴巴重庆公司的工作人员上门来宣传诚信通的业务，

通过工作人员的仔细讲解，陈伟对诚信通有了更深入的了解。当时半信半疑的他并没有马上加入，而是花了一段时间整理了自己当时的一些情况及遇到的困难，再跟阿里巴巴工作人员进行了多次沟通，终于在2008年1月加入诚信通。

"没加入诚信通以前每天大概只能接到十几位客户的询盘，加入后每天前来询盘的客户也猛增到几十上百位，而且范围扩大到香港、台湾地区和国外，当时确实没想到会这么快就能看到效果。"他说。

当时，陈伟专业做了两大类产品：一是奇特创意家居产品；二是畅销的化妆美容小工具。

为了找到这些产品的进货渠道确实花了很多精力，他吃了不少的苦，但是2008年销售额达到了80多万，比加入诚信通前翻了一倍多。

"虽然销售总金额表面看来并不多，但是我们的产品价格基本上都是在几毛到十多元以内，当时也算是坚定了我们在网上贸易这块继续做下去的信心。"他说。

陈伟如今推出一个免费网店代理代销的项目，就是让有意创业的朋友们在网上开店代理代销他们的产品，接单后让他们代发货，这样就不用花钱进货、发货等，完全相当于是零成本创业。

读书笔记

读者意见调查表

●读者服务●

亲爱的读者:

衷心感谢您购买和阅读了我们的图书。为了给您提供更好的服务,帮助我们改进和完善图书出版,请填写本读者意见调查表,十分感谢。

您可以通过以下方式之一反馈给我们。

① 邮　　寄:北京市朝阳区大屯路风林西奥中心B座20层　中国科技出版传媒集团新世纪书局

办公室　收　(邮政编码:100101)

② 电子信箱:ncpress_market@vip.sina.com

我们将从中选出意见中肯的热心读者,赠与您另外一本相关图书。同时,我们将充分考虑您的建议,并尽可能给您满意的答复。谢谢!

●读者资料●

姓　名: _____　　性　别: □男 □女　　年　龄: _____

职　业: _____　　文化程度: _____　　电　话: _____

通信地址: _____　　　　　　　　　电子信箱: _____

●意见调查●　　书名:《从零开始——淘宝网开店一本通》

◎ 您是如何得知本书的:　　　　　　□别人推荐　□书店　□出版社图书目录
　　　　　　　　　　　　　　　　　□杂志、报纸等的介绍(请指明)　□其他(请指明)

◎ 影响您购买本书的因素重要性(请排序):
(1) 封面封底　(2) 版式装帧　(3) 价格　　　　(4) 前言及目录
(5) 出版社声誉　(6) 作者声誉　(7) 内容的权威性　(8) 内容针对性
(9) 实用性　(10) 书评广告　(11) 讲解的可操作性

●对本书的总体评价●

◎ 在您选购本书的时候哪一点打动了您,使您购买了这本书而非同类其他书?

◎ 阅读本书之后,您对本书的总体满意度:　　□5分 □4分 □3分 □2分 □1分

◎ 本书令您最满意和最不满意的地方是:

●关于本书的装帧形式●

◎ 您对本书的封面设计及装帧设计的满意度:　　□5分 □4分 □3分 □2分 □1分

◎ 您对本书正文版式的满意度:　　□5分 □4分 □3分 □2分 □1分

◎ 您对本书的印刷工艺及装订质量的满意度:　　□5分 □4分 □3分 □2分 □1分

◎ 您的建议:

●关于本书的内容方面●

◎ 您对本书整体结构的满意度:　　□5分 □4分 □3分 □2分 □1分

◎ 您对本书的实例制作的技术水平或艺术水平的满意度:　　□5分 □4分 □3分 □2分 □1分

◎ 您对本书的文字水平和讲解方式的满意度:　　□5分 □4分 □3分 □2分 □1分

◎ 您的建议:

●读者的阅读习惯调查●

◎ 您喜欢阅读的图书类型:　　□实例类 □入门类 □提高类 □技巧类 □手册类

◎ 您现在最想买而买不到的是什么书?

●特别说明●

如果您是学校或者培训班教师,选用了本书作为教材,请在这里注明您对本书作为教材的评价,我们会尽力为您提供更多方便教学的材料,谢谢!